어떤 생각들은 나의 세계가 된다

Ein Gedanke wird zu meiner Welt 어떤 생각은 나의 세계가 된다

작은 삶에서
큰 의미를 찾는
인생 철학법

이종범 지음

위즈덤하우스

들어가는 말

내 삶의 기준을 만드는
철학의 쓸모

모두에게는 각자의 세계가 있다. 다른 환경에서 살아가는 사람을 보면 저 사람은 나와 다른 세계에서 산다고 느낀다. 하지만 생각을 통해서도 세계는 달라진다. 우리는 같은 곳에 있더라도 품고 있는 생각에 따라 저마다 다른 것을 느낀다. 똑같은 일을 겪어도 무엇을 생각하느냐에 따라 전혀 다른 경험을 한다. 생각의 차이는 이 사람의 세계와 저 사람의 세계를 가른다.

어떤 생각은 그냥 스쳐 지나간다. 반면 어떤 생각은 평생을 그림자처럼 따라오며 끊임없이 내게 말을 건다. 그런 생각은 나의 세계를 이룬다. 내가 어떻게 살아가고, 어떤 관점에서 주변을 바라보고, 어떤 가치를 추구하는지 결정한다. 생각은 일상과 멀리 떨어져 관조할 수 있는 환경에서만 비로소 제대로 이뤄지는 게 아니다. 생각은 이미 일상 세계를 이루고 있다. 생각은 내가 살아가는 세계를 뿌리부터 규정짓고 있다. 그러한 뿌리 깊은 생각이 자라 나와 체계적인 언어의 옷을 입으면 철학이 된다. 사람들은 철학을 따로 배워야 한다고 생각한다. 하지만 철학의 뿌리는 그것을 배우기 이전에도 이미 우리의 세계를 떠받치고 있다.

철학자도 똥을 싼다. 철학자도 보통 사람들과 별반 다를 것 없는 사람이다. 자영업자나 회사원처럼 그저 하나의 직업일 뿐이다. 체조 선수가 오랜 시간 열심히 체조를 연마하듯이, 철학자는 철학이라는 활동을 오랜 시간에 걸쳐 직업적으로 수행한다. 그들도 밥을 먹고, 가족을 이루고, 친구를 사귀고, 놀고, 일탈도 하면서 살아간다. 사람들이 철학자에 대해 흔히 갖는 이미지, 혹은 이상적인 철학자라면 그래야 한다고 여기는 이미지는 모든 세속적인 것과 멀어진 상태로 외롭게 진정한 진리를 향해서 나아가는 모습이다. 이것은 역사적인 사실과 거리가 멀다. 철학자들 중에는 집착에 가까울 정도로 남들과 이야기하기를 좋아하는 사람도 많았고, 세속적인 욕심이 컸던 사람도, 평범하게 살아가는 사람도 많았으며, 정치인도 있었고, 왕도 있었다. 철학자는 우리 주변의 수많은 사람 중 삶과 세계의 근원적인 질문들에 대해서 남들보다 약간 더 많은 호기심을 가지고 운 좋게도 그 호기심을 파고드는 활동에 매진할 수 있는 환경이 갖춰진 사람들일 뿐이다. 이 사실을 나는 "철학자도 똥을 싼다"는 말을 통해 압축적으로 표현해볼 수 있다고 생각한다.

"철학자도 똥을 싼다"는 사실에서 알 수 있는 점은 그들이 발전시키는 이론이 평범한 일상과 무관하지 않다는 것이다. 그들이 겪는 일상에서의 사랑, 이별, 행복, 고통, 욕심, 분노, 평온함, 앎, 무지 등은 그들 사상의 기초적인 토대가 된다. 또한 그들의 일상적 경험은 하나의 갇힌 공간 안에서 이뤄지는 게 아니라, 우리 모두의 경험과 마찬가지로 그 당시 발전하는 기술, 새롭게 대두되는 사회적 분위기, 문화적 변화, 정치·경제적 조건 등에 영향을 받는다.

현재 우리의 삶이 모바일 기기와 인터넷, 자본주의라는 조건으로부터 결코 자유로울 수 없듯이, 각 철학자의 삶 또한 특정한 조건으로부터 자유로울 수 없다. 따라서 철학 이론은 항상 한 사람이 세상의 조건과 소통하는 경험에서 출발하며, 여기서 피어오르는 질문에 나름의 해답을 제시한 결과다. 그렇기에 철학 이론은 결코 삶의 실질적인 문제들과 무관하지 않다. 오히려 삶의 가장 깊숙한 부분을 관통한다.

이렇게 철학이 삶의 경험으로부터 나온다는 점을 고려해봤을 때, 누구나 다 철학 이론가가 될 수 있으며, 누구나 다 이미 철학적인 생각을 하고 있다. 모든 사람은 살아가면서 다양한 경험을 하고 그것에 대해 나름의 합리적인 해석을 내린다. 그것은 이미 상당히 철학적인 활동이다. 하지만 전문 분야로서의 철학은 역사라는 특별한 무기를 갖기에 따로 주목할 만한 가치가 있다.

철학은 무작위적 사고의 나열이 아니라 사고의 역사적 체계를 담고 있다. 과거에 사람들이 어떤 생각을 했는지, 어떻게 세상을 바라보았는지, 어떤 사회적 조건이 어떤 분석적 관점으로 이어졌는지 등에 대한 정보를 철학자들은 체계적으로 추적하려 한다. 그러한 역사에 대한 체계적 분석은 지금 우리가 처한 조건 속에서 과연 어떤 생각을 해야 하고 어떤 행동을 해야 할지 좋은 참고자료가 된다. 내가 지금 하고 있는 생각과 유사한 생각이 과거의 어떤 조건 속에서 무슨 논리를 갖고 나타났는지, 그리고 그 생각은 어떤 문제점이 있었으며 어떻게 비판되거나 극복되었는지 등을 우리는 철학자들의 분석에서 배울 수 있다. 또한 내가 미처 생각해보지 못했던 관점을 접해봄으로써 지금 상황에서 할 수 있는 최적의 생각이 무엇인지에 대한 힌트를 얻을 수도 있다.

이 책의 가장 중요한 주제는 삶이다. 여기서 삶은 먹고, 자고, 싸고, 울고, 웃는 일상의 생활을 의미한다. 이 책은 그러한 생활의 순간순간 떠오르는 질문들에 대해 서른 명의 철학자 혹은 사상가의 관점에서 대답을 제시해본 결과다. 나는 단순히 철학자들의 말을 요약해서 전달하는 것을 목표로 삼지 않았다. 그보다 실생활의 구체적인 맥락과 철학적 이론 사이의 연결점을 보여주는 데 중점을 두었다.

우리는 현시대의 사회적 조건 속에서, 혹은 시대를 관통하는 보편적인 인간적 조건 속에서 철학자들의 생각을 어떻게 우리의 일상에 적용할 수 있을지 살펴볼 것이다. 그럼으로써 세상을 바라보는 우리의 관점을 덜 추상적인 것으로, 덜 붕 뜬 것으로, 땅에 단단한 뿌리를 내린 구체적인 것으로 만들 것이다. 동시에 우리의 생각을 더 자유롭게, 동시에 더 균형 있게 만들고자 시도해볼 것이다.

이런 작업은 얼핏 잡다한 생각을 늘어놓는 것에 '불과한' 것으로 보일 수 있다. 진중하게 철학자들의 이론을 다루는 것이 아니라 그 이론을 일상의 영역으로 끌어내려 자잘한 것으로 만들기 때문이다. 하지만 잡다한 건 나쁜 게 아니다. 잡다한 생각을 늘어놓는다고 해서 부끄러워하거나 무언가 중요하지 않은 일을 하는 듯한 느낌을 받을 필요가 전혀 없다. 오히려 잡다함은 이론과 생활을 연결하는 해결책이 될 수 있다.

현대사회의 인간은 자신의 생활로부터 유리되어 고도의 전문화된 영역에 투입되기를 요구받는다. 한때는 작물을 경작하는 것, 가축을 기르는 것, 옷을 만드는 것, 찢어진 옷을 꿰매는 것, 화장실을 만드는 것, 고장 난 집을 고치는 것 등을 한 사람이 다 하면서 살아가던 때도 있었다. 그런데 지금은 정말 많은 것이 돈을 매개로 한 교환을 통해 해결된다. 밥은 사 먹으면 되고, 옷은 사 입으면 되고, 집에 문제가 생기면 사람을 부르면 된다. 한 명의 사람은 아주 적은 종류의, 자신에게 할당된 전문화된 일만

하면서도 충분히 살아갈 수 있다.

　이런 상황 속에서 철학 이론은 점점 생활과 상관없는 모습을 떠어 가고 있다. 대학교에서 봉급을 받으며 살아가는 소수만이 보통 사람은 도통 알아들을 수 없는 이론을 펼친다. 그런데 사실 철학 이론들은 모두 가만 보면 이해할 만한 이야기를 담고 있다. 그들이 탐구하는 모든 문제는 자신의 생활로부터 나온 근원적인 이해에서 출발한다. 다만 그 탐구의 일이 너무 전문화되다 보니, 처음 그 탐구가 출발한 일상과의 연결이 너무나 희미해져버린 것일 뿐이다.

　철학자들의 이론을 잡다한 이야기로 풀어내는 것은 이론과 생활 사이를 가시적으로 다시 연결하는 일이다. 철학이 난해한 것은 독자의 잘못이 아니라 철학자의 잘못이다. 그들 중 너무 많은 사람이 일상에서 벗어나 멀리 나아갔다. 그래 놓고서, 결코 자신이 출발한 근원, 자신의 모든 생각이 시작된 생활 속의 구체적인 조건들을 다른 사람들에게 설명하려고 시도하지 않았다. 그 결과 철학은 사람들의 삶에서 멀어지게 되었다. 그러다 보니 철학은 자연스럽게 쓸모없는 것, 혹은 너무나 미약한 쓸모만을 가진 것이 되었다.

　이제는 무언가 변화가 필요하다. 우리는 철학 안에 내재된 실생활적인 가치를 발견하고 설명하고자 노력해야 한다. 그렇다고 이론이 '저급해'지는 것은 결코 아니다. 오히려 이론에 잠재된 가치가 새롭게 발견되고 좀 더 많은 사람에게 전달될 수 있다. 이 책은 그러한 가치를 발견하기 위한 노력의 일부가 될 것이다. 이 책에서는 누구나 평범한 생활 속에서 철학 이론을 공감할 수 있도록 만들 것이다. 그럼으로써 이론을 이해될 수 있는 것으로, 쓸모 있는 것으로 만들 것이다.

2022년 11월 베를린에서

이충녕

주변의 모든 것을 의심해보고 싶을 때
세상을 이해하기 위한 철학

 살아갈 날들을 고민해보고 싶을 때
인생의 진실을 깨닫기 위한 철학

1부

자신을
신뢰하고
사랑하고
싶을 때

✦
✳
✦

내면의 성장을 위한 철학

(1장)

자신의 욕망에
솔직해져야 하는 이유

★★★

> "자신의 공격 성향을 포기하는 건
> 인간에게 분명 쉽지 않은 일이다.
> 인간은 그럴 경우 행복해하질 않는다."
>
> - 지그문트 프로이트, 《문명 속의 불만》

세상을 유지하기 위한 힘의 평형 상태

현실이 당겨진 활시위와 같다는 것은 고대로부터 전해져 내려오는 진리다. 현재의 상태는 여러 가지 상반되는 힘들이 **평형**을 이뤄 나타난 결과다. 활시위를 당기고 있는 손아귀의 힘이 풀려 화살이 앞으로 튀어 나가게 되면 거기서부터는 완전히 새로운 세상이 펼쳐진다. 새로운 세상의 시작은 과거 세계의 파괴다. 화살의 발사라는 새로운 사건은 당겨진 활시위라는 이전 사건의 종료다.

힘의 평형 상태는 우리가 알고 있는 지금의 세상이 유지되기 위해서 꼭 필요하다. 지구는 여러 방향에서 작용하는 중력의 평형 상태로 인해 태양 주위를 공전하고 있다. 만약 이 균형에 금이 가서 지구가 공전 궤도를 이탈하게 되면 인간의 세계는 높은 확률로 사라질 것이다. 지금 주어진 현실이란 아주 많은 요소의 기막힌 조화 위에서, 곡예사가 줄을 타듯 아슬아슬하게 유지되는 기적 같은 찰나의 현상이라고 볼 수 있다.

현실을 유지시키는 힘의 평형은 자연세계뿐 아니라 정신의 영역에서도 찾을 수 있다. 인간의 정신은 어떻게 해서든 활시위가 당겨져 있는 상태다. 인간의 정신이 유지되기 위해서는 아주 다양한 요소가 적절한 위세로 합의를 봐야 한다. 특히 행복을 위해서는 평형이 필수적이다. 미움의 힘이 가득해서 다른 힘들을 잡아먹는 상태에 있는 정신은 행복하지 않다. 질투의 마음이 일상의 안정을 깨뜨릴 정도로 위세를 떨치는 정신 역시 행복하지 않다. 당연히 부정적인 에너지는 누구나 갖고 있다. 하지만 그것이 다른 에너지들과 평형을 이룰 정도로 관리될 수 있어야 행복하게 살아갈 수 있다.

부정적인 에너지를 자신의 일부로서 품고 그것과 균형을 맞춰 살아갈 수밖에 없다는 것. 인간의 정신이 마주한 비극적이면서도 희극적인 운명이다. 만약 인간의 마음이 자신과 남을 사랑하고, 존중하며, 배려하는 긍정적인 에너지로만 가득하다면 어땠을까? 그랬다면 아마 인간은 신경전을 벌이고 다툼을 일으키며 서로를 불행에 빠뜨리지도 않았을 것이고, 무력감과 죄책감에 빠져 스스로를 구렁텅이로 몰아넣지도 않았을 것이다.

하지만 이것은 어디까지나 상상에 불과하다. 긍정적인 에너지만을 가진 정신이 과연 진정한 의미에서 행복하다고 말할 수 있을지 우리는 알지 못한다. 그런 인간은 존재한 적이 없고 아마 앞으로도 존재하지 않을 것이기 때문이다. 인간의 정신은 좋든 싫든 언제나 긍정적인 에너지와 부정적인 에너지를 동시에 품고 있다. 그리고 그 상반되는 에너지들이 평형을 이뤄서 몸과 마음에 균형이 잡혀 있는 상태를 우리는 행복이라고 부른다. 혹자는 행복이 긍정성의 충만과 부정성의 부재라고 생각할지 모른다. 하지만 행복 속에도 부정성은 분명 존재한다. 다만 그 부정적 에너지가 긍정적 에너지를 억누르지 않는 선에서 기분 좋은 균형 잡기를 하고 있을 뿐이다.

부정적인 에너지도 삶의 원동력이 된다

오스트리아의 정신과 의사였던 지그문트 프로이트는 인간의 정신 안에 아주 근본적인 부정적 에너지가 자리 잡고 있다고 주장했다. 그는 그것을 **죽음의 충동**이라고 불렀다. 프로이트는 60대에 이르러서야 죽음의 충동에 대해 처음 언급한 것으로 알려져 있다. 원래 그는 성적인 충동을 중심으로 인간의 정신 현상을 분석하려고 했다. 정신과 의사라는 직업에 걸맞게 그는 신경증이나 우울증 같은 정신질환의 원인을 파헤쳤는데, 주로 겉으로 보이는 병증 이면에 성적 충동과 관련된 문제가 숨어 있다는 논리로 원인을 설명했다.

기본적으로 성적 충동은 어떤 대상과 하나가 되고자 하는 에너지이며, 생명체가 계속해서 존재하도록 붙드는 힘이다. 대상과 하나가 되고자 하는 성적 충동의 결과 새 생명이 탄생하고, 그 결과 인간이라는 생명체 종은 계속해서 유지된다. 한마디로, 성적 충동의 기본적인 역할은 생명의 생성과 유지다. 프로이트는 생명과 관련한 성적 에너지에 제약이 가해지거나 그것이 다른 힘들과 이루는 평형 상태가 깨지면 정신적인 문제가 생긴다고 생각했다.

그런데 여러 환자를 관찰하면 관찰할수록 그는 점점 더 생명 현상과 무관한 방향으로 작동하는 에너지가 인간 안의 깊은 곳에 뿌리내리고 있다는 느낌을 받게 된다. 그 에너지는 오히려 생명을 부정하는 에너지다. 생명을 파괴하려 하고, 생물을 무생물로 바꾸고자 하는 에너지이며, 아무런 움직임, 떨림, 자극, 행복이나 고통도 없는 정지의 상태로 모든 것을 몰아넣고자 하는 에너지다. 노년기의 프로이트는 이러한 어두운 에너지가 인간을 이루는 근본적인 힘 중 하나라는 느낌을 지울 수 없게 된다.

생명의 기원과 그것에 생물학적으로 상응하는 점들에 대한 고찰들 끝에 나는 결론을 내렸다. [생명체에는] 생명이 있는 실체를 보존하고 점점 더 큰 통일성을 향해 통합시키는 충동 말고도, 그에 반하는, 그 통일성을 해체시키고 태초의 무기물의 상태로 되돌아가려는 충동도 존재한다. (중략) 더 나아가 나는 이런 생각을 개진했다. 이 충동의 일부분은 외부세계를 향하게 되며, 그럴 경우 그것은 공격 혹은 파괴에 대한 충동으로 표현된다는 것이다.

죽음의 충동이 가장 눈에 띄게 드러나는 지점은 인간이 어떤 대상을 파괴하고자 하는 욕망을 가질 때다. 모든 사람은 공격성을 갖고 있다. 공격성은 자신의 생명을 유지하기 위해 꼭 필요한 것이기도 하다. 자신에게 해가 되는 대상을 제거하고자 하는 공격성 없이 인간은 결코 지금까지 살아남지 못했을 것이다. 그런데 프로이트는 대상을 파괴하고자 하는 공격성이 단순히 자신의 생명을 유지하기 위한 차원에서만 생겨나는 게 아니라고 생각했다. 인간은 때때로 자신의 이득과 무관하게 어떤 대상을 해치고자 하는 **순수한 파괴의 욕망**을 보일 때가 있다. 나의 이해관계와 아무런 상관이 없더라도 순수하게 대상을 부정해야만, 대상을 짓밟아야만, 대상을 제거해야만 욕망이 충족되는 그런 경우 말이다. 그 대상은 심지어 자신이 될 수도 있다. 스스로 목숨을 끊는 사람은 자신의 생명을 제거함으로써 비로소 완결에 이른다. 또한 세상과의 모든 관계를 끊고 아무도 모르는 곳으로 사라지는 사람은 이 세상에서 자신의 존재를 지워버림으로써 가장 깊은 욕망을 충족시킨다.

이렇듯 죽음의 충동이 비교적 명시적으로 모습을 드러내는 경우도 있지만, 프로이트는 평상시 많은 경우 죽음의 충동을 쉽게 눈치챌 수 없다고 주장했다. 왜냐하면 죽음의 충동은 단독으로 나타나는 일이 거의 없고, 항상 그것과 반대되는 사랑의 충동과 결합된 채로 나타나기 때문이다.

사랑의 충동은 성적 충동보다 조금 더 넓은 의미에서 인간이 어떤 대상과 결합하고 안정적으로 하나의 상태를 유지하고자 하는 충동을 뜻한다. 예를 들어서, 아이를 보호하고자 하는 엄마의 마음은 아이와 하나로 이어지고 그 상태를 계속 유지하고자 하는 사랑의 충동이 발현된 것이라고 볼 수 있다. 그런데 아이를 향한 엄마의 사랑에는 단순히 사랑의 충동만 들어 있는 게 아니다. 대체로 죽음의 충동도 함께 녹아들어 있다. 엄마는 아이를 통제하고자 한다. 아이가 자유롭게 활동하는 독립적인 사람이 되기만을 바라는 게 아니라, 자신의 규율에 복종하며 통제 아래 있기를 바라기도 한다. 이런 마음은 활동의 상태가 아닌 정지의 상태, 생명의 상태가 아닌 죽음의 상태로 대상을 몰아넣기를 원하는 충동과 관련된 현상이라고 볼 수 있다.

연인 사이의 관계를 봐도 마찬가지다. 연인은 서로 사랑하며 하나로 남아 있기를 원하지만, 그러면서도 상대의 자유를 제한하기를 원하고, 상대를 공격하고자 하며, 상대의 자아를 무릎 꿇리길 원한다. 또한 사랑의 관계 안에서 자신이 무릎 꿇는 존재가 되기를 원하기도 한다. 프로이트는 이러한 사디즘 혹은 마조히즘과 관련된 심리 뒤에는 생명을 유지시키는 사랑의 원리로 설명될 수 없는, 생명과 반대되는 방향으로 우리를 이끄는 죽음의 충동이 도사리고 있다고 주장했다.

정신의 행복은 어디에서 오는가

죽음의 충동은 평소에 그 존재를 쉽게 눈치챌 수 없기도 하지만, 많은 사람이 그 존재를 인정하기 싫어하는 것이기도 하다. 먼저, 우리는 인간의 행동과 마음을 생존과 관련해서 설명하는 데 익숙하다. 따라서 어떤 심리가 인간의 생명을 위한 것이 아니라 그와 정반대되는 죽음을 향한 에너지로부터 나왔다는 생각을 받아들이기가 쉽지 않다. 또한, 대다수는 자신이 그렇게 나쁜 존재라는 것을 인정하고 싶어 하지 않는다. 만약 인간이 정말 순수하게 대상의 파괴를 지향하는 충동을 가졌다면, 만약 인간이 정말로 다른 사람을 해치고자 하고 심지어 자신의 존재를 부정하고자 하는 에너지를 아주 깊은 차원에 간직하고 있는 존재라면, 나라는 존재를 마냥 긍정 어린 시선으로 바라보기는 쉽지 않을 것이다.

더 나아가, 프로이트는 인간의 **문명이 죽음의 충동을 통제하는 방향으로 발전**해왔다고 주장한다. 만약 사람들이 죽음의 충동을 마음껏 발휘해서 서로를 공격하고 자신을 해친다면 사회는 제대로 유지될 수 없을 것이다. 따라서 인간의 문명은 죽음의 충동을 마음껏 표출할 수 없도록 여러 가지 제동 장치를 발전시켜 왔다. 그중 가장 강력한 것 중 하나는 도덕이다. 우리는 생명을 존중하는 것이 선하고 생명을 파괴하는 것이 악하다는 도덕적 사고방식에 익숙하다. 사회는 우리가 그런 사고방식을 갖도록 온갖 방편을 통해 필사적으로 노력한다. 사회의 존속이 달린 문제이기 때문이다. 사회의 교육, 문화, 법적 통제 등으로 인해 도덕적 사고방식에 익숙해진 사람들은 자신이 생명을 파괴하는 죽음의 충동을 가졌다는 생각에 거부감을 갖게 된다.

하지만 죽음의 충동은 그렇게 눌러 놓는다고 해서 억압당한 채로 가만히 있지 않는다. 아무리 억압하려 해도 죽음의 충동은 항상 다양한 방식으로 표출된다. 도덕은 공격성의 제거가 아니라 또 다른 공격성의 탄생으로 작용한다. 모든 사람의 평화적인 공존을 추구하는 것 같은 도덕은 사실 비도덕적인 적을 세워두고 그들을 공격하라고 지시한다. 인류 역사상 가장 참혹한 파괴의 사건들은 항상 도덕의 이름 아래서 이뤄졌다. 또한, 도덕 등의 수단을 통해 사람들의 공격성을 통제하려는 움직임 자체가 사실은 죽음의 충동 중 한 형태일 수 있다. 그렇게 사람들을 자유롭게 행동하고 생각하지 못하도록 만드는 것이야말로 대상의 생명력을 빼앗아 무생물에 가까운 상태로 만들려는 파괴적인 충동과 일맥상통하기 때문이다.

만약 죽음의 충동이 우리가 좋든 싫든 인간 안에 자리 잡고 있는 근본적인 에너지 중 하나라고 한다면, 또한 아무리 통제하려고 해도 결국 어떤 방식으로든 표출될 수밖에 없는 힘이라고 한다면, 가장 현명한 선택은 죽음의 충동을 외면하는 것이 아니라 그 존재를 인정하고 다른 에너지들과 평형을 유지할 방안을 고민하는 것이다. 앞서 인간 정신의 행복을 당겨진 활시위의 상태에 비유했다. 활시위가 당겨지기 위해서는 당기는 힘과 반대

쪽으로 버티는 힘이 동시에 필요하다. 둘은 비록 상반되는 힘이지만, 그 상반되는 힘의 공존이 활시위가 당겨지는 평형의 상태를 가능하게 만든다. 한쪽으로만 향하는 힘은 모든 것을 밀어낼 뿐이다.

마찬가지로, 인간의 정신 역시 상반되는 방향의 에너지들이 공존해야만 제대로 된 평형 상태에 이를 수 있는 것인지도 모른다. 우리는 그중 한 방향의 힘을 긍정적이라고 하며, 반대 방향의 것을 부정적이라 하지만, 사실 그 둘은 모두 인간의 존재에 나름의 역할에 따라 긍정적으로 기여하고 있는 것일 수 있다. 예를 들어서, 스포츠에서 상대를 물리치고 승리를 쟁취하고자 하는 욕망은 죽음의 충동과 무관하지 않다. 또한 모든 활동이 제거된 고요한 환경 속에서 가장 평온한 정신의 상태를 만끽하는 일 역시 생명과 멀어지는 것을 추구하는 죽음의 충동과 관련을 맺고 있다. 이처럼 흔히 부정적인 것이라고 생각되는 파괴, 공격성, 죽음의 에너지 역시 분명 인간의 삶에서 대체할 수 없는 하나의 중요한 축을 담당한다.

따라서 우리는 자신이 온갖 부정성을 품은 존재임을 인정하고 이 사실을 부담 없이 받아들여야 한다. 아무리 긍정적인 방향의 에너지라고 해도, 한 방향으로만 향하는 에너지는 모든 것을 휩쓸어갈 뿐이다. 그것에 반하는 방향의 에너지는 아무리 그것이 사소해 보일지라도, 심지어 아무리 그것이 사악해 보일지라도 평형이라는 행복의 또 다른 이름을 위해 꼭 필요한 것이다.

행복을 흘러넘치는 긍정성으로 이해하는 것은 우리가 가장 경계해야 할 시각이다. 정신의 행복은 긍정성이라는 물을 안정적으로 담고 있는 부정성의 견고한 그릇을 전제로 한다.

2장

자유를 스스로 제한할 때 얻어지는 자유

***

> "이성적인 존재는 항상 자신을 의지의 자유를 통해 존재하는
> 목적들의 왕국에서 법칙을 부여하는 존재로 여겨야 한다.
> 그 왕국의 일원으로든, 아니면 지배자로든."
>
> - 이마누엘 칸트,《윤리형이상학 정초》

자유가 증대된 사회의 피로함

현대인은 이전 시대와 비교할 수 없을 정도로 자유가 증대된 사회에서 살아가고 있다. 현대 이전의 사회에서는 애초에 무언가를 선택해서 결정할 일이 많지 않았다. 물질적으로 지금처럼 풍요롭지 않았기 때문에 선택의 폭도 그리 넓지 않았다. 대부분의 사람들은 집에 있는 음식을 먹고, 가진 옷을 입었다. 어디로 여행을 갈까 고민할 일도 없었다. 애초에 여행을 갈 수 있는 사람도 거의 없었고, 만약 갈 수 있다고 해도 접근할 수 있는 여행지는 매우 한정적이었다. 또한 종교와 전통적 규율이 강했기 때문에 인생의 중요한 결정들을 대부분 전통사회가 명령하는

대로 따랐다. 어떤 직업을 선택할지, 어디에 살지, 누구와 결혼할지 등은 본인이 선택하는 문제가 아니었다. 주어진 상황과 규율에 맞춰 결정될 뿐이었다.

그런데 현대에 이르러 물질적인 풍요가 주어지고 종교와 전통적 규율의 영향이 약해지면서 사람들이 직접 무언가 결정할 일들이 폭발적으로 늘어났다. 사람들은 이전에 경험해보지 못했던 자유를 얻었다.

한편으로 자유는 현대인을 새로운 모험과 다양한 경험으로 이끌었다. 하지만 다른 한편으로 새로운 스트레스를 만들어 내기도 했다. 아주 많은 것이 결정되지 않은 채로 불확실하게 남아 있다는 것, 그래서 스스로 그 많은 것을 일일이 정신적 에너지를 쏟아 채워 넣어야 한다는 것. 광범위한 불확정의 상태는 그 자체로 커다란 스트레스의 원천이다.

인간의 뇌 용량은 수천 년 전과 동일한데, 살아가면서 직접 선택을 내려야 하는 횟수와 가짓수는 획기적으로 늘어났다. 수많은 선택과 결정의 부담은 때로 인간의 정신적 용량을 초과할 정도가 되었다. 오늘 저녁에 뭘 먹을지, 친구 생일 선물로 뭘 줄지, 휴가 때 여행지로 어디를 선택할지 등등 셀 수 없이 많은 고민이 우리 의식의 저편에 자리 잡고 있으면서 알게 모르게 정신적 에너지를 갉아먹는다. 현대인의 만성피로는 무한히 늘어선 선택의 연속으로부터 오는 스트레스와 무관하지 않다.

만약 휴가 때 갈 수 있는 여행지가 몰디브로 정해져 있다면,

이미 결정된 조건 안에서 어떻게 하면 최대한 잘 즐길지를 고민할 것이다. 반면 몰디브, 괌, 푸켓, 보라카이 중 하나를 골라야 한다면 그것 자체가 벌써 크나큰 고민이다. 선택지를 다양하게 갖는 것은 분명 선택의 기회조차 부여받지 않는 것에 비해 훨씬 더 큰 자유와 혜택을 누리는 것이다. 하지만 때로는 선택의 기회가 선택의 부담으로 변모한다. 수많은 선택지 앞에서 갈팡질팡하면서 이것저것 고민하다 보면, 일을 시작하기 전부터 이미 소진된 상태가 된다.

사실 몰디브에 가나 괌에 가나 그리 결정적인 차이가 있는 것은 아닐지도 모른다. 어쩌면 어느 여행지를 선택하느냐보다 더 중요한 것은 어떤 기분과 자세로 여행을 하느냐일 수도 있다. 여행지 위치를 두고 필요 이상으로 과하게 몰입하면서 마치 그 결정이 여행 전체를 결정짓는 유일한 요소인 것처럼 고민하는 것은 즐겁게 여행하는 데 별로 도움이 되지 않는다. 그렇게 선택지에 휘둘리는 것은 오히려 여행이 완벽해야 한다는 강박과 자신의 선택이 최선이 아닐지도 모른다는 걱정 때문에 신경증적으로 여행에 임하게 만들 수 있다. 그래서 결과적으로는 별 고민 없이 아무 곳이나 고른 사람보다도 행복하지 않은 여행을 하게 될 수 있다.

너무 많은 자유가 심적인 부담으로 이어진다면, 그 부담을 제거하는 방법이 하나 있다. 자유를 제한하는 것이다. 이 방법은 시대착오적이지 않다. 현대인은 이미 다양한 방법을 통해 자신의 자유를 제한하고 있다. 그 이유는 간단하다. 그러지 않고서는 행복하게 사는 것이 어렵기 때문이다. 모든 것이 불확정적으로 열려 있는 자유의 상태에서 인간은 행복하기보다 불안을 느낀다. 따라서 현대인은 이전에 경험하지 못했던 자유가 주어졌다고 해서 그 자유를 온전히 받아들인 게 아니다. 오히려 각자 나름의 방식대로 **자신의 자유를 스스로 제한**하기 시작했다.

아무리 종교가 쇠퇴했다고 하지만, 여전히 많은 사람이 누가 시키지 않아도 신을 믿는다. 종교 활동에 지속적으로 참가하는 사람들은 종교가 명하는 규율에 따라 자신의 삶을 통제한다. 음주를 제한하는 규율이 있으면 술 마시는 것을 자제하고, 돈을 내라는 규율이 있으면 자발적으로 그에 따라 돈을 낸다. 동호회 같은 공동체에 소속됨으로써 자신의 자유를 제한하려 하는 사람도 많다. 주말마다 등산을 하는 공동체, 정기적으로 독서토론을 하는 공동체, 주기적으로 축구를 하는 공동체 등 정해진 규칙에 따라 여가시간을 보내기를 요구하는 공동체에 스스로 참여함으로써 텅 빈 여가시간을 철저하게 스스로의 자유의지로 채워 넣어야 하는 부담을 모면한다. 또한 특정한 인간관계에 자신을 묶어두는 것 역시 자신의 자유를 제한하는 전형적인 방법이다. 사람들은 스스로를 연인과의 관계에 묶어둠으로써 상대방의 요구를 받아들이며 자신의 자유를 어느 정도 포기한다. 그리고 특정한 정치인이나 연예인 등 유명인사와의 관계에 몰입함으로써 그 사람의 말을 삶의 규칙으로 삼기도 한다. 이처럼 현대인은 누가 시키지 않더라도 스스로 선택지를 제한함으로써 무한히 열려 있는 미결정의 상태로부터 오는 스트레스를 피한다.

무한한 자유 안에서 인간의 행복이 실현되기 어렵다면, 이렇게 스스로의 자유를 제한하는 현대인의 모습은 단순히 권위주의 사회의 잔재 또는 억압받는 상태로의 퇴보로 해석되어서는 안 된다. 오히려 자유의 제한은 시대와 무관하게 좋은 삶을 살기 위해서 반드시 필요한 것으로 받아들여져야 한다.

인간의 삶은 어느 지점에서는 선이 그어져야 하며, 표류를 멈추고 뿌리를 내려야 한다. 아무런 윤곽도 잡히지 않고 아무런 토양에도 뿌리내리지 못한 삶은 수많은 방향으로 물살이 흐르는 자유의 바다에서 이리저리 떠내려가다가 질식하고 말 것이다. 삶에는 기준이 필요하다. 그 기준을 외부에서 정해주지 않을 때, 스스로 기준을 만들려고 노력하는 것은 유한한 정신을 가진 인간이 무한히 복잡한 세계를 마주할 때 보이는 지극히 당연한 반응이다.

자신이 세운 규칙이기에 자유롭다

매일 새벽 5시에 기상하고 오후 3시 30분이면 산책을 나섰던 독일의 철학자 이마누엘 칸트는 그의 유별나게 규칙적이었던 생활 습관답게 철학적으로도 규칙을 따르는 것을 강조했다. 흥미로운 점은 칸트는 규칙을 따르는 것이 자유를 제한하는 게 아니라 오히려 자유를 실현하는 것이라고 생각했다는 점이다.

칸트는 인간의 자유가 단순히 원하는 대로 아무것이나 할 수 있는 상태를 의미한다고 생각하지 않았다. 그는 인간의 진정한 자유는 이성의 힘으로 세운 **규칙에 스스로 따르는 것**을 의미한다고 생각했다. 자유에 대한 칸트의 생각에서 가장 핵심은 자연적 필연성과 인간의 의지 사이의 구별이다. 자연세계 안에서는 모든 일은 자연법칙에 따라 일어날 뿐이다. 그 안에는 자유가 없다. 하지만 이성과 의지를 가진 인간은 자연적 법칙을 따르는 것 이상으로 자신이 스스로 정한 법칙에 따라 행동한다고 생각할 수 있는 존재다. 칸트는 바로 이런 자신을 자율적인 존재로 바라보는 시각을 내포하는 인간의 자기인식 속에 바로 자유의 가능성이 있다고 생각했다.

> 자연의 필연성은 작용적 원인들이 만들어 내는 타율이다. 왜냐하면 모든 결과는 법칙에 따라 가능할 뿐이기 때문이다. 자연의 필연성에서는 어떤 원인이 인과성으로 작동하도록 무언가 다른 것이 규정된다. [그렇다면] 의지의 자유란 자율, 즉 자신 스스로가 법칙으로서 존재한다는 의지의 특성이 아니면 무엇이겠는가? 의지가 모든 행위에서 그 스스로 법칙이라는 것은, 곧 자신 스스로가 보편적인 법칙으로 삼을 수 있는 준칙 이외에 다른 준칙들에 의해서는 행위하지 않는다는 원칙을 가리킬 뿐이다.

특히 칸트는 도덕법칙을 스스로 따르는 것이 자유에서 아주 중요한 문제라고 생각했다. 예를 들어서 '거짓말을 하지 말라'는 법칙이 보편적인 도덕법칙이라고 해보자. 그렇다면 진정으로 자유로운 인간은 자신이 원하는 대로 아무 때나 거짓말을 하는 인간이 아니다. 정말로 자유로운 인간은 도덕법칙에 따르려는 의지를 통해 자신의 욕망을 통제하며 거짓말을 하지 않는 인간이다. 그 사람은 스스로의 의지로 이성적인 규칙을 따른다는 점에서 자유롭다. 반면 이성적인 규칙을 거부하고 거짓말을 하는 사람은 겉으로 보기에 자유로워 보일지 몰라도 욕망에 지배당해 이성을 잃는 것이기 때문에 자유로운 게 아니다.

규칙과 자유를 연결시키는 칸트의 생각은 이해하기가 약간 까다롭다. 왜냐하면 규칙과 자유는 반대의 개념처럼 보이기 때문이다. 규칙에 따르는 것은 그만큼 자신의 자유를 제한하는 것이 아닌가? 매일 새벽 5시 기상이라는 규칙을 따르는 사람은 새벽 5시에 일어나지 않을 수도 있는 자유를 잃어버리는 것과 같다. 하지만 칸트가 규칙과 자유를 하나로 통합시킬 수 있었던 이유는 그가 말하는 규칙이 다른 사람에 의해서 강제적으로 부과된 규칙이 아니라 **자신의 힘으로 세운 규칙**이기 때문이다.

훈련소에서 불침번 업무 때문에 새벽에 강제로 기상하는 훈련병은 자유롭지 않다. 하지만 스스로 새벽 5시에 일어나겠다는 규칙을 세우고 강한 의지를 통해 그 규칙을 지키는 사람은 자유를 잃는 것이 아니라 자신의 자유에 따라 그 일을 하는 것이다. 만약 똑같이 새벽 5시에 일어나겠다는 규칙을 세웠지만 쏟아지는 잠에 못 이겨 그 규칙을 따르는 데 실패하는 사람이 있다면, 그 사람은 새벽 5시에 일어나지 않을 자유를 얻는 게 아니라, 자신의 의지대로 행동할 자유를 잃어버리는 것이다. 그는 스스로의 의지로 세운 규칙에 따라 행동할 수 없는 욕망과 습관의 노예다. 스스로가 정한 규칙, 기준, 선 등을 지키는 것은 이처럼 그 자체로 고유한 자유를 생성해낸다.

여기서 누군가는 이렇게 생각할 수 있다. 그렇다면 애초에 규칙을 여유 있게 세우면 되지 않나? 새벽 5시가 아니라 아침 9시에 일어나겠다는 규칙을 세우고 그것을 스스로 지키면 나는 자유로운 인간이 되는 게 아닌가? 완전히 틀린 말은 아니다. 하지만 칸트가 말하는 규칙의 아주 중요한 점은 그 규칙이 **이성**의 힘을 통해 세워진 보편타당한 규칙이어야 한다는 점이다. 그는 자신의 욕망과 상충되더라도 이성의 명령대로 규칙을 따를 수 있어야 진정으로 자유로운 것이라고 생각했다. 자신의 욕망에 충실하게 규칙을 세운 후 그것을 잘 따른다고 해서 자유가 실현된다고 생각하지 않았다.

배가 고플 때는 언제나 밥을 먹겠다는 규칙을 세운 후 그것을 잘 지키는 사람은 자유로운 게 아니라 욕망에 충실한 것이다. 배가 고파도 합리적인 규칙에 따라 필요할 때는 참고 굶을 수 있어야 진정한 의미에서 자유롭게 행동하는 것이라고 볼 수 있다. 따라서 만약 아침 9시에 일어난다는 규칙을 이성적으로 정당화할 수 있는 보편타당한 근거가 있다면 그 규칙을 따르는 것도 자유와 연결될 수 있을 것이다. 반면 그 규칙이 그저 사적인 욕망과 편의를 위해 세워진 것이라면, 아무리 그 규칙을 충실히 따라도 거기에는 결코 칸트가 말한 진정한 자유가 없다.

선을 지키며 주체적으로 살아가는 방법

서두에서 우리는 현대인이 다양한 장치를 통해 자신의 자유를 스스로 제한하고 있다는 점을 살펴봤다. 그런데 규칙과 자유를 통합하는 칸트의 아이디어는 자유를 스스로 제한하는 것이 때로는 다른 차원의 고유한 자유로 연결될 수 있다는 가능성을 보여준다. 앞서 말했듯이, 자유를 제한하는 것이 새로운 자유를 창출해내기 위해서는 두 가지 조건이 필수적이다. 첫째는 다른 사람이 부과한 규칙에 무비판적으로 따르는 것이 아니라 자신이 주체적으로 세운 규칙에 따라 행동해야 한다는 것이다. 둘째는 사적인 욕망에 봉사하는 규칙이 아니라 보편적인 이성의 요구에 부합하는 규칙을 세우고 그것을 따라야 한다는 것이다. 이 두 가지 조건에 따라 나름대로의 규칙과 기준을 세우고 그것에 충실하게 행동한다면, 자유를 제한함으로써 진정으로 자유로워지는 역설적인 상태에 이를 수 있다. 이러한 **역설적 자유**는 다른 사람들이 제공한 기준에 따라서만 행동하는 사람, 또는 욕망에만 이끌려 제약이나 통제가 없이 살아가는 사람은 결코 얻을 수 없는 것이다.

모든 것이 불확정적으로 펼쳐져 있는 무한한 자유가 인간에게 불안감을 심어주는 반면, 자유를 스스로 제한함으로써 얻는 역설적 자유는 안정감과 주체적인 삶으로 우리를 이끌어준다. 칸트의 입장에서 진정으로 자유로운 인간은 모든 선택마다 새롭게 에너지를 투입해 결정을 내려야 하는 스트레스에 시달릴 일이 없다. 그는 규칙에 따라 행동하는 사람이기 때문이다. 그렇다고 해서 그는 다른 사람이 결정한 틀에 억지로 이끌려 살아가는 것도 아니다. 삶의 규칙을 스스로 세웠기 때문이다. 역설적 자유를 실현하며 살아가는 인간은 자신의 삶에 스스로 선을 긋는다. 그 선에 따라서 살기 때문에 그는 과도한 자유에 정신을 잃지 않고 집중력을 발휘하며 살아갈 수 있다. 또한 강압적인 외부의 압력이 아니라 자신의 의지에 따라 그 선을 지키기에 주체적인 삶을 살아갈 수 있다.

과도하게 많은 선택지 앞에서 피로한 사람일수록 자유의 의미를 다시 생각해봐야 한다. 때로는 너무 넓고 다양한 선택 앞에서 도망쳐도 괜찮다. 아니, 오히려 그 도망은 매우 정당하고 추천할 만한 것이다. 끝없는 자유의 바다에서 표류하다가 질식해 정신을 잃는 것은 자유를 상실하는 것에 더 가깝다. 자신의 삶에 선을 긋는 것, 그리고 그 선을 지키는 것. 이것이야말로 진정한 차원에서 자유로울 수 있는 길이다.

3장

성격은 내 행동을
얼마나 규정할까

＊＊＊

"한밤중 부엌으로 향해 냉장고 문을 열고 안을 들여다본다.
그런데 뭘 찾으려고 거기까지 간 건지 생각이 나지 않는다.
(…)당신은 어리둥절하고 자신이 바보인 것처럼 느껴진다."

- 김재권, 〈이유들과 일인칭〉

"내 성격이 그렇다"라는 말의 의미

예전부터 조금 기묘하다고 생각해온 말이 있다.

"내가 성격이 그래서 그래."

우리는 이와 비슷한 패턴의 말을 꽤 자주 한다. 왜 모임에 참
석하지 않느냐고 물으면, "내가 사람들이랑 잘 어울리는 성격이
아니어서……"라고 대답하는 경우가 자주 있다. 왜 숙제를 하지
않았냐는 물음에 "내가 성격이 게을러서"라고 대답하거나, 왜
그 사람과 다퉜느냐는 물음에 "내가 답답한 걸 잘 못 참아서"라
고 대답하는 것도 비슷한 경우다. 이러한 말들은 모두 내가 어떤
행위를 왜 했는지에 대해 나의 성격이나 성향을 토대로 원인을

설명하는 말들이다.

　그런데 이러한 말을 스스로 자주 하면서도 어딘가 이상하다는 느낌을 지울 수 없을 때가 많다. 내가 모임에 나가지 않는 이유가 정말 사람들과 어울리기를 어려워하는 성격 때문일까? 성격은 분명히 내가 어떤 선택을 내리는 데 결정적인 영향을 미친다. 그러나 성격이 선택을 절대적으로 강제하는 것은 아니다. 그 어떤 성격도 명령을 내리지는 않는다. 성격은 나의 선택 과정에 기여하는 수많은 요소 중 하나일 뿐이다. 나는 분명 내 성격과 반대되는 방향으로 선택할 자유를 갖고 있다. 비록 내가 사람들과 어울리기 어려워하는 성격을 가졌지만, 그래도 용기를 내서 모임에 참석할 수도 있다. 하지만 지금의 사례에서 나는 그런 선택을 내리지 않고 이미 알고 있는 나의 성격에 맞는 선택을 했다. 그렇다면 나의 성격은 나의 선택에 대해 얼마나 많은 부분을 설명해주는 것일까? 왜 나는 성격에 반하는 결정을 내리지 않고 성격에 맞는 결정을 내린 것일까? 과연 "내가 사람들이랑 잘 어울리는 성격이 아니어서……"라는 답변은 내 선택에 대한 충분한 설명일까? 어쩌면 이 답변은 아무것도 설명해주지 않는 것이 아닐까?

　만약 그 설명에 더해 "나는 내 성격에 맞는 결정을 내리는 경향을 가졌거든"이라고 보충 설명을 하면 무언가 나아질까? 그런데 성격에 맞는 결정을 내리는 경향을 가졌다고 해서 무조건 성격에 따라 행동해야 하는 것은 아니지 않은가? 어쨌든 기존의 성격을 제쳐두고 모임에 나갔을 수도 있지 않은가? 만약 그 모임이 인생의 방향을 좌우할 자리라면 내 성격을 무릅쓰고도 어떻게든 참석했을 수도 있지 않은가? 나는 그런 중대한 상황에서도 결국 내 성격에 따라 행동할 수밖에 없는 존재인 걸까? 또는 그 모임이 그렇게 중요한 모임이 아니기 때문에 내가 참석하지 않은 것일까? 만약 후자가 옳다면, 모임에 참석하지 않은 진정한 이유는 내 성격이 아니라 그 모임의 중요도에 있었던 것이 아닌가? 그렇다면 나는 왜 내 성격을 이유로 들어서 대답했는가? 끊임없는 질문이 이어진다.

자신의 행위에 합리적인 이유를 부여하려는 것은 인간의 뿌리 깊은 욕망일 것이다. 우리가 어떤 행위를 선택한 근거로 자신의 성격을 자주 든다는 것은 그만큼 우리가 성격을 우리의 선택에 대한 합리적 이유로 받아들인다는 것을 뜻한다. MBTI의 인기는 우리의 그러한 생각을 잘 드러내준다. 많은 사람은 MBTI 테스트로 도출된 INFJ, ESTP 등의 성격유형이 우리가 특정한 행위를 선택하는 이유를 잘 설명해준다고 생각한다.

그런데 위에서 연속된 질문을 통해 살펴봤듯이, 성격이 정말로 행위의 선택에 대한 합리적인 이유가 될 수 있는지는 불분명하다. 우리는 분명 성격과 상반되는 방향으로 행동할 수 있는 능력과 자유를 가졌다. 이런 사실을 덮어둔 채 지나치게 성격을 중심으로 자신의 행동에 대한 합리적인 설명을 찾으려고 한다면, 그건 자신을 자유로운 존재가 아니라 성격이라는 조건에 의해 움직이는 수동적인 존재로 여긴다는 것을 뜻한다. 마치 프로그램에 따라 움직이는 기계처럼 말이다.

나는 자유로운 인간이 될 수 있을까

아마 세계적으로 가장 유명한 한국인 철학자를 한 명 꼽으라고 하면 많은 전문가가 김재권을 뽑을 것이다. 20대 초반의 나이에 미국으로 건너간 김재권은 자유의지, 인과관계 등에 대한 연구로 미국에서 손꼽히는 철학자가 되었다.

그는 자신의 논문 〈이유들과 일인칭Reasons and the First Person〉에서 일인칭적인 **이유**reason와 삼인칭적인 **원인**cause을 구별해야 한다고 주장했다. 만약 내가 부산의 감천문화마을에 가보고 싶어서 부산에 가기로 결정했다고 해보자. 이 경우, 일인칭적인 관점에서 내가 부산에 가는 이유는 감천문화마을을 방문하기 위해서다. 나는 감천문화마을에 가보고 싶은 욕망을 갖고 있고, 그 욕망을 실현하기 위해서는 부산에 가야 한다는 지식을 갖고 있다. 그리고 그 둘을 조합해서 계산한 결과 나는 부산에 가겠다는 결정을 내렸다. 김재권이 말하는 어떤 행위의 이유란, 이런 경우처럼 내가 어떤 것을 원하며, 그 원하는 바를 실현하려면 어떤 행위를 해야 한다는 것을 알고 있을 때, 그 **욕망**과 **지식**을 바탕으로 만들어 내는 나의 선택에 대한 합리적인 설명을 의미한다. 목이 마를 때 물을 마시는 이유는 ①목을 축이고자 하는 욕망이 있고 ②물이 목을 축여준다는 지식이 있기 때문이다. 심심할 때

게임을 하는 이유는 ①심심함을 해소하고자 하는 욕망이 있고 ②게임이 심심함을 해소해준다는 지식이 있기 때문이다.

삼인칭적인 원인은 이와 조금 다르다. 원인은 행위에 대해서 나의 일인칭적인 입장에서 제시하는 설명이 아니라, 삼인칭적으로 나를 지켜보는 제삼자의 입장에서 과학적인 인과법칙에 따라 제시하는 설명이다. 예를 들어서, 똑같이 내가 물을 마시는 현상을 설명한다고 해도, 목마름을 해소하는 일인칭적 이유에 초점을 맞춰 설명하지 않고 내 몸의 생명원리에 초점을 맞춰 설명할 수도 있다. 내가 물을 마시는 원인은 뇌에 목마름 신호가 전달되었기 때문이다. 또한 뇌에 목마름 신호가 전달되는 원인은 인간의 신체구조가 수분이 부족하면 뇌에 목마름 신호를 전달하도록 설계되어 있기 때문이다. 이런 식으로, 원인은 현상에 대한 법칙적인 설명을 제시한다. 내 몸의 생물학적인 법칙에 따라 나는 물을 마시는 행동을 하는 것이다.

똑같은 행동에 대해서도 이유와 원인은 각각 다른 관점에서 설명을 제시한다. 이유는 내 욕망과 지식을 바탕으로 나의 입장에서 내려진 **결정**의 측면을 강조한다. 반면 원인은 내가 그런 행동을 할 수밖에 없도록 만든 **조건**을 강조한다. 김재권은 이 둘 중 삼인칭적인 원인이 아니라 일인칭적인 이유의 관점에서 자신의 행동을 설명할 수 있어야 자신을 한 명의 주체적인 행위자로서 이해하는 것이 가능하다고 주장했다.

행위자가 자신의 행위를 이해하기 위해서는 자신이 한 행위에 대해, 그 행위를 선택하는 데 기초가 된, 혹은 만약 숙고해봤다면 선택의 기초가 되었을 우선적인 이유에 대해 알고 있어야 한다. (중략) 우리의 많은 행위는, 합리적으로 설명할 수 있는 행위들까지 포함해서, 다소 자동적으로 일어난다. 그리고 그 행위들에 대해 우선적인 이유들을 재구성할 수 있는 것은 사후의 일일 뿐이다. 하지만 내가 말하고자 하는 바는, 그렇게 [행위의 이유를 재구성]할 수 있는 우리의 능력은 스스로를 반성적 행위자로서 이해하는 데 필수적이라는 것이다.

만약 나의 행동을 일인칭적인 관점에서 제시하는 이유 없이 오로지 삼인칭적인 원인의 관점에서 법칙으로만 설명하려고 한다면, 나는 프로그램에 따라 움직이는 기계와 다를 바가 없을 것이다. 이런 관점에서라면, 행동의 순간에 내가 발휘한 자유로운 선택의 능력은 그저 표면적으로 그럴듯하게 나타난 현상에 불과할 것이다. 사실 나의 행동은 특정한 법칙에 따라 일어난 것일 뿐이었고 그 안에는 아무런 자유도 없었던 것이기 때문이다.

이런 관점을 취하지 않고 나 자신을 자유로운 선택을 내리는 한 명의 주체로 이해하기 위해서는, 일인칭적인 이유의 관점에서 나의 행위를 설명할 수 있는 능력이 필수적이다. 나는 내 욕망과 지식에 따라 합리적인 이유 아래 어떤 행동을 할지 결정한다. 이렇게 생각할 수 없다면, 나는 나 자신을 결코 한 명의 자유로운 인간으로 이해할 수 없을 것이다.

성격으로의 도피를 피하는 방법

이제 다시 성격에 대한 이야기로 돌아와보자. 자신의 행동을 설명할 때 성격을 근거로 드는 것은 이유보다는 원인의 관점을 취하는 것에 가깝다. 성격이라는 기준을 통해 나는 마치 제삼자가 나를 바라보듯이 내 행동을 법칙적으로 설명한다.

'나는 다른 사람들과 어울리기 어려워하는 성격을 가졌다. 그 모임에 가면 다른 사람들과 어울려야 한다. 내 성격과 그 모임은 맞지 않는다. 그러므로 나는 모임에 가지 않는다.'

이러한 생각은 마치 내가 나의 성격이라는 정해진 조건에 반해서는 행동하지 못했을 것처럼 나 자신을 해석하는 관점을 반영한다. 나를 자유로운 인간이 아닌 프로그램에 따라 움직이는 기계에 가깝게 여기는 것이다.

성격을 바탕으로 자신의 행동을 설명하는 동기는 다양하다. 먼저, 이런 시도는 결정의 책임을 회피하고 싶은 마음에서 나올 때가 있다. 나 자신의 결정을 통해 그 행동을 하게 된 게 아니라 어쩔 수 없는 조건에 의해서 그 행동을 할 수밖에 없었다고 상황을 해석하고 싶은 경우가 그렇다. 또한, 자신의 정체성을 한 방향으로 규정하고 싶은 심리가 작용하기도 한다. 인간은 어떤 방식으로든 자기규정을 원한다. 성격은 대표적인 자기규정이다. '나는 이런 성격을 가진 사람이다'라는 규정은 상당한 심리적인 안정감을 준다. 또한 자신의 성격을 긍정적인 방향으로 규정지을 경우 가치 있는 행동을 하는 데 도움이 되기도 한다. '나는 착한 사람이니까 어려움에 처한 사람을 도와줘야 돼'라고 생각하는 경우가 대표적이다.

하지만 부정적인 방향으로 자신의 성격을 규정해버리고 그 부정적인 성격을 바탕으로 자신의 나쁜 행동을 합리화하는 경우에는 문제가 된다. 이런 패턴이 극단화된 사례는 흉악범이 범행 동기를 자신의 성격을 통해 설명하는 경우다. 왜 무고한 어린아이를 대상으로 살인을 저질렀냐는 질문에 "제가 어린아이를 보면 화를 참지 못하는 성격이어서……"라고 대답하는 사람을 보면, 우리는 보통 강한 분노를 느낀다. 그 사람은 자신의 범행이 자신의 자유로운 선택에 의한 것이 아니었다는 생각을 은근히 내비치며, 그럼으로써 행동을 합리화하고 책임으로부터 벗어나려고 하는 것처럼 보이기 때문이다.

성격 때문에 어떤 행동을 선택했다는 설명은 많은 경우 진실과 가깝지 않다. 인간은 일인칭의 관점에서 스스로의 결정에 이유를 부여할 수 있는 존재다. 물론 별 이유 없이 원인에 이끌려서만 행동하게 될 때도 많다. 무심코 다리를 떠는 경우, 창밖을 응시하는 경우, 오랜만에 친구에게 연락하는 경우 등 수많은 상황에서 우리는 별다른 이유 없이 행동한다. 하지만 항상 그런 것은 아니다. 중대한 순간일수록, 강한 책임이 부여된 순간일수록 여러 고민과 계산 끝에 의식적으로 자신의 행동을 결정한다. 또한 그렇게 할 수 있어야만 한다.

모든 상황에서 법칙적인 원인에 의해서만 자신의 행동을 설명하는 사람은 주체적인 행위자로서 삶을 살아가는 것이라 하기 어렵다. 이유를 중심으로 자신의 행동을 설명하는 능력은 자유로운 행위자로서 자신을 이해하기 위해 꼭 필요하다. 우리는 분명 성격 같은 정해진 조건 이외에 내 선택과 결정을 통해서 행위에 나선다. 이 사실을 잊는다면 우리는 스스로를 기계와 같은 상태로 내몰게 된다.

　MBTI 같은 성격검사의 인기가 오랫동안 지속되고 있다. 성격검사를 살아가는 데 참고하는 정도로 사용하면 전혀 문제가 없을 것이다. 하지만 그것에 너무 몰입해서 지나치게 많은 것을 성격을 기준으로 설명하려고 한다면, 자신의 결정 능력에 대한 의식을 약화시킬 수 있다. 나를 스스로의 선택에 따라 '이렇게 할 수 있는 존재'가 아닌, 성격유형에 따라 '이럴 수밖에 없는 존재'로 여기게 되는 것이다. 이러한 현상을 **성격으로의 도피**라고 부를 수 있을 것이다. 성격으로의 도피는 심리적 안정감을 주고 책임의 부담을 경감시켜주곤 한다. 하지만 그만큼 인간을 수동적인 존재로 만들고 자유의식을 약화시킨다.

　어떤 의미에서 인간은 분명 수동적인 존재가 맞다. 인간은 주변의 조건과 자신의 기질에 따라 움직이는 기계적인 측면을 갖고 있다. 하지만 그것이 인간의 전부를 설명해주지는 않는다. 인간은 원인을 넘어서 이유를 찾아 헤매는 존재다. 이유를 잃으면, 이유에 대한 갈망을 잃으면, 그곳에는 더 이상 자유가 없다.

SNS가 나쁘지만은
않은 이유

✱✱✱

"배우와 정치인의 일이 서로 다른 것과 상관없이,
그 변화의 방향성은 똑같다."

- 발터 벤야민,《기술복제시대의 예술작품》

카리스마가 사라진 시대

기술은 인간의 의식을 변화시킨다. 의식의 변화는 기술의 변화보다 느리게 일어난다. 새로운 기술이 생겨나고 사회에 널리 퍼져도 인간의 의식을 눈에 띄게 변화시키는 데는 상당한 시간이 걸린다. 예언자들은 그 시간을 앞서 달려가 본다. 그리고 예언한다. 인간은 바뀔 것이라고. 그때마다 사회의 주류 목소리는 예언자의 말에 무관심하거나 거부의 의사를 내비치며 말한다. 인간은 변하지 않는다고. 하지만 인간은 언제나 변해왔다.

카리스마의 쇠퇴는 지금 시대의 특징적인 현상이다. 우리 사회에서 존경심을 일깨우고 무언가를 압도하는 듯한 에너지를 내뿜는 사람은 점점 줄어들고 있다. 공적인 인물들은 점점 더 친숙해지고 있다. 긍정적으로 표현하자면 그들과 대중 사이의 거리감이 없어지고 있다. 부정적으로 표현하자면 공적인 인물들은 점점 사람을 압도하는 면모를 잃어가고 있다. 존중과 존경보다는 비웃음과 조롱이 현대인이 공적인 인물들에게 더 흔하게 내비치는 태도다.

미국의 전 대통령 도널드 트럼프의 등장은 카리스마의 쇠퇴라는 주제로 볼 때 상징적인 사건이다. 트럼프라는 인물은 어느 정도 베일에 싸여 있는 듯한, 품위와 교양을 갖춘, 쉽게 무시할 수 없는 압도적인 힘을 내뿜는 정치인의 이미지를 완전히 깨뜨렸다. 사람들은 그를 '스트롱맨'이라고 부르지만, 그 별명은 그 사람의 내면적 성품이 강성한 힘을 내비쳐서라기보다는 발언의 수위가 강해서 붙은 것이다. 그의 발언들은 존경심을 불러일으키기보다는 온갖 논란을 불러일으킨다. 트럼프를 좋아하는 사람들은 그가 카리스마가 있고 멋진 인물이어서 좋아하는 것이 아니다. 그보다는 좀스러움과 민망함을 몸에 지니고서라도 특정한 사람들의 이익을 과감하게 대변해주는 발언을 하기 때문에 그를 좋아하는 것이다. 사람들은 그의 입에서 멋지고 존경스러운 말이 나오길 기대하지 않는다. 오히려 그의 입에서 가장 파격적인 말이 나올 때 사람들은 그를 가장 사랑한다.

정치 분야에서 카리스마의 쇠퇴는 트럼프 이외에도 전 세계적으로 광범위하게 나타나고 있는 현상이다. 많은 사람이 더 이상 정치인을 존경의 대상으로 여기지 않는다. 정치인은 멋진 사람이 아니라 가장 우스운 짓을 많이 하는 사람이라고 여겨지곤 한다. 사람들은 정치를 비웃으면서 웃음에 대한 욕구를 충족시킨다. 이미 정치는 그 어떤 코미디 방송보다도 더 우스운 카테고리가 되었다. 정치인은 가장 심하고 빈번하게 희화화의 대상이 된다. 역사적으로 정치는 카리스마와 가장 전형적으로 연결되는 단어였다. 카이사르, 나폴레옹과 같은 정치인들은 전형적인 카리스마형 인물이었다. 그런데 이제는 카리스마와 정치를 함께 부르는 것이 어색할 지경이다.

카리스마가 쇠퇴하는 현상을 보고 가장 흔히 하는 생각이 '인물이 없어졌다'는 것이다. 이전에는 그래도 멋진 사람들이 있어서 그들을 믿고 따르며 존경할 수 있었는데, 이제는 그런 사람들을 찾아보기가 매우 어려워졌다. 즉, 존경할 만한 능력과 인품을 가진 사람이 줄어들었다는 것이다. 하지만 카리스마의 쇠퇴는 단순히 사람들의 능력과 인품의 변화를 통해 설명될 수 있는 현상이 아니다. 그보다 카리스마의 쇠퇴는 인터넷과 SNS의 확산이라는 **기술적 변화**와 아주 밀접한 관련을 맺고 있다.

인터넷에는 통제되지 않는 정보가 난무한다. 인터넷은 품위를 따지지 않는다. TV나 신문 같은 전통 매체들은 (전통적으로) 품위를 중요시해왔다. 정보를 거르고 걸러서 자사의 이미지에 해가 되지 않는 정보만을 송출시켰다. 하지만 인터넷에는 그런 거름망이 없다. 실시간으로 전 세계의 수많은 사람이 각자 알리고 싶은 정보를 퍼뜨린다. 그러한 정보의 무분별한 확산은 SNS를 통해 더욱 가속화되었다. 그 결과, 공적인 인물들에 대한 사적인 정보가 여과 없이 퍼지는 일이 비일비재해졌다. 이전에는 정치인이나 연예인의 사생활에 대한 정보가 퍼져나가는 것을 어느정도 통제할 수 있었다. 비교적 소수의 언론에 정보를 노출하지 말라는 입김을 넣으면 해결되었기 때문이다. 하지만 이제는 그런 통제가 훨씬 더 어려워졌다. 한번 인터넷망을 탄 정보는 속절없이 퍼져나간다.

　이런 이유로 인해 사람들은 공적인 인물들의 민낯을 자주 목격하게 되었다. 무분별하게 돌아다니는 사적인 정보를 접하면서, 사람들은 공적인 인물들의 지극히 인간적인 면모 혹은 드러나서는 안 될 치부를 많이 알게 되었다. 이렇게 개인적인 정보가 퍼지는 것은 카리스마를 산산조각 내는 데 결정적인 역할을 했다. 앞에서는 멋지게 품위를 유지하던 사람이 뒤에서는 전혀 다른 일을 하고 있었다는 것을 알게 되면 그 사람의 카리스마에는 큰 상처가 날 수밖에 없다. 그리고 사람들은 그렇게 카리스마가 무너지는 일을 수도 없이 반복적으로 접하게 되었다. 그러면서 사람들은 점점 인간의 겉모습 자체에 대한 신뢰를 잃어가기 시작했으며, 급기야 카리스마를 긍정적으로 여기는 경향을 벗어던지기 시작했다.

　'어차피 카리스마는 꾸며진 겉모습에서 나오는 것일 뿐이다. 누구나 진실이 드러나면 그를 향한 존중이 비웃음으로 바뀌게

된다.'

이런 생각은 우리의 의식 속에 보편적으로 자리 잡기 시작했다.

아우라의 쇠퇴와 새로운 변화

현대의 카리스마 쇠퇴 현상은 독일의 문학평론가이자 철학자인 발터 벤야민이 이야기했던 **아우라의 쇠퇴**와 평행선을 이룬다. 우리는 지금도 아우라라는 표현을 종종 사용한다. 어떤 대상을 둘러싼 뭔가가 느껴질 경우 "아우라가 있다"라고 말한다. 벤야민은 아우라가 "시공간의 별난, 특별한 직조물"이며, 대상과 가까이 있어도 먼 것처럼 느껴지게 하는 것이라고 주장했다. 대상이 아무 시간, 아무 공간에나 퍼져 있으면 아우라가 없다. 특별한 시공간의 조합 안에서만 존재할 때 대상은 아우라를 갖게 된다.

예를 들어서, 그냥 평범하게 대량생산된 파란색 티셔츠에는 아우라가 없다. 그것과 똑같은 티셔츠가 수없이 많은 시공간적 지점에 흩뿌려져 있기 때문이다. 반면 내가 너무나 좋아하는 유명 연예인이 사인한 파란색 티셔츠에는 아우라가 있다. 그것은 단 하나의 점에서 나타나는, 그 어떤 티셔츠로도 대체할 수 없는 특별한 것이기 때문이다. 아우라를 갖게 된 파란색 티셔츠는 내가 마냥 친숙하게 대할 수 있는 가까운 티셔츠가 아니다. 분명 내 집에 있지만 어딘가 멀게 느껴지는, 쉽게 범접할 수 없는 티셔츠가 된다.

벤야민은 역사적·사회적 조건에 따라 인간이 세상에 대한 정보를 받아들이는 방식이 변화를 겪는다고 주장했다. 특히 그는 현대에 들어서면서 인간이 아우라를 덜 경험하는 방향으로 변화하게 되었다고 했다. 그는 그 변화의 결정적인 원인을 기술적인 조건의 변화에서 찾았다. 벤야민이 살았던 20세기 초반에는 사진과 영상 기술이 폭발적으로 전파되고 있었다. 사진과 영상은 사람들의 의식 속에서 원본에 대한 환상을 극적으로 약화시켰다. 그림이나 조각 같은 것과 다르게 사진과 영상은 무한 복제가 가능하다. 그렇다 보니 사진과 영상에서는 원본이라는 개념이 별 의미가 없다.

레오나르도 다빈치가 그린 〈모나리자〉 같은 예술작품은 원본이 단 하나뿐이지만, 〈모나리자〉를 찍은 사진은 무한히 복제가 가능하다. 첫 번째로 인화한 사진이나 만 번째로 인화한 사진이나 똑같이 동일한 지위를 가진 〈모나리자〉 사진이다. 만 번째 사진이라고 해서 첫 번째 사진에 대한 복제품이 아니다. 영상도 마찬가지다. 내가 한국에서 보는 영화 〈기생충〉이나 내 사촌이 미국에서 보는 〈기생충〉이나 조금도 다를 게 없다. 이렇게 사진과 영상에서는 원본이 갖는 특별한 권위가 없기 때문에, 사진과 영상에 익숙해진 사람들은 점점 더 원본이 갖는 일회적이고 특권적인 지위와 아우라를 체험하는 일로부터 멀어지게 되었다.

벤야민은 이 아우라의 쇠퇴를 결코 부정적으로 평가하지 않았다. 오히려 그는 아우라의 쇠퇴가 대상을 이전과 다른 각도에서 바라볼 수 있는 새로운 길을 열어줬다고 생각했다. 이전 시대의 사람들은 어떤 대상을 있는 그대로 보는 게 아니라 아우라에 둘러싸인 채로 보는 것에 익숙했다. 예를 들어서 〈모나리자〉 같은 유명한 예술작품을 보면, 그것을 그림 자체로 바라보는 게 아니라 그것이 가진 특별함과 권위를 중점으로 바라보는 것에 익숙했다. 또한 정치인을 봐도 그 사람 자체를 보는 게 아니라 그 사람이 풍기는 특별하고 신성한 아우라를 보는 것에 익숙했다. 아우라는 이러한 대상들을 권위의 대상, 숭배의 대상, 쉽게 범접할 수 없는 멀리 떨어진 대상으로 경험되도록 만들었다.

그런데 벤야민은 이렇게 예술에서 아우라가 중시되던 시대는 "기술이 그 어느 시대보다도 해방적으로 발전한 오늘날의 사회와 정반대"라고 주장한다. 사진과 영상의 보급으로 인해 원본에 대한 환상에서 어느 정도 벗어나게 된 사람들은 이제 대상을 아우라와 무관하게 바라볼 수 있는 가능성을 얻게 되었다. 생각해보면 〈모나리자〉를 신비로운 그림이 아니라 우스꽝스러운 그림으로, 정치인을 특별한 사람이 아니라 평범한 사람으로 바라볼 수도 있는 법이다. 오히려 아우라의 존재가 그러한 새로운 경험의 방식을 가로막고 있었던 것이다.

아우라는 항상 대상을 멀리 떨어진 존재로만 바라보도록 만들었다. 그러나 새로운 기술이 점차 아우라를 약화시키면서, 사람들은 이제 환상과 거리감에서 벗어나 다양한 각도에서 대상을 경험하는 일에 차차 익숙해지게 되었다. 20세기에 걸쳐 전

세계적으로 권위주의적 문화와 정치체제가 급속도로 무너져 내린 것은 해방적인 신기술로 인해 촉발된 아우라의 쇠퇴와 무관하지 않을 것이다.

기술은 물질적 차원에서 변화를 일으킨다. 그러나 그 물질적 차원의 변화는 인간의 의식적 차원까지 서서히 영향을 미친다. 일상생활에서 마주치는 물질이 바뀌게 되면 사람들은 점차 이전과는 다른 방식으로 세상을 경험하게 된다. 영상을 보는 인간은 책을 읽는 인간과 다르다. 인터넷에서 장을 보는 인간은 시장에서 장을 보는 인간과 다르다. 넷플릭스를 보는 인간은 지상파 방송을 보는 인간과 다르다. 처음에는 이러한 기술의 변화로 인해 생겨나는 인간 의식의 변화가 사소해 보일지도 모른다. 그러나 수십 년 동안 변화가 누적되면 인간의 문화, 정치, 사회구조 등에 막대한 변화를 불러오게 된다.

분열은 새로운 가능성의 시작이다

21세기에 우리가 경험하고 있는 카리스마의 쇠퇴는 그간 우리가 인터넷과 SNS라는 신기술을 통해 세상을 바라보는 새로운 감각을 얻게 되었기 때문에 가능해진 현상이다. 사진과 영상이 원본이 가진 특별함을 무너뜨렸다면, 인터넷과 SNS는 통제된 정보 위에 구축된 이미지를 무너뜨렸다. 대부분의 사람은 멋지고 잘 다듬어진 자신의 정보만을 드러냄으로써 카리스마를 구축한다. 하지만 정보가 무작위로 퍼져나가는 인터넷과 SNS

의 시대에 사람들은 통제되지 않은 정보를 접하는 것에 점차 익숙해졌다. 또한 통제할 수 있는 매체에서 나오는 정보들을 의심의 눈초리로 바라보게 되었다.

이런 의심과 불신의 시대에 카리스마는 더 이상 견지되기 어렵다. 점점 더 많은 사람이 겉으로 드러나는 만들어진 이미지를 보고 그 사람을 존중하지 않는다. 정보를 가둬두는 댐은 돌이킬 수 없이 훼손되었다. 그로부터 흘러나온 막대한 양의 정보는 기존의 체제와 권위가 가졌던 품위 있는 이미지를 깨뜨리기에 충분한 내용을 담고 있었다.

지난 20년은 통제를 통해 만들어진 품위와 이미지가 유례없이 파괴적으로 무너져 내리는 기간이었다. 사람들의 의식은 서서히 의심, 음모, 조롱, 희화화 등의 새로운 관점에서 세상을 경험하는 방향으로 변화를 겪었다. 우리는 지금 그 내재적이었던 변화가 표면 위로 폭발해 분출되는 여러 상황을 목격하고 있다.

이런 흐름을 우려의 시선으로 지켜보는 사람들도 많다. 진중함, 젠틀함, 품위, 멋짐, 존중이 사라지고 가벼움, 방정맞음, 품위 없음, 우스움, 비방 등이 사회 곳곳에 넘쳐나는 것처럼 보이기 때문이다. 이런 우려는 분명 타당한 면이 있다. 존중과 경외의 문화가 사라지면서 사회에는 사람들을 하나로 통합시킬 강력한 카리스마와 품위를 갖춘 인물이 점점 사라지고 있다. 이렇게 통합이 사라지는 것은 분열이 나타난다는 것을 의미한다. 인터넷과 SNS를 필두로 온갖 가짜뉴스와 편향된 정보들이 전파되면서, 사람들은 자신이 믿는 정보에 푹 빠져 균형감을 잃고 서로를 맹목적으로 비방하며 극심한 분열에 빠지고 있는 것으로 보인다.

하지만 분열은 새로운 가능성의 시작이기도 하다. 사람들은 품위를 잃었지만 의심을 얻었다. SNS에 난무하는 온갖 음모론과 자극적인 정보들은 사람들이 이상한 생각을 하도록 만들지만, 그만큼 기존의 체제에 맹목적으로 순응하지는 않도록 만들기도 한다. 우리는 진실이 무엇인지를 가려내기가 극도로 어려운 시대에 살아가고 있다. 도대체 무엇이 전염병에 대한 우리의 대응방식을 규정하는 것인지, 무엇이 정부가 특정한 선택을 하도록 만드는 것인지, 왜 어떤 자산의 가격이 오르는 것인지, 왜 전쟁이 일어나는 것인지 등에 대해 온갖 통제되지 않은 '저급한' 정보가 쏟아져 나오고 있다.

사람들은 정보의 홍수 속에서 갈 길을 잃고 갈팡질팡하며 때로 가짜뉴스에 속아 비합리적인 생각에 빠지곤 한다. 하지만 이런 정보의 혼란 속에서 사람들은 정보가 검열되던 시대에 비해 더욱 다양한 각도에서 세상을 바라볼 수 있는 창구를 얻게 되었다. 출처를 모르는 '저급한' 정보는 품위 있는 대형 언론사로부터 나오는 '검증된' 정보를 통해서는 생각할 수 없는 것들을 생각하게 해준다. 검증되지 않은 정보에는 적어도 여러 방향성이 있다. 그 다양한 방향성에 의해 사람들은 분열되고 있다. 하지만 그만큼 기존의 권위 있는 정보에 의심의 눈초리를 보내고, 주류의 정보에 반하는 대안적인 정보에 관심을 갖게 되기도 했다.

이러한 변화는 비록 아주 위험한 것이지만, 결코 부정적으로만 바라볼 사안이 아니다. 분열과 의심의 상태는 변혁과 혁명의 씨앗을 품고 있다. 한 방향으로 통제된 정보는 무작위한 정보만큼이나 큰 해악, 혹은 그 이상으로 거대한 해악을 만들어냈다. 이제 우리는 기술적 조건의 변화와 함께 한 방향의 통제에 저항할 수 있는 새로운 경험의 방향성을 익히는 중이다. 이 흐름과 함께 확대되는 의심과 불신의 에너지는 기존의 시스템에 안주하지 않고 더 나은 시스템을 만들고자 하는 움직임을 촉발할 긍정적인 가능성을 품고 있다. 이 에너지를 파괴적인 방향이 아닌 창조적인 방향으로 발산시키는 것은 앞으로의 시대에 우리에게 주어질 중요한 과제다.

5장

소소함의 의미를
되찾는 것에 관하여

＊＊＊

"어떤 사색가도 총체적이고 통합적인,
내재적으로 가치 있는 경험들에 의해 이끌리고
보상받지 않는다면 생각을 제대로 할 수가 없다."

- 존 듀이, 《경험으로서의 예술》

삶에 더 필요한 것은 소재일까, 표현일까

고등학생 시절, 소설을 쓰는 한 친구가 내게 물었다.

"너는 소설에서 소재와 표현 중 뭐가 더 중요하다고 생각해?"

소설이 어떤 내용을 담고 있는지와 어떻게 그 내용을 표현해
내는지 중 무엇을 더 중요하게 생각하느냐는 질문이었다. 나는
소재가 더 중요하다고 대답했다. 일단 내용 자체가 흥미롭고 특
별해야 좋은 소설이라고 생각했기 때문이다. 별로 눈에 띄는 점
도 없는 평범한 내용을 담은 소설은 지루하고 별다른 메시지도
전달하지 않는 것 같았다.

그런데 나의 말을 듣더니 친구가 다시 말했다.

"나는 소재보다는 표현이 더 중요하다고 생각해. 무엇을 표현하느냐보다도 그것을 어떻게 표현하느냐가 더 중요하단 말이지. 아무리 사소한 소재라고 해도 표현을 어떻게 하느냐에 따라 얼마든지 좋은 소설이 될 수 있어."

당시에는 친구가 한 말뜻을 이해하지 못했다. 아무리 생각해도 《해리 포터》 같은 훌륭한 소설을 재미있게 만드는 비밀은 기막히게 흥미진진한 소재에 있는 것 같다고 생각했다. 대도시와 마법세계가 연결되어 있다는 설정, 마법사들과 인간들이 뒤섞여서 살아가고 있다는 이야기, 빗자루를 타고 날아다니는 마법학교라는 배경 등의 소재는 그 자체만으로 사람들의 가슴을 두근거리게 만드는 것 같았다. 구체적인 표현이 어떻게 진행되느냐와 상관없이 이미 《해리 포터》는 소재만 봐도 훌륭한 소설이었으며, 반대로 아무리 표현을 유려하게 해도 그렇게 좋은 소재가 없다면 그토록 훌륭한 소설은 탄생할 수 없을 것 같았다.

내 생각이 어리석었다는 것을 깨닫기까지는 오랜 시간이 걸렸다. 나는 소설을 많이 읽는 부류의 사람이 아니었다. 그래서 내가 아는 소설들은 대부분 대중적으로 유명한 작품이었고, 이른바 자극적이고 눈길이 가는 소재로 쓴 작품들이 많았다. 그래서 재밌는 소설은 소재가 훌륭하기 때문에 재밌는 것이라고 자연스럽게 생각했다.

하지만 평범하고 진부한 소재로도 표현의 힘을 통해 명작의 반열에 오른 소설도 얼마든지 많다는 것을 나중에야 깨닫게 되었다. 도스토옙스키의《죄와 벌》은 비교적 평범한 소재로 쓴 작품으로, 주인공이 살인을 저지르고 처벌받는 이야기다. 이렇게 간단하게 요약될 수 있는 이야기지만, 그 안의 심리 표현은 인간의 죄에 대한 풍부한 성찰의 기회를 제공한다. 헤밍웨이의《노인과 바다》역시 간단한 소재로 썼다. 한 노인이 고기잡이를 나갔다가 큰 생선을 잡았는데 전부 다 잃고 돌아오는 이야기다. 하지만 고기잡이 과정에 대한 세세한 표현은 그 어떤 특별하고 복잡한 소재로도 전달할 수 없는 독특한 분위기와 감성을 담고 있다. 이렇게 다수의 훌륭한 소설은 단순하고 평범한 소재를 탁월한 표현을 통해 특별한 주제로 승화시킨다.

삶을 소설에 비유한다면, **우리가 겪는 일들**은 곧 소설의 소재에 해당할 것이고, 그것을 어떻게 **해석**하고 그 경험을 통해 무엇을 **느끼며** 살아가는지는 곧 소설의 표현에 해당할 것이다. 예를 들어서, 똑같이 놀이동산에 놀러 가서 똑같은 일(소재)을 겪는다고 해도 그 경험을 어떻게 해석하고 무엇을 느끼는지(표현)는 천차만별이다. 소설이 단순히 소재의 나열이 아니듯이, 삶은 단순히 사건들의 나열이 아니다. 삶은 사건들을 나름의 의미를 가진 하나의 이야기로 조직하고 표현해나가는 과정이다.

소설 속에서는 저자의 역량에 따라 평범하고 일상적인 소재도 얼마든지 하나의 훌륭한 이야기로 표현되는 것이 가능하다. 그렇다면 우리 실제 삶의 소소한 일상 또한 흥미진진하고 풍성한 이야기로 해석되지 못할 이유가 없지 않을까? 표현이 훌륭하면 평범한 소재에서도 기가 막힌 이야기가 나올 수 있다. 꼭 특별하고 자극적인 일들을 많이 겪어야만, 특급 소재로 삶을 빵빵하게 채워 넣어야만 삶이 하나의 훌륭한 이야기가 되는 것이 아니다. 내가 무심코 지나치는 일상의 작은 순간 하나하나가 모두 놀랍도록 다채롭고 뜻깊은 이야기로 발전할 수 있는 가능성을 품고 있다. 좋은 영감과 기술을 통해 그것을 잘 배열하고 표현할 수만 있다면 말이다.

우리의 경험에는 각각 다른 개성이 있다

현대 교육의 성립에 막대한 영향을 미친 미국의 철학자이자 심리학자, 교육학자인 존 듀이John Dewey는 **흔한 경험**ordinary experience과 **하나의 경험**an experience을 구별했다. 먼저, 흔한 경험은 외부적 상황에 무기력하게 반응하며 둥둥 떠다니는 경험이다. 그런 경험에는 명확한 시작도, 끝도 없다. 언제 시작되었는지도 모르게 찾아왔다가 언제 끝난지도 모르게 지나간다.

예를 들어서, 퇴근 후 일에 지쳐 아무 생각 없이 지하철에 몸을 맡긴 채 집으로 돌아가는 경험을 떠올려보자. 나는 그 경험이 어느 지점부터 시작되었는지 알지 못한다. 의식하지 못한 사이 나는 습관적으로 평소에 타는 그 지하철 안으로 들어와 집으로 향한다. 그리고 나는 지하철이라는 그 공간과 그 공간 안에서 펼쳐지는 시간을 또렷하게 의식하지도 않는다. 몸은 지하철 안에 있지만 의식은 어딘가 다른 곳에 있다. 마음은 이미 집에 가 있거나, 내내 손에 쥐고 있는 스마트폰 안의 세상에 가 있다.

내가 의식하지 못하는 사이에 그 지하철 안의 경험은 지나간다. 오직 흐릿한 의식으로 지하철을 경험하고 있을 뿐인 나에게, 지하철 문 밖으로 나서는 순간은 하나의 사건이 종료되는 지점으로 다가오지 않는다. 그저 아무 의미 없이 지나가는 한순간일 뿐이다. 이러한 흔한 경험에서 우리의 마음은 하나의 점에 집중되어 있지 않고 산만하게 흩어져 있다. 분명 무언가 사건이 일어나고 있으며 나는 그것을 경험하고 있지만, 어떤 의미에서는 나는 그 어떤 것도 경험하지 않는다.

반면 하나의 경험은 이야기의 완성을 향해 나아가는 통합적인 경험이다. 하나의 경험에는 시작과 끝이 있다. 예를 들어서, 오랫동안 상상만 하다가 비로소 용기를 내어 여행을 떠나는 경우를 생각해보자. 그 여행에는 출발이 있고 돌아옴이 있다. 여행의 시작점과 종착점은 책의 첫 장과 마지막 장처럼 하나의 의미 있는 이야기의 윤곽을 이룬다. 나는 그저 무기력하게 외부적인 힘에 이끌려 반은 의식이 있는 상태로, 반은 의식이 없는 상태로 흐릿하게 여행에 임하지 않는다. 나는 주도적으로 여행을 계획하고 조직하며, 두 발을 꼿꼿이 땅에 대고 전체의 흐름을 관장한다. 여행에서 내가 겪는 사건들은 이래도 상관없고 저래도 상관없이 흐트러져 있는 것이 아니다. 여행의 사건들은 '나의 여행 이야기'라는 통합적인 전체를 이루는 부분들이다. 이미 지나간 사건은 그냥 휘발되지 않고 발자취를 남겨 현재의 한 부분을 이룬다. 또한 미래에 일어날 일들에 대한 예상과 기대는 현재로 밀려 들어와 지금 겪는 일들의 색채와 방향성을 좌우한다. 하나의 경험은 흔적 없이 지나가버리지 않는다. 하나의 완결적인 서사를 만들어낸다. 여행이 끝났을 때, 나는 '이러저러한 경험을 했다'라고 하나의 이야기를 들려줄 수 있다.

듀이는 우리가 관용적으로 '경험'이라는 말을 사용할 때 흐릿하게 지나가는 흔한 경험이 아니라 통합적인 실제적 의미를 가지는 하나의 경험을 주로 가리킨다는 점에 주목한다. 예를 들어서 어릴 때의 경험을 들려달라는 말을 들으면, 우리는 보통 하나의 이야기로 풀어낼 수 있는 특별한 경험을 이야기한다. 시작과 끝을 알 수 없는 흔한 경험은 일상에서 경험의 부차적인 의미에 불과하다.

듀이는 다음과 같이 생각했다.

삶은 멈추지 않는 획일적인 흐름의 행진이 아니다. 각 경험은 역사의 일부다. 각 경험에는 고유의 플롯, 고유의 시작, 종결을 향해 나아가는 고유의 움직임이 있다. 그것들은 각각 자신 나름의 특별한 리듬적 움직임을 갖는다. 각 경험에는 반복적으로 생겨난 게 아닌 독특한 고유의 질이 스며들어 있다. 전체 계단은 층층이 이어진 낱개의 계단으로 이뤄져 있는 것이지, 구별되지 않게 쭉 이어진 연속체로 존재하는 게 아니다. 또한 매끈한 경사면이라고 해도, 적어도 다른 평지와의 관계 안에서 생각해보면, 갑작스러운 분절을 이룬다는 측면에서 결코 구별되지 않는 상태에 있는 것이 아니다.

각 경험은 나름대로 다 독특하다. 우리 삶은, 아무리 평범한 삶이라고 할지라도, 결코 아무런 개성 없이 균질적으로 펼쳐진 경험들로만 구성된 게 아니다.

듀이는 흔한 경험과 하나의 경험이 객관적인 조건들로 인해 구별되지 않는다고 생각했다. 즉, 어떤 경험을 흔한 경험 혹은 하나의 경험으로 만드는 것은 어떤 사건을 겪었는지에 대한 객관적인 사실이 아니다. 아무리 특별하고 흥미진진한 일을 겪어도 그것을 하나의 이야기로 통합하는 능동적인 작용이 없다면 그저 흔한 경험으로 남고 만다. 반면, 아무리 평범한 사건이라고 해도 처음과 끝을 가진 전체로 엮어낼 수 있다면 그것은 하나의 경험이 된다.

일상의 노동과 휴식도 특별해질 수 있다

듀이는 돌이 비탈 아래로 굴러 떨어지는 상황을 예시로 든다. 먼저, 자연의 한 현상으로서 비탈을 굴러 내려가는 돌의 움직임에는 아무런 통일성이 없다. 그저 높은 곳에서 낮은 곳으로 이동할 뿐, 그 운동에는 아무런 의미가 없다. 하지만 만약 그 돌이 자신이 굴러 내려가고 있다는 의식을 갖고 그때그때 마주치는 환경에 나름대로 반응을 보이며 자신의 자취를 기억하고 계획한다면, 그 비탈을 굴러 내려가는 돌의 운동은 하나로 통합되어 있는 하나의 경험이라고 할 수 있다. 똑같은 사건을 겪으면서도 그 사건에 기계적으로 의식 없이 임하느냐 또는 능동적인 자세로 처음에서 끝으로 향하는 과정을 조직해나가느냐에 따라 경험의 본질이 완전히 달라질 수 있는 것이다. 가족과 저녁 식사를 하는 것, 친구와 만나는 것, 일터에 나서는 것, 컴퓨터를 사용하는 것, 샤워를 하는 것 등 특별한 내용이 하나도 없는 사건도 어떻게 임하느냐에 따라 얼마든지 하나의 경험이 될 수 있다.

하지만 듀이는 불행히도 우리 사회에는 일상의 소소한 경험을 하나의 경험으로 의미 있게 인식하지 못하게 하고 그저 흔한 경험으로 여겨 지나쳐버리도록 만드는 조건들이 다수 자리 잡고 있다고 주장했다. 예를 들어서, 최단 시간 안에 최대의 효율을 발휘하도록 요구하는 노동의 조건은 경험을 하나로 통합시키는 감수성을 발휘할 시간을 주지 않는다. 그저 쉬지 않고 일하도록 만들 뿐이다. 그럴 때 노동은 의미 있는 경험이 아니라, 이익이라는 목적을 달성하기 위해 얼른 지나쳐 가야 하는 흔한 경험이 된다.

또한, 습관과 관습에 안주하도록 만드는 분위기는 또렷한 의식을 갖고 경험을 조직하는 능동성을 약화시킨다. 새로운 방법으로 무언가 시도하려고 할 때 "그냥 하던 대로 해. 괜히 이상한 거 하지 말고"라고 말하는 사회의 목소리는 우리가 어떤 일을 하면서 내가 주체라는 느낌을 받지 못하도록 만든다. 그럴 때 경험은 하나의 이야기로 통합된 전체가 아니라 시작도 끝도 없는 무색무취의 것이 된다. 이렇게 하나의 경험이 가로막히면서 우리의 일상은 흔한 경험, 무력하게 두둥실 떠다니는 경험으로 가득 찬 것이 된다.

이런 배경 때문에 오늘날 사람들은 삶에 의미를 부여해줄 수 있는 특별한 소재들을 열망하게 된 것이 아닐까. 소소하고 평범한 소재를 좋은 이야기로 표현할 수 없는 소설가는 특이하고 자극적인 소재로 승부를 보려 한다. 마찬가지로, 일상적인 순간들에서 주도적으로 기획하고 조직하는 통합적 경험의 기회를 상실한 사람들은 특별한 내용을 가진 사건 속에서 삶의 의미를 찾으려 한다. 일상의 노동과 휴식에는 아무런 의미가 없고, 여행이나 파티 같은 특별한 사건, 원초적인 판타지를 실현하는 자극적인 행위, 값비싼 물건을 소유하고 자랑하는 경험 등 일상에서 멀어질수록 무언가 삶의 한 부분이 완성된다고 느낀다. 일상을 소재로 쓰면 그 어떤 뜻깊은 이야기도 진행되지 않고 그 어떤 아름다운 문장도 생겨나지 않는다. 오직 특별한 소재만이 의미 있는 이야기가 피어날 만한 유일한 원천이 된다. 소소한 일상 전반에서 하나의 경험이 가로막혀 있기 때문에, 일상 바깥으로 나가서 그러한 경험을 찾을 수밖에 없다.

소소한 일상으로부터 통합적인 경험을 얻어낼 수 있는 능력을 상실한 인간은 건강한 상태에 있다고 볼 수 없다. 인간은 대부분의 시간을 소소함 속에서 보낸다. 이 시간이 무력하고 무의미하다면 삶의 대부분을 상실하는 것이다.

우리는 여러 사회적인 장치로 인해 가려진 소소한 일상 속의 가능성을 복원하려고 노력할 필요가 있다. 평범한 일상을 소재로 한 소설도 불굴의 명작이 될 수 있는 만큼, 우리의 평범한 일상 역시 얼마든지 의미 있는 통합체가 될 수 있다. 사회적 조건은 자꾸만 우리의 삶을 자극적인 소재를 가진 소설처럼 만들도록 요구한다. 일상 자체를 의미 있는 것으로 해석해내는 게 아니라 특별하고 자극적인 사건을 통해 흥미진진함을 만들어내도록 말이다.

하지만 그럴 때일수록 우리는 더욱 소재보다 표현의 능력에 집중해 일상적인 소재 안에서도 훌륭한 서사와 문장을 이끌어내는 연습을 해야 한다. 어쩌면 그 연습은 일상으로부터 의미를 빼앗아가는 사회구조를 변혁하는 일이 수반되지 않는 한 이뤄질 수 없을지도 모른다. 따라서 개인은 두 가지 측면에서 소소함의 의미를 되찾기 위해 노력할 수 있다. 하나는 불리한 사회적 조건 속에서도 개인적 차원에서 소소한 일상의 매 순간마다 통합적인 의미를 조직하기 위해 최선을 다하는 것이다. 다른 하나는 평범한 일상 안에서 하나의 경험이 실현될 가능성을 빼앗아가는 사회적 조건을 뒤바꾸기 위해 노력하는 것이다.

6장

삶이라는 전체로부터
지금의 순간을 바라보는 것

★★★

"시간은 사건들이 일어나도록 품는 토양이다.
그 토양 안에 현재적인 이해가 기초하고 있다.
따라서 시간의 간극은 극복되어야 할 무언가가 아니다."

- 한스게오르크 가다머, 《진리와 방법》

에피소드와 에픽의 차이

에피소드episode와 에픽epic은 다르다. 에피소드는 비교적 짧은 시간 안에 일어나는 단편적인 이야기를 뜻한다. 웹툰 중에는 에피소드 형식으로 이뤄진 것들이 있다. 그런 웹툰에서는 한 화에 일어난 사건이 그 화 안에서 종결된다. 일어난 사건이 장기적으로 다음 회차까지 쭉 이어져서 긴 호흡의 의미를 생성하는 게 아니라, 짤막한 토막으로 잠깐의 재미있는 이야기를 형성하고 끝난다. 반면 에픽은 긴 서사시나 장편영화 같은 것을 뜻한다. 훌륭한 에픽 작품에서는 모든 사건이 연결되어 있다. 짧은 호흡의 사건은 모두 긴 호흡에서 전체적인 이야기를 이루는 재료가 된다. 한 사건은 한 순간에 의미를 모두 소진하지 않는다. 모든 사건의 의미는 다른 사건들까지 전달되어 더 커다란 의미를 형성한다.

사람들에게 더 강한 재미와 더 깊은 의미를 전달하는 것은 보통 에피소드보다는 에픽이다. 우리가 재밌다고 느끼는 대부분의 에피소드 작품들은 순수한 에피소드가 아니라 에픽의 요소를 곁들이고 있다. 웹툰을 많이 보는 사람들은 알 것이다. 에피소드식 웹툰의 대부분은 꾸준히 이어지는 인물 관계와 스토리 라인을 갖고 있다. 한 화 안에서 끝나는 것처럼 보이는 사건은 사실 은밀히 다른 화와 계속해서 연결된다. 은밀한 연결이 에피소드식 작품들을 재미있게 하는 핵심일 때가 많다. 긴 호흡으로 연결되는 전체적인 구조 없이 정말로 순수하게 짧은 호흡 안에서 큰 재미와 의미를 전달하기는 쉽지 않다. 기독교의《성경》이나 유대교의《탈무드》를 보면 에피소드가 다수 등장한다. 하지만 그 짧은 이야기들이 의미심장하게 다가오는 이유는 기독교적 혹은 유대교적 가르침 전체와의 연결 속에서 풍부한 의미를 드러내기 때문이다. 그런 전체적인 에픽의 요소를 전혀 알지 못한 상태에서《성경》이나《탈무드》의 에피소드를 접하면 흥미가 확 떨어진다.

우리가 순수한 에피소드보다 에픽을 더 선호하는 이유는 인간의 의미 형성 과정이 **해석학적 순환**의 구조를 띠고 있기 때문일 것이다. 독일의 철학자 한스게오르크 가다머Hans-Georg Gadamer

는 어떤 대상에 대한 인간의 해석 작업은 짧은 호흡 안에 한 번 일어나버리고 끝나야 할 것이 아니라고 주장했다. 그보다 인간의 해석은 부분과 전체 사이를 끊임없이 순환적으로 오가며 무한히 발전적으로 이뤄질 수 있다.

예를 들어서, 영화 〈기생충〉에서는 네 가족 중 아들 기우가 연세대학교 학생으로 학력을 위조해 과외 일자리를 구하는 장면이 나온다. 기우는 아버지에게 이렇게 말한다.

"아버지, 저는 이게 위조나 범죄라고 생각하지 않아요. 저 내년에 이 대학 꼭 갈 거거든요."

그러자 아버지는 말한다.

"너는 계획이 다 있구나!"

이 장면에 대한 관람객의 해석은 이 장면이 진행되는 순간에 완결되지 않는다. 그보다 관람객은 영화를 끝까지 다 보고 나서야 이 장면에 대해 제대로 된 해석을 내릴 수 있게 된다. 또한 여기서 끝이 아니다. 그렇게 전체 스토리와의 관계 속에서 비로소 "너는 계획이 다 있구나!"라는 말이 가진 의미를 심도 있게 해석해낼 수 있게 되면, 바로 그 부분에 대한 새로운 해석 때문에 영화 전체의 의미가 다시 새롭게 드러난다. 그렇게 얻은 영화 전체에 대한 새로운 해석은 돌고 돌아 또다시 "너는 계획이 다 있구나!"라는 대사의 의미를 더욱 풍성하게 드러낸다. 이론적으로 이 해석학적 순환의 과정은 무한히 반복될 수 있다. 우리는 영화의 부분과 전체 사이를 끊임없이 오가며 양쪽을 더욱 풍부하게 해석해낼 수 있다.

　더 나아가, 한 작품의 해석은 그 작품의 울타리를 넘어서 다른 대상과의 관계 속에서도 해석학적 순환을 이룰 수 있다. 〈기생충〉에 대한 해석은 다른 영화들과의 관계, 다른 예술작품들과의 관계, 사회와의 관계, 내 개인적인 삶과의 관계 등 수많은 외적인 요소와의 연관 속에서 이뤄진다. 영화들의 집합에서 〈기생충〉은 전체의 한 부분이다. 이러한 연관 속에서 우리는 영화들의 집합이라는 전체를 바탕으로 〈기생충〉이라는 부분을 새롭게 해석할 수 있게 된다. 또한 그렇게 해서 새롭게 얻어진 〈기생충〉에 대한 해석은 반대로 영화들의 집합 전체에 대한 해석을 변화시킬 수 있다.

　마찬가지로, 사회현상의 집합이라는 전체 안에서 〈기생충〉은 아주 작은 부분을 이루므로, 사회현상 집합 전체와의 관계를 통해 〈기생충〉에 대한 새로운 해석을 내리는 게 가능하다. 또한 그로부터 얻은 통찰을 통해 다시 사회에 대한 해석을 수정할 수 있다. 이처럼 한 대상에 대한 해석은 그 대상과 다른 대상들과의 관계를 넘나들며 이뤄진다. 때로 대상에 대한 최고의 해석은 아주 긴 시간 동안 수만 개의 요소 사이를 관통하고 순환한 후에야 얻어지기도 한다. 어쩌면 우리는 온갖 사건을 겪은 후 삶의 막바지에 이르러서야 "너는 계획이 다 있구나!"라는 짧은 대사에 대한 진정으로 만족할 만한 해석을 얻게 될지도 모른다.

의미는 해석을 통해 생겨난다

한스게오르크 가다머는 우리가 예술작품을 의미 있는 것으로서 경험하게 되는 과정을 다음과 같이 설명한다.

시 작품을 듣는 것은, 말 그대로 귀를 통해 듣든 아니면 시를 읊을 때 깊은 곳에서 함께 작동하고 있는 내면적 귀를 통해서 듣든, 질문들에 재차 대답을 내놓고 또 새로운 질문들이 촉발되는 순환적 움직임으로서 나타난다. 이것은 우리를 예술작품의 곁에 머물도록 만든다. 어떤 방식으로든. 머묾은 분명 예술 경험 안에서 나타나는 고유의 탁월한 특성이다. 예술작품은 결코 고갈되지 않는다. 예술작품은 결코 텅 빈 것이 되지 않는다. 우리는 역으로 예술이 아닌 것, 즉 모조품이나 인기를 끌기 위해 만든 작품 같은 것들을 우리가 그것들을 '비어 있다고' 여긴다는 점을 통해 정의할 수 있다. 어떤 예술작품도 우리에게 항상 같은 방식으로 말을 걸어오지 않는다. 이것의 결과는 우리도 역시 항상 다르게 대답해야 한다는 것이다.

예술작품을 경험할 때 우리가 제시한 하나의 대답은 또 다른 질문의 시작이 된다. 이 순환의 과정을 더 깊게, 더 많이, 더 넓은 범위에서 반복하도록 만드는 작품이야말로 진정으로 훌륭한 작품이다.

해석학적 순환은 영화나 소설 같은 작품을 해석할 때만 적용될 수 있는 게 아니다. 우리의 삶 역시 해석학적 순환의 대상이 될 수 있다. 모든 인간은 의미를 추구하며 살아간다. 의미는 객관적으로 부과되는 것이 아니다. 세상 어디에도 의미라는 것이 실체적으로 존재하지는 않는다. 의미는 우리 스스로 만들어 나가는 것이고, 삶의 과정을 통해 점차적으로 형성해 나가는 것이다. **의미는 해석을 통해 생겨난다.** 어떤 사건을 겪거나, 인간관계 안에 놓여 있거나, 무언가 소유하는 것 자체만으로는 아무런 의미도 생겨나지 않는다. 의미는 우리가 나름대로 자신의 입장에서 그런 삶의 요소들을 해석해낼 때 생겨난다.

어떤 사태를 해석할 때, 그것을 하나의 독립적인 에피소드로 바라볼 것이냐, 혹은 전체 에픽을 이루는 하나의 부분으로 간주할 것이냐에 따라 엄청난 차이가 생겨난다. 사태를 한 호흡의 에피소드로 바라보는 것은 그 사태를 해석학적 순환 안에 위치시키지 않고 그 사태가 주는 의미를 순전히 그 사태 안에서 찾는 것, 하나의 질문에 하나의 완결적인 대답을 제시하는 것이다. 그렇게 되면 그 사태의 의미는 매우 빈곤해질 수밖에 없다. 하나의 짧고 단순한 이야기가 전달해줄 수 있는 의미는 그리 풍부하지 않다. 반면, 만약 우리가 하나의 사태를 조금 더 긴 호흡과 넓은 시야에서 삶이라는 전체의 한 부분으로 여긴다면, 무한한 해석학적 순환의 가능성에 그 사태를 노출시킬 수 있다. 그렇게 되면 아무리 짧은 사건이라고 해도, 아무리 단순한 사태라고 해도 무한한 해석의 가능성이 주어진다.

군이 이렇게 이론적으로 설명하지 않아도 우리는 이미 삶의 요소들에 대해 해석학적 순환을 행하고 있다. 우리는 살면서 겪는 사건을 자주 다른 경험, 지식, 가치관, 주변의 상황 등과 긴밀하게 연결시켜 해석한다. 길을 지나가다 한 꼬마 아이를 마주치는 사건처럼 지극히 단순한 사건도 하나의 독립적인 에피소드 이상으로 해석하곤 한다. 만약 그 아이가 나의 친자식을 떠올리게 한다면 그 아이는 단순히 길을 지나가는 나와 상관없는 한 익명의 아이가 아니라 내 마음속의 가장 근원적인 사랑의 마음과 직접적인 관련을 맺은 아이로 해석될 것이다. 만약 그 아이를 보고 어렸을 때 세상을 떠난 동생이 떠오른다면 그 길 위의 짧은 마주침은 삶과 죽음, 인연과 상실에 대해 깊은 성찰을 하는 계기로 작동할 수도 있다. 이처럼 한 사건에 대한 해석은 그 사건의 범위를 뛰어넘는 내 삶의 다른 부분들과의 관계를 통해 얼마든지 증폭될 수 있다. 또한 그렇게 고양된 한 사건의 의미가 내 삶 전체의 의미를 뒤바꾸는 힘을 갖게 될 때도 있다.

그런데 우리는 때때로 에피소드의 좁은 늪에 빠져 한 사태를 전체와의 관계 속에서 해석해내는 능력을 상실해버리기도 한다. 화와 같은 감정에 빠질 때가 대표적이다. 화는 우리의 시야를 좁게 만들고 해석 능력을 제약하는 감정이다. 화가 나면 지금 관심을 집중한 대상 이외의 다른 것들은 보이지 않는다. 화에 지배당한 사람은 순간적인 감정의 요동침에 휩싸여 현재 사건을 오로지 현재의 틀 안에서만 해석하려 한다. 또는 현재의 범위를 넘어서는 다른 요소들 중에서도 사건의 부정적 측면을 강조시키는 매우 제한된 요소만을 끌어들인다. 그래서 결과적으로 눈 앞의 사건은 강한 부정성 이외에 아무런 의미도 지니지 않은 사 건이 된다. 이렇게 지엽적인 현재의 상태에 빠져 해석이 극도로 제한되는 경우에는 일부러라도 그 에피소드의 늪에서 빠져나와 더 넓은 해석학적 순환을 작동시키려 노력해야 한다. 조금 더 넓 은 전체와의 관계 속에서 현재의 사태를 바라보면 지엽적인 감 정이나 짤막한 생각에 묶여 있을 때보다 더 다양한 각도로 더 풍 부한 의미가 드러나게 될 가능성이 있다.

우리의 삶을 에픽으로 바꿀 수 있다면

물론 현재 특정한 심리상태의 늪에 빠져 있는 사람에게 거기 로부터 벗어나서 더 넓은 것을 보라고 하는 것은 너무 어려운 요 구일 수 있다. 하지만 적어도 시도는 해볼 수 있다. 해석학적 순 환의 존재에 대해 전혀 모르고 그것을 시도할 생각조차 하지 않 는 것보다는, 우리가 사태의 의미를 생성해내는 순환적 구조를 이해하고 그러한 순환이 제대로 작동하지 않을 때 그것을 다시 구동시키고자 노력하는 것은 충분히 의미가 있다.

또한 근시안적인 늪에 빠진 짧은 순간에 해석학적 순환을 작 동시키기가 어렵다면, 순간적인 강렬한 감정이나 생각이 약간 누그러졌을 때 좀 더 폭넓은 해석을 시도해보는 것도 좋다. 하 나의 해석을 종결된 것으로 취급해버리면 우리는 영원히 그 해 석으로부터 벗어날 수 없다. 사태에 대한 해석이 종결되면 의미는 고착화되기 때문이다. 그런 의미의 고착화를 최대한 막기 위해서는 절대적으로 종결된 해석이란 없으며 의미는 순환적으로 이뤄지는 해석의 과정 속에서 끝없이 새롭게 생겨난다는 것을 기억하고 그러한 순환을 실천하려고 노력하는 수밖에 없다.

한 사람의 인생은 그 어떤 장대한 서사시보다도 더 많은 정보를 품고 있다. 그런데 많은 사람이 장대한 서사시에 비해 평범한 한 사람의 인생은 재미가 없다고 느낀다. 그 이유는 서사시의 경우 작은 사건 하나하나가 전체 스토리와의 긴밀한 관계 안에서 의미를 얻는 반면, 한 평범한 인생 안에서 일어나는 많은 사건을 우리는 전체와 단절된 상태에서 하나의 에피소드로 해석하고 끝내기 때문이다. 만약 우리가 삶을 더 흥미롭고 의미 있는 시간으로 만들기를 원한다면 개별 사건과 전체 삶 사이의 관계를 적극적으로 형성할 필요가 있다.

글쓰기 교실에서는 에피소드적인 글을 에픽적인 글로 바꾸는 연습을 한다. 에피소드적인 글은 각 부분이 따로 노는 듯한 느낌을 주는 글이다. 반대로 에픽적인 글은 전체가 하나로 연결된다는 느낌을 주는 글을 뜻한다. 에피소드적인 글을 에픽적인 글로 바꾸는 대표적인 방법은 '그리고'처럼 단순한 나열을 나타내는 접속어를 '그러나' 혹은 '그래서'처럼 앞부분과 뒷부분의 상관관계를 나타내주는 접속어로 바꾸는 것이다. 예를 들면 "나는 빵을 먹었다. 그리고 배가 부르다"가 아니라, "나는 빵을 먹었다. 그래서 배가 부르다"로 표현하는 것이다. 이렇게 두 문장 사이의 상관관계를 더욱 명확히 표현해주는 것만으로도 글의 에 픽적인 느낌이 훨씬 향상된다.

　에피소드적인 글이 적절한 수정을 통해 에픽적인 글이 될 수 있다면, 우리 삶도 더 나은 해석을 통해 단순한 에피소드의 나열 에서 흥미진진한 서사시로 발전하지 못할 이유가 없다. 각 경험 이 따로따로 흩어지도록 놔두는 게 아니라 전체적인 구조 안에 서 서로 연결되도록 만든다면, 또한 그렇게 생긴 연결점들을 바 탕으로 부분과 전체 사이를 오가며 새로운 질문과 대답을 촉발 하는 해석학적 순환을 작동시킬 수 있다면, 삶의 개별 사건들과 삶 전체의 의미는 무한히 교차하면서 상승할 수 있다.

7장

논리적인 지식에 대한 집착에서 벗어나면 찾아오는 깨달음

***

> "당신이 가까이 다가가는 순간 그것은
> 당신으로부터 이전보다도
> 더 멀어졌다는 것을 깨닫는다."
>
> - 스즈키 다이세쓰, 《선불교 입문》

논리적인 분석으로 세상을 이해할 수는 없다

논리적인 언어는 인간의 삶에서 없어서는 안 될 것이지만, 인간을 무언가에 붙들어 매는 역할을 하기도 한다. 지금 이 책에서 나는 언어라는 수단을 활용해 나의 지식과 생각을 최대한 논리적으로 전달하고자 노력하고 있다. 희망컨대, 이 과정을 통해 많은 것이 전달되고 새로운 생각이 촉발될 것이다. 하지만 다른 한편으로 나의 언어를 통해 많은 오해와 혼란, 불투명함이 생겨나기도 할 것이다.

논리적인 언어는 대상을 틀에 맞춰 표현하려 한다. 그 과정에서 틀에 맞지 않는 많은 부분이 (사실 대부분이) 배제된다. 대상의 팔과 다리가 틀에 맞지 않으면 사지를 자르거나 뒤틀어 틀 안으로 집어넣는다. 그래서 논리적인 설명을 듣고 나면 대상이 마치 틀에 딱 맞아떨어지는 것처럼 깔끔하게 보인다. 하지만 그러한 인상은 언제나 일종의 환상이다. 우리는 대상을 뒤틀어 논리적 틀에 가두고, 그렇게 틀에 맞게 재단된 것들을 체계적으로 조직해 지식을 만들어 낸다. 그리고 그 결과물이 대상의 전체를 나타내준다고 착각한다. 하지만 그럼으로써 나타나는 것은 논리의 스포트라이트를 받은 일부분에 불과하고, 논리의 틀로 파악되지 않는 나머지 것들은 어둠 속에 남는다. 이는 거대한 환상의 창출이다.

분석은 나눌 분分과 쪼갤 석析을 합친 말이다. 논리적인 분석은 하나의 대상을 다른 대상으로부터 구별시키거나, 또는 대상을 여러 부분으로 나눈다. 예를 들어서, 정치를 이해하고자 할 때 논리적 분석의 틀은 좌파와 우파를 구별한다. 그런 구별이 한번 이뤄지고 나면 아무런 구별이 없을 때보다 어쩐지 정치 현상을 더 잘 이해하는 듯한 느낌이 든다. 부분과 요소를 많이 나눌수록, 복잡하고 정밀하게 나눌수록 이해가 더 강화되는 것 같은 느낌이 든다. 하지만 논리적 분석의 치명적인 문제점은 자신이 그은 분할선을 기준으로 포착되지 않는 것은 무시되거나 아예 그 존재가 알려지지도 않는다는 것이다. 좌와 우의 구별을 통해서만 정치를 바라보는 사람은 그 분석적 틀을 벗어나는 현상을 이해할 수 없다. 옳고 그름의 구별을 통해서 진리를 파악하고자 하는 사람은 옳지도 그르지도 않은 것을 상상할 수 없다.

실제 생활에서 우리가 나 자신과 세상을 이해하는 방식은 이런 논리적 분석을 통한 이해를 훨씬 뛰어넘는다. 그림이나 음악을 감상하면서 우리는 분석적 틀로는 결코 포착될 수 없는 무언가를 통째로 이해하는 데 이른다. 등산을 하거나, 동물과 교감하거나, 스치는 바람을 느끼는 것처럼 일상의 평범한 경험 역시 마찬가지다. 우리는 이 경험들을 통해 대상을 나누고 쪼개서 무언가를 이해하는 게 아니라, 쪼개질 수 없고 쪼개질 필요도 없는 완결적인 것을 직접 이해한다.

그런데 이상하게 유독 인생의 진리나 행복 같은 심오한 주제를 이해하고자 할 때면 무엇보다도 논리적 분석을 통한 지식에 의존해야 한다고 생각하는 사람들이 많다. 사실 나 또한 그런 생각을 갖고 철학을 공부하기 시작했다. 뭔가 복잡하고 세련된 분석이 삶의 최종적인 지혜를 제공해줄 것 같다는 막연한 기대가 있었다. 그런데 시간이 지날수록 나의 생각에 문제가 있다는 것을 조금씩 느끼게 되었다. 삶의 근본적인 질문들에 대해 분석적 지식이 대답해줄 수 있는 바는 한계가 있다. 물론 철학은 각종 심오한 질문들에 대해 한 사람의 입장에서는 절대로 평생 다 흡수하지 못할 방대한 지식을 품고 있다. 그러나 그 지식이 뻗어나가는 영역은 매우 한정적이다. 결국 철학은 언어적 매개와 논리적 분석을 기초로 한다. 따라서 그 틀에서 벗어난 것들이 포함된 더 큰 이해의 바다로는 나아갈 수는 없다. 인생사의 중대한 문제들은 언제나 논리를 훨씬 넘어선다. 만약 우리가 진실로 삶에 대한 더 나은 이해에 이르고자 한다면 분석적 지식 이외에 다른 수단에도 관심을 가져야 한다.

눈에 보이는 것만이 전부는 아니다

한국이 속한 동아시아 문화권에는 이 문제와 관련해 특별히 주목할 만한 전통이 하나 있다. 바로 선불교다. 선불교는 언어적이고 논리적인 분석을 통해 얻어지는 지식에 집착하는 것을 극도로 경계하는 독특한 전통이 있다. 일본의 불교학자 스즈키 다이세쓰鈴木大拙는 서구 문화권에 처음 선을 소개했던 인물 중 한 명으로 유명한데, 20세기 초중반에 그가 선불교의 주요 지식을 영어로 표현해 서구 세계에 전달한 이후, 서구 지식인들 사이에 선에 대한 강력한 관심이 촉발되었다. 그들이 선불교에 강한 흥미를 느꼈던 이유는 선불교가 진리를 깨닫는 과정에서 비논리적인 체험을 강조하기 때문이다.

다이세쓰는 선불교가 서양의 종교 혹은 서양의 사상 체계와 어떤 지점에서 다른지 설명했는데, 그중에는 언어와 논리로부터 자유로워지기를 추구한다는 내용이 담겨 있었다. 그는 서양 사상의 전통은 항상 참과 거짓, 선과 악, 신의 세계와 인간의 세계를 나누는 이분법적 사고를 담고 있다고 주장하면서, 그러한 분석 작업이 여러 지식을 산출할지는 모르겠으나, 마음의 평화나 세계에 대한 깊은 이해로 우리를 이끌어주지는 않는다고 주장했다. 반면 선불교는 논리적인 분할을 부정하면서 우리가 일반적으로 생각하는 지식에서 멀어진다. 하지만 그럼으로써 논리적 분석의 틀을 넘어서는 앎과 이해의 경험에 더욱 가까워지려 한다.

선불교는 의도적으로 자신의 마음을 비논리적인 발상에 노출시키도록 요구한다. 다이세쓰는 선불교 전통에서 **공안**公案이 가장 핵심적인 역할을 한다고 소개한다. 공안은 예전부터 기록되어 전해내려오는 비논리적 이야기들이다. 다이세쓰가 소개한 공안의 예시 중 하나는 다음과 같다.

하루는 당나라의 유명한 스님 조주趙州선사에게 선을 수행하는 한 사람이 물었다.

"달마가 서쪽에서 온 뜻이 무엇입니까?"

달마는 선불교를 창시한 인물이다. 그는 서쪽의 인도에서 붓다의 가르침을 전하러 중국에 왔다. 따라서 달마가 중국에 온 뜻이 무엇이냐는 이 질문은 달마가 가르치고자 했던 최종적인 진리가 무엇인지를 묻는 것이라고 볼 수 있다.

그런데 이 질문에 조주선사는 황당한 대답을 했다.

"뜰 앞의 잣나무."

이 불합리한 답변은 무엇이란 말인가? 높은 실력을 가졌다는 스님에게 깨달음의 진리를 물어보자 돌아온 답변은 고작 알 수 없는 말뿐이었다. 이러한 불합리함이 바로 공안의 특징이다. 다이세쓰는 공안이 상식적으로는 말이 안 되는 말을 일부러 떠올림으로써 삶의 가장 높은 지혜는 논리적인 틀을 통해 파악될 수 있는 것이 아님을 깨우치는 수행 방법이라고 설명하고 있다.

우리에게는 분석 작업을 통해 최종 진리를 손에 넣을 수 있을 것 같은 욕망 혹은 환상이 자꾸 찾아온다. 그럴 때마다 선불교의 가르침은 합리적으로는 설명되지 않는 이상한 이야기를 생각하면서 논리의 영역을 뛰어넘는 이해의 영역을 느끼도록 이끈다.

한국의 선불교에서는 공안보다 **화두**라는 개념이 더 강조되어 온 것으로 보인다. "화두를 던지다"라는 말은 불교 밖에서도 널리 사용되는데, 본래 화두는 선불교에서 공안과 비슷한 의미로 사용되어온 말로, 깨달음을 얻기 위해 마음속에 품어두고 생각하는 문제를 가리킨다. 다만 공안이 공적으로 전해져 내려오는 객관적인 이야기의 측면을 가리키는 말이라면, 화두는 그 이야기를 시작으로 깨달음에 이르기 위해 나아가는 개인적인 노력의 측면을 강조하는 말이라는 해석이 있다. 어쨌든 한국 선 불교의 전통 역시 논리적으로 말이 안 되는 화두를 마음속에 품으며 분석적 사고의 한계를 극복하기 위해 노력하는 수행을 강조한다.

논리적 지식 바깥을 체험하며 깨달을 수 있는 것들

나는 불교도가 아니며, 화두 수행을 꾸준히 한 경험도 없다. 따라서 나의 입장에서 선불교적 수행이 우리를 어떤 대단한 지혜와 평온의 상태로 이끌어줄지 감히 판단하기는 어렵다. 하지만 경험과 지식이 부족한데도 내가 동아시아의 선이 가진 잠재력에 주목하는 이유는 불교적 명상 경험을 통해 순전한 지적 분석만으로는 결코 이해할 수 없는 것을 이해해본 경험이 있기 때문이다.

운이 좋게도 나는 대학교 1학년 때 한 철학과 교양수업에서 명상을 접하게 되었다. 당시 교수님은 매 수업이 끝나기 10분 전 다 함께 명상을 하도록 지도했다. 그분은 주로 인도의 불교 전통에서 기원한 명상을 진행했다. 수업을 들은 지 한 달이 지날 때까지는 전혀 명상의 효과를 느끼지 못했다.

그러던 어느 날, 숨을 들이쉬고 내쉬는 코끝의 감각에 집중하는 마음챙김 명상을 하던 도중 이상하게도 그 이전까지 경험해보지 못한 고도의 집중 상태에 이르게 되었다. 그 상태에서 몇 분을 보내자 갑자기 온몸에 전율이 일며 무언가 강렬한 전환이 일어났다. 그 당시의 느낌을 말로 표현하기는 아주 어렵다. 내 몸이 나의 것이 아닌 것처럼 느껴졌으며, 동시에 내 몸이 나의 것이 아닌 것이 아닌 것처럼 느껴지기도 했다. 소유가 아닌 존재로의 전환이 일어난 순간이었다. 나는 더 이상 무언가 얻고자 애쓰는 그런 상태에 있지 않았다. 애쓰기보다는 그저 존재하는 것에 가까운, 난생처음 경험해보는 상태에 아주 잠깐이지만 돌입하게 되었다. 나의 육체는 이 세상에 존재하고 있을 뿐이고 그 존재는 주변의 여러 가능성에 노출된 채로 그저 그렇게 있을 뿐이라는 느낌. 이 이상으로 그 상태를 언어적으로 묘사하는 것은 아무래도 내 능력 밖의 일인 것 같다.

민망하고 오만한 발언이기는 하지만, 그리고 완전히 적절하지도 않을 것이지만, 아마 그때의 경험을 미약하게나마 깨달음이라고 부를 수도 있을 것이다. 이전에는 알지 못했던 어떤 다른 경험의 가능성을 알게 되었으니 말이다. 그 이후로 가끔씩 어떤 철학자들의 글을 읽으면, 그들이 내가 명상 상태에서 체험했던 것과 매우 유사한 것을 말하고 있다는 느낌이 들 때가 있다. 특히 말로 표현하기 어려운 것을 말로 표현하고자 노력하는 철학자들일수록 더 그럴 때가 많다.

이런 느낌은 단지 나의 착각이었을까? 그런 건 아닌 것 같다. 독일의 철학자 하이데거는 스즈키 다이세쓰의 글을 접하고 다음과 같이 말했다.

> 내가 그를 잘 이해한 게 맞다면, 그는 정확히 내가 나의 모든 글을 통해 말하고자 시도했던 것을 말하고 있다.

물론 내가 몸의 감각에 집중하는 마음챙김 명상을 통해 체험했던 특정한 상태는 다이세쓰가 말하는 공안이나 화두를 통한 수행에서 얻어지는 깨달음의 경험과는 약간 거리가 있을 수 있다. 하지만 분명한 것은 이 두 종류의 수행 모두 분석적 틀을 뛰어넘는 방식을 통해 논리의 영역 밖에 놓인 이해의 가능성에 접근하려 한다는 것이다. 그런 점에서 서로 다른 수행 방식이라고 할지라도 목표로 하는 최종적인 상태는 비슷한 성질의 것이지 않을까 감히 짐작해본다.

나는 아직까지 순전히 분석적인 지식을 통해 진정한 행복, 평온, 지혜, 자유 등의 상태에 이르렀다는 사람을 본 적이 없다. 그 이유는 둘 중 하나일 것이다. 아직 분석이 충분히 완료되지 않았거나, 아니면 애초에 분석적 지식은 삶의 중요한 가치를 실현하는 데 불충분한 수단에 불과하거나. 이 둘 중 뭐가 옳은지 확실한 증명은 제시할 수 없다. 어쩌면 언젠가 인간이 행복에 대한 최종 분석을 완료해 행복에 이르는 완벽한 논리적 경로를 발견할지도 모른다. 하지만 이는 완전히 불투명한 상상일 뿐이다. 냉정하게 우리 삶을 돌아보면 삶의 많은 부분은 논리의 영역을 현저히 뛰어넘는다. 이런 점을 고려해본다면 아마 논리적 분석만을 통해서는 삶의 중요한 가치를 실현할 수 없다는 주장이 옳을 가능성이 높을 것이다.

따라서 우리는 세상의 비밀을 풀어내고 인생에 대한 뿌리 깊은 고민을 해결하기 위해 철학이나 다른 학문이 제시하는 논리적인 설명 바깥에서 추가적인 이해의 가능성을 찾을 필요가 있다. 가능성은 여러 가지가 있을 것이다. 각자 관심이 있는 영역에서 스스로 여러 방편을 찾아보는 것도 아주 의미 있는 일일 것이다. 하지만 여러 가능한 경로 중에서, 고통의 소멸을 목적으로 오랜 시간 다양한 방법을 연구하고 체험해온 불교 전통은 안정적으로 참고할 만한 중요한 정보를 제공해주는 것으로 보인다.

특히 한국에서도 명맥을 유지하고 발전해온 선불교의 가르침에는 딱딱한 논리적 사고방식에 직접적으로 대항하는 화두라는 재미있는 경험의 방식이 있기에 더욱 주목해볼 만하다.

지금 다 같이 불교도가 되자고 이야기하는 것이 아니다. 종교적 믿음에 대해 이야기하는 게 아니라, 종교의 전통이 가진 지혜의 가능성에 주목해보자는 것이다. 종교를 믿지 않고도 삶에 작은 변화를 주어 수행의 경험을 해보는 것은 얼마든지 가능하다. 논리를 뛰어넘어 직접 몸과 마음으로 얻는 이해의 체험은 그동안 주목하지 못했던 삶의 또 다른 측면을 부각시켜줄 것이다. 그러한 체험은 그 어떤 두꺼운 책보다도 더 깊은 지혜로 우리를 이끌 수 있다.

8장

인간이 알 수 없는 죽음에 대하여

✶✶✶

"탐구의 세 가지 결과는 (…) 그 대상이
이해될 수 없는 것이라고 말하거나,
아니면 탐구를 지속하는 것이다."

- 섹스투스 엠피리쿠스, 《피론주의 개요》

슬픔보다 먼저 찾아온 당혹감

스물네 살의 여름, 평소처럼 학교 수업을 마친 뒤 지하철에
몸을 맡기고 집에 돌아가는 길에 누나에게서 전화가 왔다.

"할머니가 돌아가셨어."

나는 그 길로 곧장 천안에 있는 본가로 내려가 장례식장으로
갔다. 호상이었다. 아흔일곱이셨던 할머니는 몇 년 전부터 거동
이 불편하셨고, 얼마 전부터는 기력도 눈에 띄게 쇠한 상태셨다.
나는 한 달에 한 번은 꼭 할머니를 뵈러 본가에 내려갔었는데,
이전에 찾아뵀을 때 이제 할머니를 볼 수 있는 날이 얼마 남지
않았을 수도 있겠구나 싶었다. 그 생각은 틀리지 않았다. 다행히

할머니는 극심한 고통 없이 숨을 거두셨다고 했다. 장례식에서도 곡소리는 거의 들리지 않았다. 다들 갈 때가 되어 잘 가셨다고 생각하는 분위기였다.

나는 할머니와 굉장히 특별한 관계였다. 태어나면서부터 할머니와 함께 살았는데, 맞벌이로 바쁜 부모님보다 할머니와 단둘이 보내는 시간이 아주 많았다. 정말 많은 이야기를 나눴고 아주 많은 것을 배웠다. 아마 내 또래에 민화투를 칠 줄 아는 유치원생은 많지 않았을 것이다. 우리는 항상 아침저녁으로 밥을 같이 먹었다. 금요일이면 함께 집 앞 장터에 가서 과일이나 생선을 사왔다. 할머니는 봄이면 내게 달래무침을 해주셨고, 나는 바늘에 실을 꿰어드렸다. 이후 서울로 대학을 가고, 그 후로 군대에 가면서 할머니는 내 일상으로부터 이전보다 멀어졌지만, 그래도 될 수 있으면 할머니를 자주 뵈러 가려고 노력했다. 할머니는 내가 갈 때마다 참 좋아하셨다. 내 삶과 마음 안에서 할머니는 말로 표현할 수 없이 큰 부분을 차지했다. 지금의 나에게 가장 큰 의미를 갖는 사람이었다.

그랬던 할머니가 갑자기 더는 존재하지 않았다. 더 이상 숨을 쉬지 않고, 움직이지도 않고, 불러도 대답이 없었다. 피부는 누렇고 생명이 없었다. 내가 아는 정신으로서의 할머니는 더 이상 없고, 움직이지 않는 육체만이 남아 있었다. 할머니의 마음은 온데간데없이 사라져 있었다. 아마 어제 내가 할머니를 뵈러 갔다면 그곳에 할머니는 계셨을 것이다. 그런데 오늘 찾아왔더니 할머니가 계시지 않는다. 거짓말처럼 할머니는 더 이상 존재하지 않는다.

이미 오래전부터 할머니가 돌아가실 것을 예상했던 나는 눈물을 흘리지도, 슬픔에 휩싸이지도 않았다. 나를 강타한 건 슬픔이 아니라 당혹감이었다. 어제까지만 해도 존재하던 사람이 갑자기 무無로 바뀐 것을 마주한 나는 이를 어떻게 받아들여야 할지 내적인 소화과정을 거치고 있었다. 나를 당혹케 한 것은 우리가 죽음에 대해 **너무나도 아는 것이 적다**는 사실이었다.

할머니는 어디로 갔는가? 완전히 소멸했는가, 아니면 그러지 않고 어떤 방식으로든 어딘가에 남아 있는가? 우리는 죽은 사람을 다시는 만날 수 없는 것인가, 아니면 언젠가 재회하는 날이 오는가? 아무도 그것을 정확히 알지도, 설명해줄 수도 없다는 사실이 무척 답답하게 느껴졌다. 순수하게 자연과학적인 관점에서 생각해보면 내가 아는 정신으로서의 할머니는 완전히 사라졌다. 정신은 몸의 활동에 의해 생겨나는 현상에 불과하니, 몸이 멈춘 이상 정신은 아무 데도 없다. 하지만 정말 그런 걸까? 정말로 인간은 숨이 끊어질 때 모든 것을 잃어버리고 완전히 흩어져 사라지는 걸까?

인류 문명이 극도로 발달한 지금까지도 죽음에 대한 견해는 전혀 통일되지 않고 있다. 세계적으로 뛰어난 지성인들 중 많은 사람은 종교를 믿으며, 또 많은 사람이 종교를 믿지 않는다. 종교를 믿는 사람은 죽음이 모든 것의 끝이 아닌 무언가 다른 과정의 새로운 시작이라고 생각한다. 종교를 믿지 않는 사람은 죽음은 완전한 끝이어서 그 이후로 우리의 존재는 돌이킬 수 없이 사라진다고 생각한다.

죽음에 대한 이 상반된 견해 중 무엇을 지지하는지는 지적 능력과 관련된 문제가 아니다. 인간의 **지성**은 죽음에 대해 너무나도 적은 것을 알려준다. 지성을 통해 죽음에 대한 진정으로 올바른 견해를 도출할 수 있다고 주장하는 사람은 자신이 가장 심각한 지적 결핍 혹은 지적 오만의 상태에 있다는 것을 스스로 증명하는 것이다. 죽음 이후에 벌어지는 일에 대해서 우리가 얻을 수 있는 객관적인 자료는 극도로 제한적이다. 죽은 자에 대해서는 설문조사를 할 수도, 인터뷰를 할 수도, 물리적인 실험을 할 수도 없다. 인류가 가진 최고의 학문적 방법론들은 죽음의 영역 앞에서 침묵할 수밖에 없다. 죽음은 여전히 우리에게 가장 큰 미스터리이며, 어쩌면 인간의 지성은 애초에 죽음이라는 경계 앞에서 근본적인 한계에 부딪히도록 설계된 것인지도 모른다.

죽음이 끝이 아닌 또 다른 시작이라는 견해와 죽음은 완전한 끝이라는 견해는 모두 순수한 지적 판단이 아닌 주관적인 선호에 의한 믿음이다. 죽음 이후에 천국 혹은 지옥으로 간다든지, 윤회를 통해 다른 생명으로 태어난다든지, 영혼이 그대로 남아 세상을 떠돈다든지 등의 견해는 객관적인 증거를 바탕으로 판단을 내리는 것보다는 알 수 없는 어떤 이유 때문에 그렇게 믿는 것이다. 마찬가지로, 죽음 이후에는 그 어떤 것도 없고 완전한 공허만이 기다리고 있다는 생각 역시 완전히 합리적인 근거에서 나온 것보다는 자신의 신념 체계에 따라 그렇게 믿는 것일 뿐이다. 우리는 지성의 한계로 인해 이 두 갈래의 견해 중 무엇이 옳은지 결코 완전히 가려낼 수 없다.

회의주의적인 자세로 삶을 대해야 하는 이유

모든 삶은 죽음을 향해 흐른다. 우리가 죽음에 대해 제대로 된 지식을 얻을 수 없다는 것은, 삶의 목적지가 무엇인지에 대해 알지 못한다는 것을 뜻한다. 우리는 삶이 어디로 향하는지, 삶의 끝에 무엇이 기다리고 있는지 전혀 알지 못한다. 이런 의미에서 삶의 여정은 본질적으로 불확실성에 둘러싸여 있다.

이 죽음의 불확실성, 그리고 그것으로 인해 생겨나는 삶의 본질적인 불확실성을 어떤 자세로 받아들일지는 우리에게 달려 있다. 불확실성이 우리의 심리에 미치는 영향은 양면성을 가진다. 한편으로 불확실성은 걱정과 불안의 근원이다. 진로가 불확실할 때, 금전적 소득이 불확실할 때, 건강 상태가 불확실할 때 우리는 크게 걱정하며 불안에 떤다. 다른 한편, 아이러니하게도, 불확실성은 마음의 평정 상태로 향하는 계기가 되기도 한다. 어떤 결과가 나올지, 무엇이 진실인지 어차피 지금 정확히 알 수 없기 때문에 오히려 마음이 편해지는 경우가 있다.

이집트, 로마, 그리스 등에서 활동했다고 알려진 고대의 의사이자 철학자 섹스투스 엠피리쿠스는 인간 지성이 가진 불확실성을 인정할 때 얻어지는 평안의 경험을 강조했다. 엠피리쿠스는 회의주의를 주장한 사람이었다. 그는 기본적으로 확실한 지식이란 존재하지 않는다고 생각했다. 하지만 그는 자신의 회의주의를 진리에 이르려는 모든 활동을 헛된 노력으로 치부하는 부정적인 회의주의와 날카롭게 구별했다. 그는 우리가 확실한 지식을 얻을 수 없다고 생각했지만, 그렇다고 해서 아예 지식 탐구를 멈추고 아무렇게나 끌리는 대로 살아야 한다고 생각했던 것은 결코 아니다. 오히려 그는 우리가 지식의 결말을 열어놓은 상태에서 지속적으로 다양한 탐구 활동을 하면서 살아가야 한다고 생각했다.

이러한 자세의 장점은 크게 두 가지다. 첫째, 지식이 독단으로 변하는 것을 막을 수 있다. 스스로가 진정한 지식을 발견했다고 생각하는 사람들은 곧장 독단에 빠지게 된다. 모든 지식은 처음에는 현상을 잘 설명해주는 것처럼 보이나, 시간이 지날수록 다양한 반례를 마주하고, 변화하는 상황에 따라 더 이상 현상에 들어맞지 않는 낡은 지식이 되어버린다. 그런데 자신의 지식이 불변의 확실성을 가졌다고 생각하는 사람들은 그런 변수나 변화를 인정하지 않고 좁은 시야로 세상을 바라보게 된다. 따라서 독단에 빠지지 않고 꾸준히 지식을 발전시키려면 자신의 지식이 틀릴 수 있다는 가능성을 항상 열어두어야 한다.

둘째, 마음의 평안을 얻게 된다. 자신의 지식이 확실하다고 생각하는 사람들은 자신에게 반론을 제기하는 사람들을 찍어

눌러야 한다는 압박감을 느낀다. 그러한 압박감은 그 자체로 마음의 큰 동요를 일으킨다. 그런 마음으로 살아가면 자신의 지식에 반하는 상황을 마주쳤을 때 실망감에 빠지거나 화가 난다. 반면 회의주의자들은 어떤 지식의 진실에 대해 목을 매지 않기 때문에 훨씬 더 평안에 가까운 마음 상태를 누릴 수 있다. 엠피리쿠스와 뜻을 같이 한 고대의 회의주의자들은 모든 사안에 대해 그것이 진정으로 확실한지 아닌지에 대한 판단을 미루는 것을 **판단 중지**라고 불렀으며, 그때 얻어지는 마음의 평안을 **아타락시아**라고 불렀다.

아타락시아는 소크라테스가 죽음 앞에서 보인 태도와 아주 흡사하다. 소크라테스는 사형을 받기 직전까지도 슬픈 기색을 내비치지 않고 평온한 상태를 유지했다. 그는 자신이 죽어서 어떤 곳으로 갈지, 지금보다 더 좋은 곳으로 갈지 아니면 더 나쁜 곳으로 갈지 알지 못하며, 심지어 의식이 계속해서 남아 있을 것인지, 아니면 의식이 완전히 사라져 깊은 잠에 빠진 것과 같은 상태에 이를 것인지도 알 수 없다고 주장했다. 그는 그런 불확실성을 철저히 받아들였기 때문에 죽음 앞에서 두려워하거나 슬퍼하지 않고 의연할 수 있었다.

소크라테스의 시대에 비해 지금 우리는 정말 많은 것을 알게 되었지만, 죽음에 대해서는 그가 알았던 것 이상으로 별로 알지 못한다. 우리는 여전히 우리의 삶이 어디로 향하고 있는지 모른다. 나 자신뿐 아니라 주변의 사랑하는 사람들의 삶 또한 어디를 목적지로 두고 흘러가고 있는 것인지 전혀 알 수가 없다. 부모님, 아내, 남편, 자녀, 친구들은 과연 어디를 향해서 나아가고 있는 걸까? 그중에서 이미 세상을 떠난 사람들은 과연 어디서 무엇을 하고 있을까? 한 줌의 먼지가 되었을까, 무언가 다른 것이 되었을까? 알 길이 없다.

죽음이라는 미지의 영역, 그리고 가능성

소크라테스의 시대부터 변하지 않은 것이 또 하나 있다. 그것은 바로 죽음에 대해서 하나의 견해를 정해 그것만을 믿고자 하는 인간의 심리다. 기독교나 이슬람교를 믿는 사람은 천국과 지옥을, 불교나 힌두교를 믿는 사람은 윤회를, 무신론을 지지하는 사람들은 의식의 완전한 소멸을 믿는다. 하나의 견해에 대한 강한 믿음은 때때로 회의주의적인 판단 중지만큼이나 마음에 평안을 가져다준다. 천국의 존재를 강하게 믿는 사람은 그 어떤 사람보다도 죽음 앞에서 담대하다. 사후의 더 큰 행복을 믿기 때문이다. 하지만 죽음에 대해 하나의 견해만을 강하게 지지하며 다른 모든 견해를 배제하는 것이 인간의 지성으로 할 수 있는 최선의 판단일까? 우리 지성이 가진 한계를 인정하고, 더 다양한 견해에 열린 자세를 갖는 게 더욱 합리적일 것이다. 죽음은 미지의 영역이며, 수많은 가능성을 향해 열려 있다. 여러 가능성 중 무엇을 우선으로 여길지는 선택할 수 있겠지만, 단 하나의 가능성에만 매달리는 것은 독단에 가까워지는 일일 것이다.

임사체험을 한 사람들의 증언에 따르면, 우리가 죽을 때 사랑하는 사람 중 이미 세상을 떠난 사람들이 우리를 찾아온다고 한다. 하나의 설에 따르면, 과거의 종교화에 아기 천사나 아기 수호신이 많이 등장하는 이유는 당시에 영아 사망률과 유아 사망률이 높았기 때문이라고 한다. 어렸을 때 세상을 떠나고 만 사랑하는 아이가 내가 죽을 때 길을 인도해주러 찾아온다는 것이다. 과연 이런 이야기는 정말 사실일까? 과학에 기초한 상식적인 관점에서는 별로 믿음이 가지 않는 게 당연하다. 하지만 엄밀히 말해 이게 사실인지 아닌지 우리는 알지 못한다. 우리는 스스로 삶과 죽음의 경계를 지나는 순간에 이르러서야 지금 우리가 가진 지성의 한계를 넘어서는 것들에 대해서 알게 되거나, 혹은 모든 앎을 멈추고 무로 흩어질 것이다. 그 이전까지 우리는 열린 자세를 가질 필요가 있다.

과연 나는 할머니를 다시 만날 것인가? 모른다. 이에 대해 나는 판단을 중지할 것이다. 인간은 많은 것을 알 수 있고, 많은 것을 알 수 없다. 우리는 알 수 있음에 기뻐해야 할 것이고, 알 수 없음에 겸손해야 할 것이다.

2부

나와 타인의
관계를
이해하고
싶을 때

✦

✳

✦

인류애를 되찾기 위한 철학

돈으로 사랑을
살 수 있을까

***

"미성숙한 사랑은 말한다. '나는 너를 사랑해. 나는 네가 필요하니까.'
성숙한 사랑은 말한다. '나는 네가 필요해. 나는 너를 사랑하니까.'"

- 에리히 프롬, 《사랑의 기술》

진정한 사랑을 규정할 수 있을까

우리는 대부분 스스로 선택한 사람을 만나 사랑을 한다. 만남
도 자유롭고 헤어짐 역시 자유롭다. 처음에 서로 좋아서 연애를
시작했다가도 갈수록 정떨어지는 면들을 많이 보게 되면 얼마
든지 헤어질 수 있다. 아니, 사실 헤어짐에는 특별한 이유가 필
요하지 않다. 단순한 지겨움이나 지루함도 헤어짐의 정당한 사
유가 되므로, 그 즉시 관계를 끝내면 된다. 또 다른 시작이 나를
기다리고 있다.

그런데 사실 이렇게 자유연애가 주된 사랑의 방식이 된 건 인
류 역사상 비교적 아주 최근에 이르러서다. 단 두 세대 이전의

우리나라, 즉 일제 강점기 당시의 우리 할머니, 할아버지 세대만 때만 해도 서로 얼굴 한 번 본 적 없는 상대와 결혼하는 것이 일 반적이었다. 그 당시에는 나와 평생 함께할 사람을 보통 가족이 결정했다. 사랑의 자유는 보장되지 않았다.

우리나라에서만 그랬던 것도 아니다. 서구권 역시 자신의 욕 망에 따라 자유롭게 사랑의 상대를 찾는 것은 20세기 이전까지 흔치 않은 일이었다. 문화와 제도도 지금과 달랐지만, 애초에 지 금처럼 통신수단이 발달한 것도 아니고 지역 간의 이동도 적었 으니 사랑의 자유가 훨씬 제한될 수밖에 없었다. 또한 옛날에만 자유연애가 없었던 것도 아니다. 지금도 세계의 많은 문화권에 서는 가족과의 합의와 결혼을 전제로 하지 않은 자유로운 만남 을 부정적으로 바라보거나 문화적으로 금지한다.

21세기 한국인의 입장에서 과거 시대의 사람들이나 동시대 의 보수적인 문화권의 사람들의 연애와 결혼생활을 보면 이런 생각이 들 수 있다.

'과연 그 사람들에게도 사랑이 가능할까? 그 사람들은 운이 좋을 경우에만 진정한 사랑을 할 수 있는 게 아닐까?'

자신의 의지대로 사랑의 상대를 선택할 수 없고, 함께 지내다 가 마음에 들지 않으면 헤어지고 다른 상대를 찾아 나서는 것도 쉽지 않으니, 정말로 운명의 상대가 아닌 이상 자신과 딱 맞는 사 람을 만나 진정한 사랑을 하는 일이 아주 드물 것 같다.

하지만 이런 인상이 정말로 옳은지는 진정한 사랑을 무엇이라고 정의하느냐에 따라 완전히 달라진다. 만약 지금 시대의 표준대로 자신과 **맞는** 좋은 사람과 만나 자유롭게 합의된 관계 속에서 서로에게 행복을 주는 그런 활동이 진정한 사랑이라고 한다면, 아마 자유연애가 불가능한 문화의 사람들은 진정한 사랑을 할 수 없을 것이다. 하지만 만약 진정한 사랑이라는 게 우리가 흔히 생각하는 것과 다르다면 지금 우리의 잣대를 기준으로 다른 종류의 사랑을 판단하는 게 부적절한 일일 수 있다. 그렇다면 무엇이 진정한 사랑일까?

진정한 사랑이 무엇인지 딱 집어서 규정하는 건 매우 어려운 일이다. 사랑은 수학의 공리도 아니고 손에 잡히는 물체도 아니다. 사랑은 우리가 다양한 상황 속에서 변화무쌍하게 행하는 것이다. 따라서 진정한 사랑에 대해 단 하나의 유효한 정의를 세우는 건 무의미한 짓일 수 있다. 이럴 때 좋은 방법은 무엇이 진정한 사랑이 '아닌지'를 먼저 생각해보는 것이다.

이와 관련해 독일의 정신분석학자이자 사회학자, 철학자인 에리히 프롬은 아주 흥미로운 견해를 제시했다. 프롬은 현대에 들어 사랑이 붕괴되는 조짐이 보이고 있다고 주장했는데, 그가 분석한 사랑의 붕괴는 현대의 가장 지배적인 삶의 방식인 **자본주의**와 밀접한 관계를 맺고 있다.

앞서 우리는 사랑의 형태가 시대마다, 문화마다 다르다는 것을 살펴보았다. 따라서 오늘날 우리가 익숙하게 추구하고 있는 사랑의 방식 역시 태곳적부터 있던 게 아니라 어느 정도는 이 시대와 이 사회에 이르러 특수하게 생긴 것이라고 추측해볼 수 있다. 그렇다면 오늘날 우리가 행하는 사랑의 형태는 무엇의 영향을 받아 생겼을까? 프롬은 현대의 사랑이 무엇보다도 자본주의의 영향을 크게 받는다고 주장했다. 그가 주로 분석했던 것은 20세기 중반 미국의 사랑이기 때문에 지금의 우리 사회와는 약간 거리가 있을 수 있다. 하지만 그가 이야기한 자본주의적 사랑은 우리가 지금 흔히 접하는 사랑과 다르기는커녕 오히려 이 시대에 이르러 더욱 심화되고 확대된 것처럼 보인다.

우리가 사랑의 대상을 선택하는 방식을 한번 생각해보자. 우리는 연애를 할 때 여러 선택지 중에서 나의 취향에 가장 잘 맞는 상대를 고른다. 물론 아무 상대나 다 선택할 수 있는 건 아니다. 선택에는 나의 취향 이외에도 아주 중요한 조건이 있다. 바로 상대도 나를 마음에 들어 해야 한다는 것이다. 따라서 나는 나에게 관심이 없는 사람들, 즉 내가 넘볼 수 없는 범위에 있는 사람들은 제외해야 한다. 나에게 관심을 줄 여지가 있는 사람들, 즉 사랑의 상대로서 내가 가진 역량의 한계에 상응하는 사람 중에서 최선의 선택지를 골라야 한다. 만약 내가 할 수 있는 한 가장 좋은 상대를 골라 짝을 이루는 데 성공한다면, 그건 내가 할 수 있는 최선의 연애와 최선의 결혼을 하는 것이며, 최고의 사랑을 이뤄내는 것이다.

프롬은 이러한 현대적인 사랑의 방식이 백화점에서 물건을 고르는 방식과 매우 흡사하다고 주장한다. 우리는 사랑의 시장에서 내 선택권의 범위가 어떻게 결정되는지 말하지 않아도 너무나 잘 알고 있다. 외모, 직업, 재산, 학력, 집안, 성격 등 여러 요소가 사랑의 시장에서 내 지갑에 얼마가 들어 있는지를 결정한다. 여러 부문에서 좋은 점수를 받을 만한 사람이면 지갑이 두둑하다. 반면 평가 점수가 낮은 사람은 지갑이 가볍다. 나는 내 지갑에 든 사랑의 수표를 바탕으로 사랑의 시장에서 알맞은 **가격**의 상대를 고를 수 있다. 상대방 쪽에는 가격표가 붙어 있다. 나는 지갑 속의 수표에 적힌 금액과 상대방의 가격을 비교해가며 저울질을 한다. 이렇게 사랑의 선택을 물건 쇼핑에 비교하는 게 매우 불쾌하게 느껴지는 사람도 있을 것이다. 하지만 냉정히 우리 주변을 둘러보면, 현대적인 연애 시장과 결혼 시장의 구조가 자본주의적인 시장경제의 모양새를 꼭 빼닮았다는 것을 부정하기는 어렵다.

재미있는 것은 이렇게 내가 지갑 속의 수표와 상대방의 가격을 비교해가며 저울질을 하고 있을 때 상대방 역시 나에게 달린 가격표를 들춰보며 계산하고 있다는 것이다. 나는 자발적으로 사랑의 시장에 가격표를 매달고 진입한다. 그리고 나의 가격을 높이기 위해 노력하기도 한다. 좋은 직업이 적힌 명함을 만들고, 멋진 자동차를 사고, 운동을 해서 몸을 가꾸고, 성형수술을 해서 자신의 값어치를 끌어 올린다. 더 좋은 값에 팔리기 위해서 말이다.

현대 자본주의 사회에서 소비되는 물건들은 오래 가지 않아

질리거나 낡으면 새것으로 교체해야 한다. 스마트폰을 처음 사면 기분이 너무 좋다. 그러나 그 들뜬 감정은 그리 오래 가지 않는다. 얼마 지나지 않아 스마트폰의 성능은 저하되기 시작하고, 꼭 눈에 띄는 문제가 없어도 계속 출시되는 더 좋은 최신형 스마트폰 광고들이 내 것을 초라해 보이게 만든다. 그래서 몇 년이 지나면 고장 나지 않더라도 새 스마트폰을 구입하게 된다. 그렇게 새 물건을 얻으면 또다시 기분이 너무 좋다. 그러나 그 기분 역시 지속되지 않는다. 이렇듯 질리는 순간은 금방 다시 찾아오고, 오직 새로운 소비만이 지루함을 메워줄 수 있다.

프롬은 이러한 자본주의적 소비의 패턴이 현대적인 사랑의 패턴과 너무나 비슷하다고 주장한다. 많은 사람은 우선 자신의 욕망을 충족해줄 사랑의 상대를 찾는다. 이 경우 사랑의 최대 목표는 내 기쁨의 실현이다. 내가 기뻐지지 않는다면 사랑을 할 이유도 없다. '좋은 추억을 만든다'는 아름다운 말로 겉을 포장해도 결국 사랑을 통해 우리가 기대하는 것은 내 욕망의 충족과 그로부터 오는 기쁨이다. 많은 시간과 돈과 노력을 쏟아서 누군가를 만나려 하는 이유는 다 내가 투입하는 비용만큼의, 혹은 그보다 큰 기쁨을 얻을 수 있다고 기대하기 때문이다. 이런 계산의 결과로 선택된 상대방을 처음 만나면 기분이 들뜨고 욕망이 해소되는 것처럼 느껴진다. 마치 새로운 물건을 처음 샀을 때처럼 말이다.

하지만 소비의 대상인 물건이 금방 질려버리듯이 욕망 충족의 대상인 사람 역시 금방 질려버린다. 얼마 지나지 않아 상대방의 문제가 눈에 보이기 시작하고, 주변의 다른 후보자들에 비해 이 사람은 더 '합리적인', 더 '가성비가 좋은' 성능을 보여주지 못한다는 사실이 마음에 걸리기 시작한다. 그렇게 되면 이 사람이 업그레이드라도 되길 바란다. '성격이 좀 바뀌면 좋겠다, 운동을 했으면 좋겠다, 돈을 더 많이 벌었으면 좋겠다……' 마치 물건의 부품을 바꾸거나 전자기기에 최신 소프트웨어를 설치하듯이, 우리는 상대방에게 무언가 변화가 일어나기를 바라게 된다. 만약 상대방이 충분한 변화를 통해 나의 욕망을 더 충실하게 충족시켜주지 못하면 아예 새로운 기종(사람)으로 바꿔버려야겠다는 생각이 들기도 한다. 그렇게 점점 만족도가 떨어지면 관계는 끝나버리고 사랑은 막을 내린다. 그리고 머지않아 또 다른 사랑이 그 빈자리를 대체한다. 신상품은 언제나 설렌다.

과연 우리는 이런 자본주의적 소비와 똑같은 구조를 가진 사랑을 통해 진정으로 긍정적인 결과를 얻어내고 있는 걸까? 이것이 정말로 이상적인 사랑의 방식일까? 만약 아니라면 우리에게는 어떤 더 나은 사랑의 가능성이 있을까?

건강하고 이성적인 방법으로 외로움을 해소하는 법

프롬은 사랑의 근원을 **분리**로부터 찾았다. 인간은 자의식을 가진 존재다. 자의식을 가졌다는 것은 나와 주변의 사물을 구별할 줄 안다는 이야기다. 나와 주변을 구별하면서 우리는 나 자신으로서 살아갈 수 있게 되지만, 그만큼 외로운 존재가 된다. 모든 게 뒤섞여 있는 원초적인 자연의 상태에서는 외로움도 없다. 엄마 배 속의 태아나 아직 엄마에게서 분리되지 않은 갓난아기는 외로움이 없다. 엄마와 자신이 구별되지 않고 하나의 존재를 이루고 있기 때문이다.

그러나 탄생 이후 인간은 원초적인 자연의 상태에서 분리되면서 자의식을 갖게 된다. 외로움의 시작이다. 외로움은 외로울 만한 환경에 처한 사람만 느끼는 게 아니다. 모든 인간이 느끼는 보편적이고 근원적인 외로움이 있다. 아무리 친구가 많고, 사랑하는 사람들이 곁에 있어도 피할 수 없는 고독의 순간이 누구에게나 있다. 왠지 모를 불안과 고독. 이 근원적인 외로움은 쉽게 해결될 수 없다. 그것은 인간이 자연으로부터 분리되어 있다는 인간존재의 바탕에 뿌리를 두고 있다. 프롬은 사랑이 이 근원적인 **외로움을 이성적으로 해소**할 수 있는 유일한 방법이라고 주장한다.

외로움을 이성적으로 해소한다는 것은 무슨 의미일까? 먼저 외로움의 비이성적인 해소 방법에 대해서 생각해보자. 프롬은 자의식을 포기함으로써 외로움을 해소하려 하는 것이 비이성적이라고 생각했다. 살다 보면 가끔씩 자의식을 포기하고 싶을 때가 있다. 아무것도 생각할 필요도, 책임질 필요도 없는 원초적인 자연의 상태로 되돌아가고 싶을 때. 그래서 우리는 술을 마신다. 마약 복용도 마찬가지일 것이다. 나를 잊으면 외로움도 사라진다. 프롬은 대중문화에 빠져드는 것 역시 나 자신을 잊게 해주기 때문이라고 말한다. 나의 개성적인 자의식을 포기하고 수많은 사람이 뒤섞여 있는 대중의 목소리 속으로 뛰어들어 그곳에서 통일감을 느끼면 외로움을 면할 수 있다.

그런데 이렇게 자의식을 포기함으로써 외로움을 해소하는 방식은 우리가 독립적이고 성숙한 인간이 되는 것을 가로막는다. 세상에는 책임져야 할 일들이 많다. 엄마와 분리되지 않은 갓난 아기의 상태로 되돌아가 모든 책임을 면제받으면 잠시 동안은 행복할지 모른다. 하지만 그럴수록 세상은 점점 더 난장판이 되고 나 역시 점점 더 건강하지 않은 무력한 상태로 쇠퇴한다.

따라서 우리는 더욱 건강하고 이성적인 방법을 통해 외로움을 해소해야 한다. 프롬은 사랑이 그 해답이라고 주장한다. 건강한 사랑을 하는 사람은 그 사랑 안에서 자기 자신을 잃어버리지 않는다. 오히려 사랑 안에서 독립적이고 개성적인 자기 자신을 발견한다. 건강한 사랑은 상대방에 대한 돌봄, 책임, 존중을 포함한다. 건강한 사랑을 하는 **성숙한 인간**은 사랑의 관계를 통해 자신의 욕망이 충족되기를 우선적으로 바라지 않는다. 오히려 그는 자신이 가진 것을 통해 상대방의 부족함을 채워주고 상대가 성숙한 인간으로 성장해나가는 과정을 도와주려 한다. 인간은 죽는 순간까지 성장해나가는 존재다. 성숙한 사랑을 하는 사람은 상대방의 성장을 도와주는 것 속에서 큰 의미와 기쁨을 발견한다. 그는 자신의 자의식을 지워버리고 상대방에 집착함으로써 외로움을 해소하려 하지 않는다. 오히려 그는 상대방의 성장을 돕는 과정 속에서 누군가를 돌보고 책임질 수 있는 성숙하고 독립적인 인간인 자기 자신을 발견한다. 그러면서도 상대방과 도움을 주고받으며 함께 성장의 길을 걸어간다는 연결의 느낌을 통해 외로움을 극복한다.

자본주의 사회에서 성숙한 사랑을 꿈꿀 수 있을까

성숙한 사랑에 대해 프롬은 다음과 같이 요약한다.

[순간적 욕망의 충족 속에서 자기 자신을 잃어버리는 미성숙한 사랑의] 공생적인 연합과 반대로, 성숙한 사랑은 자신의 온전함을 보존하는 조건 속에서 이뤄지는 연합이다. 그 안에서는 개인성이 유지된다. 사랑은 인간 안의 활동적인 힘이다. 그 힘은 자신을 다른 사람들로부터 분리시키는 장벽을 부수고 다른 사람들과 연합을 이루도록 한다. 사랑은 고립과 분리의 느낌을 극복하도록 한다. 하지만 그러면서도 자기 자신으로서 존재할 수 있도록, 자신의 온전성을 지탱할 수 있도록 해준다. 사랑 안에서는 둘이 하나가 되지만 여전히 둘로 남아 있는 역설이 발생한다.

과연 자본주의적 사랑은 이러한 성숙한 사랑과 연결될 수 있을까? 쉽지 않아 보인다. 욕망을 충족하기 위해 물건을 고르듯이 사람을 골라 관계를 맺는 자본주의적 형태의 사랑은 잠깐의 원초적이고 흥분적인 도취 상태 속에서 자기 자신을 잃어버리는 경험에 가깝다. 값비싼 새 옷을 사면 그 옷에 심취해 잠시 다른 생각들을 잊게 되듯이, 욕망의 해소와 짜릿한 기쁨을 선사해주는 로맨틱한 사랑은 잠시 자신의 존재를 잊고 그 관계 속에 몰입하게 만든다. 하지만 그런 관계는 오래 지속될 수 없다. 도취적인 흥분은 금방 사라지기 때문이다. 더 나아가, 도취에만 지나치게 빠지는 것은 독립적인 자의식을 유지하면서 자신의 상태와 세상의 환경을 더 좋게 만들어나가는 과정을 방해한다. 따라서 우리가 정말 인생을 통해 자신의 존재를 조금 더 충만하게 채워가기를 추구한다면, 자기 자신을 잊고 도취에 빠지도록 만드는 미성숙한 사랑이 아니라 개성적인 자신의 존재를 지키면서도 돌봄과 책임의 관계 속에서 상대방과 함께 외로움을 극복해나가는 성숙한 사랑을 추구해야 할 것이다.

이론적으로는 이런 이상적인 사랑을 통해 근원적인 외로움을 해소하는 게 말이 될지 몰라도, 현실에서 이런 사랑을 경험하기란 정말 어려워 보인다. 프롬도 이런 점을 인지했던 것 같다. 그는 성숙한 사랑은 누구나 흔하게 할 수 있는 게 아니라, 특히 지금의 문화에서는 "비교적 드물게 일어나는 일"이라고 주장했다. 또한 그는 온 인생을 통해 노력해야 진정한 사랑을 실천할 수 있다고 말했다. 이러한 그의 주장을 시장경제적 관점에서 기회비용을 중심으로 따져보면 과연 그렇게 어려운 일을 굳이 추구할 가치가 있는지 의구심이 들기도 한다.

누구도 사랑을 강제할 수는 없다. 프롬이 말하는 성숙한 사랑 역시 누구나 다 따라야 하는 보편적인 명령 같은 게 결코 아니다. 그러나 자신의 존재 가장 깊숙한 곳에 놓인 근원적인 외로움에 엄습당해본 경험이 있는 사람이라면, 그 뿌리 깊은 외로움을 극복하기 위해, 또는 그 외로움을 품고서도 건강하게 살아가기 위해 무언가를 해야 한다고 생각할 것이다. 그렇지 않으면 우리 삶은 언제라도 잿빛으로 물들어버리고 말리라는 사실을 직감적으로 알고 있을 것이다.

그 외로움을 해소하기 위해 자신을 잊어버리고 도취적인 상태로 접어드는 길을 택하겠는가, 아니면 자신의 이성을 지키는 동시에 건강한 동반적 관계를 통해 고독을 해소하는 길을 추구하겠는가? 전자는 비교적 쉬워 보이고 후자는 매우 어려워 보인다. 선택은 각자의 몫이다. 다만, 널찍한 문은 멸망으로 이르는 길이니 "좁은 문으로 들어가라"는《성경》의 한 구절이 떠오른다.

2장

누군가를 가족처럼
위하는 마음

✱✱✱

"인자仁者는 자신이 일어서고자 할 때
다른 사람을 일으키고, 자신이 도달하고자 할 때
다른 사람이 도달하게 해주는 사람이다."

- 공자, 《논어》 〈옹야 편〉

의미를 되찾아야 할 가족이라는 이름

행복을 어디에서 찾느냐는 물음에 많은 사람들이 가족이라고 답한다. 가족은 지금의 내가 생겨날 수 있게 해준 둥지이고 언제라도 돌아갈 수 있는 안식처다. 가족 안에서라면 실수를 해도 용서받을 수 있다. 가족 앞에서라면 나를 나답지 않게 꾸며내지 않아도 된다. 가족은 나의 있는 그대로의 모습을 아는 사람들이며, 그 있는 그대로의 나를 사랑해주는 사람들이다. 가족의 가장 독특한 점은 아무런 **조건 없이 사랑**하는 관계라는 것이다.

물론 항상 그런 것은 아니다. 서로가 원하는 조건이 어긋나 깨어지는 가족도 있다. 또한 서로를 사랑하지 않는 가족도 있다.

서로를 증오하는 가족, 서로를 경멸하는 가족, 서로에게 무신경한 가족도 있다. 하지만 일반적으로 가족은 다른 인간관계들에 비해 계산적인 조건으로는 설명되지 않는 유대감과 연결 끈을 갖고 있다. 보통 인간관계를 맺을 때는 서로가 서로에게 득이 되기에 함께한다. 함께 운동할 수 있기에 가깝게 지내거나, 서로 말이 잘 통해서 좋은 친구 관계로 지내거나, 나의 진로에 도움이 되기 때문에 친해지려고 노력하는 등, 사람 간에는 특정한 이유가 있기 때문에 관계가 성립한다. 반면 가족은 별다른 이유가 없어도 가족이라는 이유 하나 때문에 관계 안에서 질긴 끈으로 연결되어 있다. 가족이라는 이유로 서로에게 관심을 갖고, 안부를 챙기고, 좋은 일이 생기면 함께 기뻐하고, 슬픈 일이 생기면 함께 슬퍼한다. 서로가 가족이라는 사실, 그것 자체가 서로 특별한 관계 안에 있어야 할 강력한 이유이자 조건이다.

가족이 꼭 혈연관계나 결혼으로 맺어진 관계로만 한정되어야 하는 것은 아니다. 태어날 때부터 가족이 된 사람이 아니더라도, 혹은 법적으로는 전혀 가족관계에 놓여 있지 않은 사람이라도 서로가 서로를 어떻게 여기는지에 따라 그 어떤 가족보다도 더 소중한 가족이 될 수도 있다. 서로를 조건 없이 있는 그대로 사랑하고 서로의 기쁨과 슬픔을 함께 공유한다면, 우리는 "그 사람은 내 가족이나 다름없다"고 말할 수 있다. 진정한 가족은 생물학적인 조건이나 사회적·제도적 조건에 의해 결정된다기보다는 계산의 영역을 뛰어넘는 유대감과 연결 끈을 갖게 되느냐의 여부로 결정된다. 그 어떤 법적인 관계도 없지만 진정한 가족인 관계도 있다. 반면 법적으로는 연결되어 있지만 진정한 의미에서는 가족이 아닌 경우도 많다.

사회계약론자들은 이 사회가 사람들 사이의 암묵적인 계약에 기초해 있다고 주장한다. 서로의 안전과 재산 등을 합리적으로 지키기 위해 일종의 계약적인 관계를 맺음으로써 생긴 것이 이 사회의 법과 제도라는 것이다. 만약 사회의 도움이 없다면 강력한 힘을 가진 사람이 다른 사람들의 목숨과 재산을 쉽게 빼앗아가고 말 것이다. 우리는 이런 폭력적이고 비합리적인 상태를 원하지 않는다. 따라서 인간은 사회를 조직하고 개인을 지켜주는 힘을 사회에 부여했다.

누가 나를 해치려고 하면 경찰이 나를 지켜준다. 나의 지갑을 훔친 사람은 법의 심판을 받는다. 이렇듯 계약론적인 사고방식에 따르면 우리는 자신을 지키기 위해서 암묵적인 계약을 통해 사회가 우리를 감시하고 적당한 안전망을 지켜주도록 합의했다.

가족관계는 이런 계약적인 관계와 완전히 대비된다. 가족은 계약이 되어 있기 때문에 서로를 지켜주는 게 아니다. 아무런 이유 없이 서로를 지켜주고 위해준다. 또한 가족은 특별한 이유가 없어도 우리 삶에 중요한 의미를 부여해준다. 가족의 안전과 행복은 때로 나 자신의 안전과 행복보다 더 중요하다. 많은 사람이 가족을 위해서라면 자신의 재산, 꿈, 신념, 때로는 목숨까지도 포기할 준비가 되어 있다. 가족은 수단이라기보다는 **목적**에 가

깝다. 부모가 자식을 위하는 마음, 자식이 부모를 위하는 마음,
그 밖에도 가족처럼 생각하는 사람을 위하는 마음은 그 관계를
통해 무언가 다른 목적을 얻고자 함에 초점이 맞춰져 있지 않다.
오히려 가족의 행복은 내 삶을 통틀어 다양한 수단을 통해 성취
해야 할 중요한 목표다.

　그런데 가족이 우리 삶에서 실제로 차지하는 의미와 중요성
에 비해 우리가 세상을 바라보는 데 참고하는 많은 틀, 즉 사상
이나 철학은 가족에 대한 언급을 별로 하지 않는다. 예를 들어서
자유주의나 공산주의 같은 정치사상의 영역에서 가족은 별로
유관한 주제가 아니다. 무엇이 윤리적으로 옳은가? 무엇을 추구
하면서 살아야 하는가? 인생의 의미는 무엇인가? 삶에서 중요
한 이런 다양한 질문에 대한 이론적인 답변은 많은 경우 딱히 가
족이라는 주제에 관심을 두지 않고서 이뤄진다. 정의, 자유, 평
등, 진리, 합리성, 인권, 환경보호, 돈……. 이런 문제들은 매번
이론적으로 중요하게 다뤄지지만, 이런 주제들에서 가족이라는
인간관계에 대한 고려가 큰 비중을 차지하는 일은 드물다. 생각
해보면 이는 매우 이상한 일이다. 사람들에게 물어보면 인생이
나 행복에서 가족이 차지하는 비중이 매우 크다고 대답하는 경
우가 많기 때문이다. 즉, 사람들의 일상적인 생각 속에서는 가족
혹은 가족적인 인간관계가 아주 큰 중요성을 갖는 반면, 고차원
적이고 추상적인 토론의 영역에서는 이상하리만치 가족에 대한
중요성이 확 떨어진다.

이러한 현상은 가족이 개인적인 사안에 불과하고 공적으로 토론되어야 할 사안은 아니라는 선입견에 기초해 있는지도 모른다. 그 와중에 다행이라고 볼 수 있는 사실은 모든 사상이 다 가족에 관심이 없는 것은 아니라는 점이다. 오히려 가족을 가장 중심에 놓고 세상을 바라보려는 사상도 있다. 한국 문화권에서는 너무나 익숙한 사상, 바로 유교다.

유교가 항상 나쁜 것만은 아니다

지금 대한민국에서 유교의 이미지는 솔직히 별로 좋지 않다. 특히 젊은 세대 사이에서는 더 그렇다. 유교는 이른바 '꼰대' 사상의 대표주자다. 유교는 옛것에만 집착하며 새로운 것의 가능성을 부정하고, 위계관계를 강조하면서 공동체의 질서를 위해 개인의 희생을 강요하는 이미지가 있다. 물론 이 이미지들은 다 어느 정도 옳다. 지금까지 한국 사회에서 유교문화는 많은 병폐와 연결되어 있었고, 역사적으로도 좋지 않은 결과들을 많이 만들어냈다.

그러나 한 문화권에서 이천 년이 넘는 세월 동안 사회의 제도와 사람들의 의식에 절대적인 영향을 미친 사상이 그렇게 부정적이고 비합리적인 측면만 가지고 지금까지 유지되어 왔을 가능성은 매우 낮다. 만약 유교가 정말로 시대착오적이고 새로운 발전을 가로막는 측면만을 가지고 있었다면 진작 몰락했을 것이다. 그렇지 않고 유교가 많은 사람의 지지를 받으며 지금까지

이어져 올 수 있었던 것은 나름의 합리성과 긍정적인 기능 또한 갖고 있기 때문이라고 보는 것이 합리적인 추측이다. 따라서 우리는 유교 문화의 부정적인 면들을 극복하기 위해 노력하기도 해야겠지만, 반대로 유교 사상의 긍정적인 잠재력을 발견하기 위해서도 노력해야 한다.

유교의 중요한 긍정적인 측면 중 하나는 가족을 중심으로 세상을 바라보고자 하는 시도라는 것이다. 유교를 출발시킨 고대 중국의 사상가 공자는 누군가를 조건 없이 사랑하는 마음이야말로 인간이 온 생을 바쳐 추구해 나가야 할 가치라고 생각했다. 그는 이 마음을 **인**이라고 불렀다. 앞서 가족이 꼭 생물학적 혹은 법적 관계에 한정되지는 않는다고 했다. 공자가 생각한 인도 마찬가지다. 꼭 실제 가족을 위하는 것만이 인이 아니다. 만약 누군가를 조건 없이 사랑할 수 있다면, 그 사람의 행복을 진심으로 위하는 마음을 가질 수 있다면, 꼭 나에게 득이 되는 사람이어서가 아니라 그냥 그 사람 자체를 소중히 생각할 수 있다면 인을 실천하는 것이라 볼 수 있다.

그렇다면 공자는 왜 이러한 사랑의 마음, 인을 강조한 걸까? 그 이유는 그가 이 사회 자체를 일종의 **가족의 확장판**이라고 생각했기 때문이다. 공자가 이상적으로 생각한 사회의 모습은 사회 구성원들이 서로를 위하는 마음을 갖는 사회였다. 이는 얼핏 보기에 매우 탁상공론 같은 이야기처럼 들린다. 하지만 공자 사상의 진정한 의미는 사회를 바라보는 다른 관점과 비교해서 보면 극명하게 드러난다.

앞서 우리는 사회계약론에서는 사회를 일종의 계약관계로 바라본다는 것을 살펴보았다. 이밖에 경제학 쪽에서는 흔히 경제 현상을 인간의 이기심에 기초해서 설명하려고 한다. 좋은 물건을 싸게 사고, 이윤을 창출하며, 최대한 자신이 부유해지기를 원하는 그런 심리가 이 사회의 가장 밑바탕을 이룬다고 보는 것이다. 이러한 사고방식은 지금 대부분의 사람이 사회를 바라보는 사고방식이기도 하다.

그런데 공자는 이러한 방식으로 사회를 바라보지 않았다. 그는 사회가 이기심에 기초한 경쟁관계나 계산적인 계약관계 위에 서 있어야 한다고 생각하지 않았다. 오히려 그는 나라를 다스리는 사람들이 어진 마음을 갖고 그 마음을 실천할 때 비로소 제대로 된 사회가 만들어질 수 있다고 생각했다. 즉, 부모가 아무런 조건 없이도 자식을 위하는 마음을 갖듯이, 또한 자식이 더 이상 자신에게 직접적인 이득을 주지 않는 부모에게도 효심을 갖듯이, 사회 구성원들이 서로를 사랑하는 마음을 갖게 될 때 사회가 바로 설 수 있다는 것이다. 공자는 이것이 단지 상상 속에서나 가능한 일이라고 생각하지 않았다. 그는 실제로 인간은 인의 가능성을 품은 존재이며, 우리는 인의 마음을 더 키우고 그것을 실천으로 옮기기 위해 노력해야 한다고 생각했다.

다른 사람을 나처럼 위하는 마음

공자의 이런 생각은 관점에 따라 매우 충격적인 것일 수 있다. 도대체 왜 다른 사람을 위하는 마음을 가져야 한단 말인가? 내 잇속 챙기기도 바쁜 이 세상에서 왜 다른 사람의 행복을 위해 내가 노력해야 한단 말인가? 차라리 인간의 이기심에 기초해 사회를 설명하려 한 다른 이론들이 훨씬 더 솔직하고 옳은 이야기인 것처럼 보일 수 있다.

그런데 한번 생각해보자. 왜 우리는 가족을 사랑하는가? 왜 우리는 나 자신만을 위하지 않고 다른 사람을 마치 나 자신처럼, 때로는 나 자신보다 더 많이 위하는가? 한번 비슷한 질문을 각도를 틀어서 던져보자. 우리는 정말로 이기적인가? 우리는 정말로 나 자신을 다른 사람들보다 더 우선적으로 위하는가? 정말로 자신의 삶을 깊숙이 들여다보고 이 질문들에 대답해보자. 아마 많은 사람이 자신보다도 다른 사람을 더 소중히 생각하고 있다는 사실을 발견할 것이다. 또한 나의 소중한 것까지 포기하면서 도와줄 의지까지는 아니더라도, 여력이 닿는 한 누군가가 행복해지는 길을 도와주고 싶은 경우도 꽤 발견하게 될 것이다. 인간은 꼭 그렇게 이기적이지만은 않다. 누구나 조건 없이 다른 사람을 위하고 사랑하는 마음을 갖고 있다. 그러한 마음이 삶에서 어느 정도 비중을 차지하느냐가 각기 다를 뿐이다.

과연 공자가 생각한 대로 정말 거시적인 관점에서 사회 구성원들이 인에 기초한 관계를 맺는 게 현실적으로 가능한 일인지는 확실하지 않다. 어쩌면 거시적인 사회현상에서는 가족적인 사랑보다는 이기심과 경쟁심이 더 큰 영향력을 발휘하는지도 모른다. 그러나 한 가지 확실한 사실은 미시적인 관점에서는 누구나 누군가의 진정한 가족이 될 수 있는 잠재성을 갖고 있다는 것이다. 거시적인 경제이론, 사회이론, 정치이론 등에서 한 개인이 이기적이고 계산적인 존재로 다뤄진다고 해서 미시적인 일상생활에서까지 우리가 그런 존재가 될 필요는 없다. 또한 우리는 이미 그런 존재가 아니다. 다만 아무 조건 없이도 다른 사람을 위하는 인의 마음에 우리가 현재 크게 주의를 기울이지 않고 있을 뿐이다.

공자는 그러한 이타적인 마음에 주목했다. 또한 그의 생각을 이어받은 유교 전통 역시 그러한 인간의 가능성에 관심을 기울여 왔다. 이것은 우리가 유교 사상에서 얻을 수 있는 중요한 가르침이다. 어쩌면 우리는 인간이 이기적이라는 학설들에 워낙 익숙해진 나머지 정말로 우리 자신을 이기적인 존재라고 생각하면서 살게 된 것인지도 모른다. 만약 그런 이론적인 대전제를 걷어내고 진실하게 자신의 마음 깊은 곳을 다시 한번 들여다본다면, 그곳에서는 따뜻한 인의 가능성이 발견될지도 모른다. 누군가의 진정한 가족이 될 수 있는 가능성, 누군가를 조건 없이 사랑할 수 있는 마음을.

(3장)

너의 존재는.

***

> "나는 '너'의 곁에서 내가 된다.
> '너'를 말하면서 나는 내가 된다.
> 모든 진짜 삶은 만남이다."
>
> - 마르틴 부버, 《나와 너》

'너'라고 부를 때, 새롭게 창조되는 것들

'너'는 참 독특한 현상이다. '너'는 우리가 거의 매일 사용하는 단어다. 맥락을 중시하는 한국어의 특성상 생략될 때가 많지만, 생략하지 않는다고 가정하면 상대방에 대해서 무언가 말할 때, 질문이나 부탁을 하거나 지시할 때 '너'라는 말을 항상 사용하게 된다.

"너 오늘 멋지다."

"그 일 네가 한 거야?"

"너 내일 시간 좀 내주라."

"너 그리로 좀 가봐."

그런데 이렇게 우리가 일상에서 너무나 자연스럽게 사용하는 '너'라는 표현에는 아주 특이한 점이 있다. 바로 내가 없으면 '너'는 아무런 의미를 갖지 않는다는 것이다. '너'는 오로지 일인칭의 시점에서만 의미를 갖는다. 삼인칭의 관점에서 '너'라는 말을 사용하면 아무런 의미가 없다. 나의 입장에서 친구에게 '너'라고 부르면 '너'는 그 친구를 가리키는 말이 된다. 반면 그냥 종이에 '너는 학교에 간다'라고 적어 놓으면 '너'는 아무것도 가리키지 않는 텅 빈 무언가다. 누가 학교에 간다는 건지 우리는 결코 알 길이 없다.

'너'가 삼인칭으로 말해질 수 없다는 것은 '너'가 객관적인 세계 속에 존재하지 않는다는 것을 뜻한다. 객관적인 세계 속에 있는 것들은 내가 있으나 없으나 똑같이 존재한다.

마당의 나무는 내가 그 나무를 보든 말든, 내가 그 나무에 기대든 말든, 내가 살아 있으면서 그 나무를 기억하든 죽어서 그 나무를 잊든 상관없이 그대로 존재한다. 객관적인 나무의 존재는 오로지 나무 자신에게 달려 있다. 나와의 관계 없이도 나무는 나무다.

반면 '너'는 나와의 **관계** 속에서만 존재한다. 내가 없이 '너'는 결코 '너'가 될 수 없다. 물론 내 친구는 내가 있으나 없으나 상관없이 그대로 존재한다. 그런데 이때 그대로 존재하는 것은 객관적인 삼인칭 세계 속의 친구다. 나의 친구로서, 내가 아는 그 사람으로서, 내가 부르는 '너'로서의 친구는 오로지 나와의 관계

속에서만 존재한다. 내가 사라지면 '너' 또한 사라진다.

'너'가 객관적인 세계 속에 존재하지 않는다는 것은 '너'가 **과
학적으로 연구될 수 있는 대상이 아니라는 뜻**이다. 과학은 오로
지 객관적 세계 속에 있는 것만을 연구 대상으로 삼을 수 있다.
물론 우리가 '너'를 부를 때 뇌에 어떤 작용이 일어나는지 뇌과
학적으로 설명할 수도 있고, '너'라는 표현이 이 사회에서 어떤
기능을 하는지 사회과학적으로 설명해볼 수도 있다. 하지만 이
런 설명들로 내가 부르는 바로 그 '너'가 모조리 파헤쳐지는 것
은 아니다. 이런 과학적인 연구들은 오직 '너'가 남긴 자취를 설
명할 뿐이다. 그것은 결코 '너'가 아니다. 진짜 '너'는 오로지 나
의 경험 속에만 있다. '너'는 분명히 존재한다. 하지만 과학적인
탐구대상이 되는 사물들처럼 존재하지는 않는다. '너'는 내가 부
르는 바로 그 순간, 너와 함께 내가 관계를 맺는 바로 그 순간 매
번 새롭게 **창조**된다.

일인칭과 이인칭의 마주침에서 세계는 시작된다

현대 세계가 만들어지던 20세기 초반, 오스트리아 출신의 철
학자 마르틴 부버Martin Buber는 사람들이 '너'의 존재를 점점 잊
어가고 있다고 경고했다. 그는 모든 것을 객관적인 관점에서 설
명하려고 하는 현대인의 경향을 비판했다. 과학적이고 객관적
인 설명은 분명 세계를 이해하는 아주 좋은 방식이다. 객관적인
설명을 통해 우리는 훌륭한 과학 이론을 만들고 기술을 개발하

며 자연을 더 잘 통제할 수 있다. 부버도 이것을 부정하지는 않았다. 다만 그가 비판한 것은 객관적인 설명이 마치 세상에 대한 유일한 좋은 이해 방식이고, 그것만이 세상을 제대로 이해하는 유일한 방법이라고 바라보는 시각이다.

우리는 매일 아주 다양한 '너'를 마주하면서 살아간다. 일인 칭과 이인칭 사이의 마주침은 우리 경험을 이루는 아주 중요한 부분이다. 어쩌면 그 마주침만이 우리가 삶을 살아가는 유일한 이유일지도 모른다. '너'가 없는 세상에는 곧 나도 없다. 그런 세상에서 나는 숨이 붙어 있을지는 모르겠지만, 진정한 의미에서 존재하는 게 아닐 것이다. '너'가 없는 세상은 무섭도록 외롭고 공허하고 무의미할 것이다. 그런데 부버가 보기에 많은 현대인이 세계에 대한 과학적이고 객관적인 설명에 너무 집중한 나머지 '너'에 대한 경험의 중요성을 잊어가고 있었다. 그래서 그는 사람들이 '너'의 존재를 잊지 않도록 그 경험을 언어로 표현해 전달하려고 노력했다.

한국어의 '너'는 사용의 범위가 그리 넓지 않다. 비교적 편한 사이에만, 그것도 보통은 나보다 나이가 적거나 동갑내기의 사이에서만 쓸 수 있는 표현이기 때문이다. 아무리 친한 사이라고 해도 나보다 다섯 살 많은 사람에게 '너'라고 부르는 일은 드물다. 그런데 한번 '너'를 영어의 'you'에 해당하는 말로 확장해서 생각해보자. 'you'는 훨씬 더 사용 범위가 넓은 표현이다. 나이가 많건 적건, 어느 지위에 있건 상관없이 상대방을 가리키고 싶을

124

때면 'you'라고 부를 수 있다.

　부버가 사용했던 독일어에도 'you'와 비슷한 'du'라는 표현이 있다. 다만 'du'는 어느 정도 친밀감을 느끼는 상대를 부를 때 사용한다는 점에서 'you'보다는 쓰임새가 좁다. 하지만 어쨌든 한국어의 '너'보다는 훨씬 더 광범위하게 이인칭의 상대방을 부를 때 사용한다. 이런 관점에서 '너'라는 단어를 조금 더 폭넓게 사용해보면, 우리 주변의 수많은 사람이 다 '너'가 될 수 있다. 가족, 친구, 선생님, 선배, 후배, 지인, 행인 등 내가 일인칭의 관점에서 이인칭으로 부르는 모든 사람들이 다 일종의 '너'다.

　심지어 동물이나 식물, 때로는 무생물도 '너'가 될 수 있다. 실제로 많은 사람이 반려동물을 '너'라고 부른다. 또한 우리는 가끔씩 지나가는 새나 다른 동물들을 보고 "너희들은 참 속 편하게 사는 구나……" 하며 '너'라고 부르곤 한다. 집에서 키우는 식물에게도 '너'라고 말을 걸 때가 있다. 또한 아이들은 무생물을 '너'라고 부를 때가 있다. 장난감이나 털뭉치 같은 사물에다 대고 "너는 이름이 뭐니?"라고 묻는 아이의 말은 단순한 놀이에서의 연기가 아니다. 아이에게 그 사물은 단순히 객관적인 세계 속에만 존재하는 대상이 아니다. 그 사물은 아이와의 일대일 관계 속에 놓인 존재다. 털뭉치는 사람만큼이나 정당성을 가지고 아이의 맞은편에 서 있는 '너'다. 또한 어른들이 동물이나 식물을 '너'라고 부를 때도 마찬가지다. 어른들도 단순히 비유적인 의미에서만 사람이 아닌 대상을 마치 사람처럼 '너'라고 부르는 게 아니다. 일에 지쳐 집에 들어왔을 때 자신을 반겨주는 꽃 화분을 보고 "너도 오늘 하루 고생 많았어"라고 말하는 순간, 그 사람은 정말로 그 꽃과의 직접적인 관계 속으로 들어가는 것이다. 그럴 때 그 꽃은 사차원의 시공간 안에 존재하는 객관적인 사물을 넘어서 오직 그 순간, 그 관계 안에서만 존재하는 고유한 무언가가 된다.

우리는 얼마나 많은 '너'를 잃어버렸을까

부버는 객관적 사물과 구별되는 '너'의 면모를 다음과 같이 묘사한다.

> 음들을 모아놓는다고 해서 멜로디가 되는 게 아니고 단어를 연결해놓는다고 해서 시가 되는 게 아니며 선들을 모아놓는다고 해서 조각상이 되는 게 아니듯, 내가 '너'라고 부르는 사람의 단일함을 다중으로 바꿔놓으려면 그를 억지로 잡아끌고 찢어야 한다. 나는 그의 머리카락의 색깔, 그의 말의 색깔 혹은 그의 품성의 색깔을 그로부터 분리시킬 수 있으며, [그를 분석하려면] 계속해서 이런 일을 해야 한다. 하지만 그러고 나면 그는 이미 더 이상 '너'가 아니게 된다.

이 세계에 존재하는 모든 것이 그렇듯, 내가 '너'라고 부르는 존재 역시 다양한 요소로 이뤄져 있다. 예를 들어서 내가 소중한 친구라고 생각하는 사람은 머리, 심장, 팔, 다리 등 여러 기관으로 이뤄져 있다. 이 여러 기관을 합쳐놓으면 그 친구가 될까? 순수하게 친구를 객관적인 사물로서 바라보면 그럴지도 모른다. 하지만 내가 '너'라고 부르는 그 친구는 단순히 여러 기관의 합성물이 아니다. 친구는 **하나**의 존재다. 여러 분석의 틀을 들이대 얼마든지 친구를 여러 부분으로 나눠버릴 수 있겠지만, 그렇게 나눠놓고 보면 내가 아는 친구는 더 이상 없다. '너'는 부분에 앞서서 전체로서 존재한다.

부버가 말하는 '너'의 중요한 특징 중 하나는 **배타성**이다. 배타성이라고 해서 꼭 다른 것들을 다 밀어낸다는 의미가 아니다. '너'와 나의 관계는 오직 우리 둘 사이에서만 생겨난다는 의미다. 삼인칭의 객관적인 세계 속에 있는 사물들은 모두가 평등한 관계를 맺고 있다. 나무, 침대, 이불, 사람, 새, 파리 등 모든 것은 다 특정한 시간에 특정한 공간을 점유하고 있는 사물일 뿐이다. 나무와 침대 간의 관계는 이불과 사람 간의 관계나 새와 파리 사이의 관계에 비해 특별할 것이 하나도 없다. 반면 나와 '너' 사이의 관계는 나와 '그' 사이의 관계와는 완전히 다르다. '너'와의 관계는 결코 '그'와의 관계로 대체될 수 없다. 나와 '너'는 오로지 우리 둘만이 만들어낼 수 있다. 나 혹은 '너' 둘 중 하나가 사라지면 이 관계도 사라진다. 내가 사라지면 '너'도 사라진다. '너'가 사라지면 나도 어떤 의미에서는 사라진다. 물론 '너'가 없어도 나는 어떤 방식으로든 계속 존재하겠지만, '너'와의 관계 속에 있는 나는 '너' 없이는 더 이상 있을 수 없다.

'너'의 두 번째 중요한 특징은 **쌍방성**이다. 내가 '너'를 볼 때, '너'도 나를 본다. 실제로 내가 상대방을 보면 상대방도 나를 쳐다본다는 이야기가 아니다. 그보다, 내가 '너'에게 영향을 미치는 것은 곧 '너'가 나에게 영향을 미치는 일이기도 하다는 뜻이다. 객관적인 세계 속에서는 아무것도, 아무에게도 영향을 미치지 않는다. 만약 어떤 음악의 멜로디가 들려와 내 귀를 자극해도 나는 아무런 영향을 받지 않는다. 나의 뇌에는 분명 어떤 물리적인 변화가 있을 것이다. 그러나 그것을 통해서 내가 달라지는 것은 아무것도 없다. 애초에 객관적인 세계 속에는 내가 없기 때문이다. 내가 음악을 통해 진정으로 영향을 받게 되는 것은 음악을 '너'로 부르게 되면서다. 음악이 비로소 가슴에 와닿을 수 있는 것은 들려오는 멜로디 속에서 '너'의 흔적을 찾게 되기 때문이다. 객관적으로 음악은 그저 특정한 패턴을 가진 공기의 진동에 불과하다. 하지만 우리는 그것 안에서 '너'를 발견하면서 마음이 움직인다.

내가 진심으로 좋아하는 노래는 단순히 삼인칭의 진동 패턴으로 완전히 표현될 수 있는 대상이 아니다. 그 노래는 나와 '너'의 관계 안에 놓여 있다. '너'로서의 음악은 객관적인 공기의 진동과 달리 나의 말에 대답한다. 내가 그 음악에 사랑을 보내면 그 음악은 나에게 사랑을 되돌려준다. 이런 의미에서 부버는 다음과 같이 생각했다.

우리는 우리가 예술작품을 만든다고 생각하지만 반대로 우리가 예술작품에 의해서 만들어지기도 하며, 우리는 우리가 아이들을 키운다고 생각하지만 한편으로 우리는 아이들에 의해 키워지기도 한다. 만약 우리가 예술작품이나 아이들을 순수하게 객관적인 대상으로만 생각한다면 당연히 우리가 예술작품을 만들고 우리가 아이들을 키우는 것이 맞다. 하지만 그것들은 '너'로서 우리의 맞은편에 서서 말을 걸어오고 영향을 되돌려준다.

우리는 매 순간 다양한 '너'를 마주하며 살아간다. 나와 아무런 상관이 없는 것들에만 둘러싸여 살아가는 사람은 없다. 누구나 매 순간 어떤 대상과 배타적이고 쌍방적인 관계를 맺고 있다. 그런데 나이가 들어가면서, 혹은 세상을 바라보는 특정한 방식에 익숙해지면서 점점 더 적은 것을 '너'라고 부르게 된다. 보통 어린아이들은 아주 많은 대상 속에서 '너'를 발견한다. 어떤 아이들은 거의 모든 것과 '너'의 관계를 맺는다. 가족은 물론이고 처음 마주친 사람과도 금세 일대일의 상호적인 관계를 맺는 것이다. 심지어 다양한 생물, 무생물, 가상의 존재까지 '너'가 된다. 아이들에게 그런 다양한 존재는 단순히 물리적으로 주변에 위치해 있는 대상이 아니라 대화의 상대고 나의 부름에 응답하는 존재다.

하지만 나이가 들다 보면 다양한 이유 때문에 점점 더 많은 것을 대화의 상대가 아닌 객관적인 대상으로 보게 된다. 나를 둘러싸고 있는 세상은 점점 더 나와 상관없는 대상, 신경 쓸 필요 없는 대상, 이용의 대상, 착취의 대상으로 가득 찬 곳으로 변해 간다. 어느 순간이 되면 주변에 있는 사람들조차 더 이상 '너'가 아니게 된다. 말을 주고받긴 하지만 진정한 대화는 이뤄지지 않는다. 물리적인 관계를 맺고 있지만, 형식적인 관계 이상은 아무것도 없게 된다. 지나가는 사람은 얼굴 없는 행인이 된다. 나는 결코 그 사람에게 말을 걸지 않는다. 아니, 그 사람은 말을 걸 수 없는 대상이 된다. '너'가 아닌 상대에게 말을 거는 것은 불가능하다. 어떤 대답도 돌아오지 않기 때문이다. 내가 말을 해도 '너'가 아닌 익명의 행인으로부터 돌아오는 것은 뻥끗하는 입으로부터 나오는 알 수 없는 소리뿐이다. 그 사람이 '너'가 될 때 비로소 그 소리는 말이 되어 내 안으로 울린다.

과연 나는 몇 명의 '너'와 함께 살아가고 있을까? 나는 얼마만큼의 시간을 '너'의 세계에서 보내며, 얼마만큼의 시간을 나와 상관없는 사물들로 채워진 객관적인 세계 속에서 보낼까? 나를 둘러싼 것들 중 얼마나 많은 것이 '너'의 모습으로 내게 말을 걸어올까? 나는 지금까지 얼마나 많은 '너'를 잃어버렸을까? 잃어버린 '너'를 되찾는 것이 가능할까? 이 질문들에 대한 해답은 지금 이 순간 너의 이름을 불러봄으로써 얻어질 것이다. 나는 너를 보러 이곳에 왔다.

4장

나와 전혀 다른 생각을 가진
사람과 대화하는 방법

✱✱✱

"각자 고유의 시점에서는 나름대로
자기 자신의 믿음들을 더
호의적으로 평가하고 있기 마련이다."

- 도널드 데이비슨, 〈진리와 지식에 대한 정합성 이론〉

무시하는 마음이 만든 대화의 장애

한번은 '슈카월드'라는 유튜브 채널에서 창모라는 가수를 키워드로 만든 영상을 본 적이 있다. 창모는 젊은 세대 사이에서 유명한 힙합 가수다. 나이가 어리거나 힙합을 좋아하는 사람들에게 그는 엄청난 유명인사다. 그들은 이렇게 생각한다.

'어떻게 창모를 몰라?'

그런데 조금만 나이가 많거나 힙합에 관심이 없으면 창모를 모를 가능성이 높다. 그들은 이렇게 질문한다.

'창모가 누군데?'

그 영상에서는 이렇게 창모에 대한 인식이 극명하게 갈리는 원인을 매스미디어의 하락세와 각종 SNS의 발달에서 찾았다. 불과 10년 전까지만 해도 사람들이 정보를 접할 때 TV 방송 같은 매스미디어가 압도적으로 강력한 역할을 했다. 매스미디어의 특징은 전 국민이 똑같은 내용을 접한다는 것이다. 그래서 그 당시에는 국민가수나 국민MC 같은 수식어가 붙을 수 있었다. 그런데 SNS가 급부상하고 매스미디어의 영향력이 약해진 이후로 사람들은 자신이 관심 있는 분야나 자신의 주변에서 유행하는 정보만을 선별적으로 접하는 데 익숙해졌다. 구독한 유튜브 채널만 보고, 팔로우한 인스타그램만 보고, 좋아하는 커뮤니티에만 접속하니 말이다. 그래서 요즘에는 더 이상 국민○○이 그렇게 자주 출현하지 않는다. 우리는 더 이상 똑같은 정보를 공유하지 않는다.

지금 이 시대의 중요한 특징 중 하나는 **다극화**다. 사람들은 갈수록 다양한 공동체에 속하고 다양한 정체성을 가지는 추세다. 예전에는 모두가 똑같이 KBS를 봤다면, 이제는 인터넷으로 다양한 BJ나 스트리머의 방송을 본다. 시청자들은 자신의 취향, 흥미, 감성, 정치적 견해 등에 따라 즐겨 보는 방송을 결정한다. 내가 시청하는 채팅방에서 거론되는 이야기에는 친숙함을 느끼고 몰입하게 된다. 그 안에 들어와 있는 사람들은 그 안에서 통용되는 언어, 예의범절, 지켜야 하는 윤리적인 선, 옹호해야 할 정치적 방향성 등을 공유한다.

그곳에는 나름의 질서가 있다. 시청자들은 그 질서에 애착을 느낀다. 그것이 싫은 시청자는 채팅창을 나간다. 그 방의 질서와 감성에 공감하는 사람들이 남아서 공동체를 형성하고, 서로 소통하며 정체성을 강화한다. 인터넷 방송 이외에도 각종 인터넷 커뮤니티들은 다극적인 방향으로 나아가고 있다. 사람들은 각자 자신의 마음에 드는 커뮤니티에 참여해서 그곳의 질서에 따르며 그곳의 감성을 익힌다. 다른 커뮤니티에서 일어나는 일들에는 큰 관심이 없다. 다른 커뮤니티에 관심이 생길 때는 주로 갈등의 상황이 생길 때다. 서로 상반되는 생각과 질서를 갖고 열렬히 싸우는 커뮤니티들이 서로에게 관심이 가장 많다. 그들은 서로를 비판하며 자신의 정체성을 강화한다.

이런 다극화의 경향 때문에 사람들 사이에는 말이 안 통한다고 느껴지는 경우가 많아졌다. 보통 말이 통하지 않는다고 느껴질 때는 상대방과 나 사이에 극복할 수 없는 큰 차이가 있다고 생각될 때다. 매스미디어의 영향력이 컸을 때는 사람들 사이에 생겨날 수 있는 아주 큰 차이들의 가짓수가 한정되어 있었다. 예를 들어서, 정치적으로는 우파와 좌파의 구도 안에서 사람들이 자신의 견해를 정했다. 이 경우, 단순히 생각해서 사람들 중 절반은 우파고 절반은 좌파니, 각각 절반끼리는 말이 잘 통했다. 물론 실제로는 이 안에서도 다양한 층으로 나뉘었지만, 그 복잡성은 비교적 낮았다. 하지만 최근에는 정치적 견해의 다양성이 늘어났다. 어떤 사람들은 환경문제를, 어떤 사람들은 동물 보호를, 어떤 사람들은 성평등을 가장 중요한 정치적 과제로 생각한다. 물론 이전부터 다양한 목소리는 항상 있어 왔지만, 이제는 그 목소리들이 탄탄한 자신만의 세력을 구축하게 되었다.

이제 사람들은 어떤 커뮤니티에 속해 있는지에 따라 다양한 근본적 전제를 품고 살아간다. 그래서 서로 상충하는 근본적 전제를 가진 사람들 사이에는 이해의 장벽이 세워졌다. 예를 들어서 이전에는 성평등 문제에 대해 서로를 도무지 이해하지 못하는 경우가 그렇게 많지는 않았다. 애초에 이와 관련한 사람들의 시각이 대체로 비슷했기 때문이다. 그런데 이제는 이 문제에 대한 생각이 하늘과 땅 차이로 벌어진다. 래디컬페미니스트와 안티페미니스트는 서로 일 분도 대화하기가 어렵다고 느낄 만큼 생각이 다르다.

그런데 중요한 점은 서로 생각이 다르다는 사실만으로 대화가 꼭 어려워져야 하는 건 아니라는 것이다. 사실 대화의 본질은 서로 다른 생각을 나누는 데 있다. 만약 모든 사람이 다 똑같은 생각을 갖고 있었다면 대화란 존재하지 않았을 것이다. 대화는 항상 다른 생각을 나누는 과정이다. 아무리 생각의 차이가 크다고 해도 그것 자체가 대화를 가로막지는 않는다. 서로 자신의 생각을 말하고, 상대방의 말을 듣고, 서로의 말을 통해 느낀 점을 말하고, 혹시 서로의 말을 통해 더 나은 생각으로 나아갈 방법이 있는지를 고민한다면 얼마든지 매끄러운 대화가 이뤄질 수 있다. 생각의 차이는 대화의 장애물이 아니다.

진정으로 대화를 어렵게 만드는 것은 상대방을 **무시하는 마**

음이다. 나와 정반대되는 정치적 견해를 가진 사람을 나보다 열등한 존재라고 은연중에 생각하는 것은 내 기분을 좋게 만들어준다. 그래서 우리는 자주 그런 마음을 품는다. 나와 다른 근본 전제를 품은 사람과 대화를 나눌 때, 지금 내 앞에 있는 사람이 단순히 나와 다른 것일 뿐이라고 생각하는 사람은 드물다. 그보다 우리는 그 사람이 나에게 없는 어떤 결함을 가진, 나보다 열등한 존재라는 생각을 마음속 깊숙이 품는다. 그러는 순간 대화의 목적은 하나로 정해진다. 내 생각을 상대방에게 전달해서 상대를 굴복시키는 것. 이 순간부터 더 이상 대화는 없다. 강의와 설교만이 있을 뿐이다.

생각이 다른 사람과 어떻게 대화할 수 있을까

갈수록 다극화되는 사회의 경향을 생각해봤을 때, 자신과 생각이 다른 사람과 대화하는 법을 익히는 것은 아주 중요하다. 생각의 간극이 갈수록 커지는 와중에 항상 비슷한 생각을 가진 사람들과만 대화할 수는 없으니 말이다. 인터넷에서야 마음 맞는 사람들끼리 모여도 상관없다. 하지만 물리적인 세계에서는 서로 다른 생각을 가진 사람들끼리 어쩔 수 없이 부대껴야 할 일이 많다. 학교, 직장, 군대, 종교단체 등에서 나와 다른 근본적인 전제를 가진 사람과도 긴 이야기를 나누고 함께 일을 처리해야 하는 경우가 꽤 있다. 우리는 어떻게 하면 자신과 상극에 속한 사람과 더 잘 대화할 수 있을까?

이와 관련해 미국의 철학자 도널드 데이비슨Donald Davidson이 말한 **자비의 원리**에 주목해볼 만하다. 본래 데이비슨의 자비의 원리는 '원초적 번역 문제'라는 것과 관련해서 제안된 주장이다. 1900년대 중반 미국의 철학자들은 과연 우리가 사전지식이 없는 언어 공동체와 마주하게 되었을 때 그들의 말을 어떻게 번역할 수 있을지를 탐구했다. 예를 들어서, 우리가 전혀 모르는 곳에 살던 원시부족이 완전히 새로운 언어를 사용한다고 할 때, 과연 그들의 말을 어떻게 번역할 수 있을까?

데이비슨은 그가 자비의 원리라고 부르는 것을 잘 지켜야 최대한 번역을 잘할 수 있다고 주장했다. 그가 말한 자비의 원리의 핵심은 크게 세 가지다.

첫째, 한 언어 공동체 구성원들이 가진 믿음은 우리의 기준으로 봤을 때 대체적으로 **참**이다. 언어를 사용할 정도의 지능을 가진 사람들의 공동체라면, 대체적으로 참인 믿음을 가질 수밖에 없다. 대규모의 거짓 믿음을 갖고서 보란 듯이 잘 살아가는 것은 불가능하다. 왜냐하면 일상을 살아가면서 우리는 매 순간 수많은 믿음을 가지는데, 그중 거짓이 너무 많으면 제대로 생존할 수가 없기 때문이다. 예를 들어서 눈이 오는데 비가 온다고 믿는다거나, 눈앞에 독사가 있는데 개구리가 있다고 믿거나, 해가 떴는데 달이 떴다고 믿는 등 수많은 거짓 믿음을 가진다면 이 세상에서 제대로 살아남는 게 불가능할 것이다. 따라서 사람들이 가진 전체 믿음에서 거짓 믿음이 차지하는 비중은 비교적 매우 작을 수밖에 없다.

둘째, 한 언어 공동체 화자들이 가지는 믿음은 우리의 기준으로 봤을 때 대체적으로 **합리적**이다. 합리적이라는 것은 논리법칙에 들어맞는다는 이야기다. 누구나 거짓 믿음을 가질 수는 있다. 예를 들어서 토끼가 알을 낳는다고 믿을 수 있다. 그렇다고 '토끼는 알을 낳는다. 그리고 토끼는 알을 낳지 않는다'처럼 비논리적인 믿음을 가지는 것은 거의 불가능하다. 물론 사람은 실수를 하기 때문에 가끔씩은 비논리적·비합리적인 믿음을 갖는다. 그래도 대부분의 경우에는 합리적인 믿음을 가진다.

셋째, 한 언어 공동체 화자들이 가지는 믿음은 우리의 기준으로 봤을 때 대체로 **인간적**인 가치에 들어맞는다. 공동체에 따라서 가끔은 기본적인 인간적 가치에 들어맞지 않는 믿음을 가진 경우도 있다. 예를 들어서, 아이를 극심한 폭력으로 대해야 한다는 믿음을 공유하는 공동체도 간혹 있을 수 있다. 하지만 그런 공동체조차도 대체로는 인간적인 가치에 들어맞는 믿음을 가질 수밖에 없다. 왜냐하면 그들도 인간으로서 똑같은 몸의 구조와 본능을 공유하고 있기 때문에, 그것과 완전히 엇나가는 믿음을 대규모로 갖고서는 제대로 살아갈 수 없기 때문이다. 더 나아가 부모님을 학대해야 하고, 매일 아침 자해를 해야 하며, 삶에는 아무런 가치가 없다고 믿으면서 살아가는 공동체는 정상적으로 유지될 수가 없을 것이다.

데이비슨은 이렇게 아무리 새로운 언어를 사용하는 언어 공동체라고 해도 결국에는 우리와 대부분 비슷한 믿음을 공유하는 사람들이기 때문에 그 공통의 믿음에서 출발해서 상대의 말을 해석해나가야 한다고 주장했다. 얼핏 보기에는 서로의 믿음이 극복하기 어려울 정도로 아주 달라 보일 수도 있다. 그들이 하는 행동이 우리의 것과 너무 달라서 당황스럽고 아예 다른 종류의 존재라고 느껴질 수도 있다. 하지만 그들도 인간인 이상, 결국 그들과 우리가 가진 믿음에서 결정적인 차이라고 불릴 만한 것은 아주 소수에 불과하다고 가정하는 것이 합리적이다.

> [자비의] 원리의 핵심은 상대 발화자를 이해할 수 있는 존재로 만드는 것이다. 정합성과 올바름으로부터 너무 많이 벗어나버리면 [서로의 생각이] 일치하는지, 다른지 판단할 공통의 기반이 없어져버린다.

똑같은 인간의 몸과 생활 방식을 공유하는 이상, 특정한 상황에서 갖게 되는 믿음은 생각보다 대체로 비슷하다. 이런 사실을 인정하지 않은 채 상대방과의 차이점에만 주목하다 보면 상대의 표현을 해석하게 해주는 기반 자체가 사라져 버리며, 상대방은 아예 이해할 수 없는 존재가 되어버린다. 이런 사태를 막으려면 우리는 서로의 공통점에 더 관심을 기울여 해석과 이해를 위한 최소한의 가능 조건을 마련하도록 해야 한다.

생각보다 사람들 사이에는 비슷한 구석이 많다

이 주장을 한번 우리가 처한 상황에 적용해보자. 나와 전혀 다른 사고방식과 가치관을 갖고 살아가는 사람을 보면 그 사람과 나는 아예 다른 부류의 사람이라고 생각한다. 둘 사이에 놓인 차이가 너무나 근본적이고 결정적이어서 도저히 극복할 수 없을 것처럼 느껴진다. 사회 곳곳에서 다극화가 많이 진행되면서 이런 차이를 실감하는 일은 점점 늘어나고 있다.

그런데 아무리 서로 간에 놓인 차이가 커 보인다고 해도 실제로는 공통으로 가진 믿음이 훨씬 많다. 아무리 극좌파와 극우파 간의 차이가 커 보여도, 아무리 래디컬페미니스트와 안티페미니스트 사이의 차이가 커 보여도, 아무리 유신론자와 무신론자 사이의 차이가 커 보여도 그 차이는 전체 믿음의 체계에 비하면 아주 작은 비중을 차지할 뿐이다. 이미 우리가 정치에 대해 많은 공통의 것을 이해하고 있기 때문에 극좌파나 극우파가 될 수 있는 것이다. 이미 성역할과 관련해 많은 것을 공통적인 삶의 기반으로부터 알고 있기 때문에 래디컬페미니스트 혹은 안티페미니스트가 될 수 있는 것이다. 이미 신과 관련해 무언가 생각할 수 있는 공통적인 사고의 구조를 갖기 때문에 유신론자 혹은 무신론자가 될 수 있는 것이다. 만약 누군가가 애초에 정말로 이해할 수 없을 정도로 다른 사고방식을 가졌다면 아예 정치, 성, 신에 대해 아무런 생각도 하지 않았을 것이다.

따라서 우리는 상대와 나 사이에 극복 불가능한 차이가 있는 것처럼 보일 때 한번 이렇게 생각해볼 필요가 있다. 과연 저 사람과 나는 어떠한 공통의 틀 위에 서 있을까? 만약 상대와 내가 아예 다른 틀 위에 서 있다면 서로 상반된 생각을 하는 것도 불가능할 것이다. 상반된 생각을 한다는 건 이미 하나의 틀 위에 올라와 있다는 것이다. 그 틀 안에서 서로 반대편에 서 있을 뿐이다. 우리는 이미 어떤 공통의 믿음, 공통의 생각, 공통의 경험, 공통의 몸, 공통의 본능 등을 공유하고 있다. 이렇게 같은 링 안에 서 있기 때문에 그 안에서 서로 반대할 수도 있고 싸울 수도 있는 것이다.

　생각보다 사람들 사이에는 비슷한 구석이 많다. 사실 비슷한 면이 더 많고 차이는 비교적 적다. 상대방과의 차이가 극복할 수 없을 정도로 크게 느껴지는 이유는 실제로 차이가 압도적으로 커서가 아니다. 그 차이를 바탕으로 상대와 나를 나누고 그 안에서 은밀한 즐거움을 느끼려는 우리의 경향 때문이다. 이런 경향이 반드시 나쁜 것은 아니다. 차이와 우월감이 주는 즐거움은 인간 심리를 지탱해주는 주요인이다. 하지만 그것은 사태를 정확히 보는 것을 방해한다. 상대의 생각을 더 정확하게 평가하기 위해서는 적은 차이를 부풀려서 강조하기보다는 나와 상대방 사이에 놓인 수많은 공통점을 인정하면서 출발해야 한다. 그것이 사태를 더 정확하게 보는 길이고, 서로를 더 정확하게 이해할 수 있는 길이다.

5장

행복이 무엇인지 혼자서는
알아낼 수 없는 이유

✳✳✳

"언어는 여러 길로 이뤄진 미로다. 한쪽으로 들어가
나가는 길을 알다가도, 다른 쪽으로 들어가
똑같은 자리로 가면 더는 나가는 길을 모른다."

- 루트비히 비트겐슈타인, 《철학적 탐구》

인간의 개념이 오래된 도시처럼 발전해왔다면

오래된 도시는 틀림없이 복잡하게 생겼다. 누군가 도시의 구조를 처음부터 완전히 깔끔하게 계획하고 강력한 법을 통해 그 구조가 절대 흐트러지지 않게 규제하는 게 아니라면, 도시는 시간이 지날수록 복잡해질 수밖에 없다. 시간이 흐르면서 사람들의 필요에 따라 이 길과 저 길이 이어 붙고, 건물이 없던 자리에 건물들이 들어서고, 새롭게 떠오르는 지역과 옛날에 중심지 역할을 하던 지역이 연결되는 등 다양한 변화와 발전을 겪으면서 도시는 점점 처음의 단순하던 모습과 거리가 멀어지게 된다. 그런 과정을 거치다 보면 어느 시점부터는 어디가 도시의 시작이고 어디가 끝인지, 어디가 중심이고 어디가 외곽인지, 이웃 도시와의 경계가 정확히 어디인지 모르게 된다.

물론 행정구역이나 시청의 서류, 또는 교과서에 등재된 정보로는 도시의 지리적인 경계가 명확히 나뉘어 있을 것이다. 하지만 그건 서류상 필요에 의해 인위적으로 세워진 경계일 뿐, 실제 사람들이 살아가는 모습이나 사람들의 의식을 들여다보면 도시의 여러 경계가 명확하지 않다는 걸 알 수 있다. 도시 A와 도시 B의 경계, C동과 D동의 경계, '시내'와 외곽의 경계 등은 결코 칼로 자르듯 명확하게 규정되어 있는 것이 아니다. 많은 경우 그 경계는 아주 흐릿하며, 또한 시간이 지나면서 변하기도 하고 사람의 생각에 따라 다르기도 하다. 이처럼 오래된 도시는 서류상으로는 파악되지 않는 불명확성, 경계의 흐림, 무작위성, 변화 가능성을 품고 있다.

만약 인간이 가진 개념들이 마치 오래된 도시와 같다면 어떨까? 다소 무작위적으로 발전을 거듭해온 도시처럼, 인간이 가진 개념들도 불명확한 경계와 변화 가능성을 품고 있는 것이라면 어떨까? 예를 들어서 행복이라는 개념이 그렇다면? 사랑, 인간, 정의, 자유라는 개념이 그렇다면? 만약 이러한 개념들이 모두 오래된 도시처럼 무작위적인 변화의 가능성에 노출되어 있고 군데군데 경계가 흐릿한 부분을 수두룩하게 갖고 있다면 어떨까? 그나마 이런 개념들은 변화의 가능성과 연결시키기 어렵지 않은 편이다. 사람마다 이 개념들의 의미를 다르게 생각하기도 하고, 역사를 봐도 이런 개념들의 뜻이 계속해서 변화해왔다는 걸 쉽게 알 수 있기 때문이다. 그런데 만약 숫자와 같은 개념도 그렇게 변화에 노출되어 있다면 어떨까? 마치 도시 안에서 새로운 길과 오래된 길이 연결되고, 건물들이 지어지고 허물어지듯이 이런저런 의미들이 추가되고 사라지는 과정을 무수히 거치며 다소 불규칙적으로 발전해온 것이라면 어떨까?

인간의 언어를 명확하게 사용할 수 있는가

오스트리아 출신의 철학자 루트비히 비트겐슈타인Ludwig Wittgenstein은 인간의 언어를 오래된 도시에 비유한 바 있다. 그는 언어가 세상에 존재하는 것들을 표현하기 위한 것이라는 생각에 반대했다. 우리는 흔히 언어가 세상에 존재하는 것들에 대한 묘사라고 생각한다. 예를 들어서, 꽃이라는 말은 내가 눈으로 볼 수 있는 그 꽃에 대한 표현이고, 인간이라는 말은 나와 다른 사람들을 가리키는 표현이며, 숫자 1은 수 1에 대한 표현이다. 언어를 바라보는 이러한 관점에서는 가리켜지는 대상과 그 대상을 가리키는 언어 표현의 사이의 관계가 가장 중심적인 것이 된다. 그리고 그 관계를 우리는 의미라고 부른다. 사랑의 의미가 무엇이냐는 질문을 통해 우리가 기대하는 바는 사랑이라는 말이 진정으로 가리키는 것이 무엇인지 알게 되는 것이다.

그런데 비트겐슈타인은 다르게 생각했다. 그는 언어란 기본적으로 무언가를 가리키는 것이 아니라 **사용**되는 것이라고 생각했다. 그의 생각에 따르면, 꽃이라는 말의 가장 기본을 이루는 것은 세상에 있는 꽃을 가리키는 게 아니라 그것을 말하는 사람들의 사용이다.

예를 들어서, 누군가는 꽃이라는 말을 꽃을 가리키기 위해 사용할 수도 있고, 사랑하는 사람을 가리키기거나 자신의 아이를 가리키기 위해, 혹은 폭력에 희생당한 사람을 가리키기 위해 사용할 수도 있다. 또한 무언가를 가리키지 않으면서 꽃이라는 말을 사용할 수도 있다. 감탄하기 위해, 명령하기 위해, 놀기 위해, 그냥 아무 뜻 없이 내뱉기 위해 말을 하다가 꽃이라고 말하게 될 수도 있다. 이때, 과연 무엇이 진정한 꽃의 의미일까? 올바른 꽃의 표현은 무엇일까?

비트겐슈타인은 애초에 말의 진정한 의미와 올바른 사용 같은 건 없다고 생각했다. 그는 언어란 사람들이 그것을 사용하면서 무수히 많은 새로운 의미들이 덧붙여지고 기존의 의미들이 사라지는 과정을 거듭하면서 발전하는 무언가라고 생각했다. 그 과정에서 하나의 개념은 기존에 생각하지 못했던 방향으로 발전할 수도 있고, 다른 개념과의 경계가 흐릿해질 수도 있고, 새로운 의미가 낡은 의미보다 더 강력해질 수도 있다. 마치 오래된 도시의 모습처럼 말이다. 그는 이렇게 말한다.

우리의 언어는 오래된 도시와 같다. 작은 골목들과 광장들이 복잡하게 굽이굽이 이어진 모습, 오래된 건물들과 새로운 건물들, 다양한 시대를 거쳐 증축된 건물들, 그리고 도시를 둘러싼 수많은 새로운 교외지역들, 반듯하고 규칙적인 길들과 똑같이 생긴 집들. (중략) 언어에 대해 생각하는 것은 삶의 형식을 상상하는 것을 뜻한다.

비트겐슈타인의 이런 생각은 언어적인 개념에 확정적인 의미를 부여하려고 했던 기존 사람들의 생각을 확 뒤집고자 하는 시도에서 나왔다. 20세기 초까지만 해도 많은 지식인이 개념을 명확하게 정의하고 그 탄탄하게 정의된 개념에서 시작해 차곡 차곡 지식을 쌓아가는 일이 매우 중요하다고 생각했다. 국가란 무엇인지, 자유란 무엇인지, 정의란 무엇인지 등에 대한 제대로 된 정의를 찾아내는 것이 가장 중요한 지적인 작업이었다. 지금 도 우리는 그 흔적을 어렵지 않게 볼 수 있다. 많은 글쓰기 강사 는 개념을 명확히 정의하는 일이 중요하다고 가르친다. 왜냐하 면 개념이 불명확한 의미로 쓰일 경우 혼란을 초래할 수 있기 때 문이다. 나는 먹는 배를 의미했는데 사람들이 타는 배로 이해하 면 문제가 되지 않겠는가. 또한 신문이나 TV 시사 프로그램 같 은 것을 봐도 지식인과 정치인들은 개념에 확정적인 의미를 부 여하고 거기서부터 주장이나 대화를 시작하려 한다. 예를 들어 서, "민주주의는 국민이 주인이라는 것을 의미하잖아요? 그런 관점에서 봤을 때 국민의 권리를 빼앗아가는 상대 후보의 발언 은 매우 비민주주의적입니다"라는 말에서는 민주주의에 대한 정의를 찾아볼 수 있다. 민주주의라는 표현이 다른 의미로 사용되지 않고 오로지 자신이 규정한 의미로만 사용되도록 경계를 긋는 것이다. 물론 이런 시도는 다른 사람들과의 소통에 도움이 되는 측면이 있다. 명확한 개념의 사용은 서로의 생각을 이해하도록 도와주기 때문이다.

하지만 서로 간의 소통을 위한 것을 넘어서서 실제로 자신이 제시한 정의만이 그 개념의 올바른 의미라고 생각하면 문제가 시작된다. 그때부터 언어는 실제로 사용되는 모습과 멀어진다. 예를 들어서 실제 사람들은 민주주의라는 개념을 매우 다양하고 자유롭게 사용하고 있는데, 그 넓은 스펙트럼 중에서 아주 일부분에 불과한 것만을 담을 수 있는 정의가 민주주의라는 개념 전체를 대표하는 진정한 의미라고 생각하면서 현실에서 사용하는 다양한 부분을 생략하고 자신만의 경계를 그어버리는 것은 문제가 있다. 마치 현실과 동떨어진 서류상의 도시구획처럼 말이다.

인간의 경험에는 매우 독특한 특징이 있다. 바로 **지금** 내 안에 떠오른 경험이 **나중에** 내 안에 떠오른 경험 또는 **과거에** 내 안에 떠올랐던 경험과 똑같은 종류의 것인지 확실하게 알 수 있는 방법이 없다는 것이다. 예를 들어서, 내가 지금 행복을 느낀다고 해보자. 그럼 나는 그러한 나의 현재의 느낌에 '행복'이라는 언어 표현을 대응시킬 수 있다. 나는 그 언어를 통해 지금 나의 기분을 가리키고 부를 수 있다. 그리고 얼핏 생각하면 과거에 행복했던 경험을 기억하면서 똑같이 거기에도 '행복'이라는 이름을 붙일 수 있을 것 같고, 미래에 비슷한 경험을 하게 되면 거기에도 '행복'이라는 이름을 붙여서 문제없이 그 경험을 가리킬 수 있을 것 같다.

그러나 우리가 똑같이 '행복'이라고 이름 붙인 그 각각의 경험들이 얼마나 비슷한지, 과연 똑같은 이름으로 불릴 정당성이 있는 건지 확실하게 판별할 방법이 없다. 내가 과거를 잘못 기억해서 지금과 매우 달랐던 경험을 지금의 행복과 비슷하다고 착각하는 것일 수도 있다. 또한 미래에 어떤 상황에서 지금과 아주 비슷한 것을 느끼는데, 별로 주의를 집중하지 않아서 그게 행복인지 모르고 지나칠 수도 있다. 심지어 인간의 **내적인 경험**은 결코 다른 사람들과 완전히 공유될 수 없고 기본적으로 오직 나 혼자만이 안다. 따라서 다른 사람들이 행복에 대한 나의 내적인 경험을 판별해줄 수도 없다. 나는 오직 나 자신만의 능력을 사용해서 여러 경험이 진정으로 '행복'이라 불리기 합당한지 아닌지를 판단해야 한다. 그런데 내 능력 안에서는 무엇이 진짜 행복한 경험인지를 알 길이 없다. 가만히 내 경험을 들여다보고 있으면, 행복은 생겨났다가도 사라지고, 과연 행복인지 아닌지 명확하게 알 수 없는 수만 가지의 느낌이 몰려왔다가 떠나가기를 반복하기 때문이다.

이로부터 알 수 있는 것은 행복의 의미가 결코 나의 내부적인 경험에 의해 결정되지 않는다는 것이다. 그보다 행복이라는 개념은 사람들 사이에서 사용되면서 의미를 획득해가고 잃어간다. 비트겐슈타인은 이런 과정을 **언어놀이**라고 불렀다. 누군가가 자신이 행복하다고 말하면, 그에 대해 다른 사람들은 다양한 반응을 보인다. "그래. 행복해 보이네"라고 긍정할 수도 있고, "아니. 너 안 행복해 보여"라고 부정할 수도 있으며, "그래서?"라고 물어볼 수도 있다. 다양하게 오고 가는 소통의 연속에서 우리는 행복이라는 개념을 언제 사용해야 될지를 익힌다. 그리고 그 규칙은 확정적으로 고정된 게 아니다. 사람들이 개념을 사용하는 과정에서 그 개념의 사용 규칙은 얼마든지 변할 수 있다.

더 정확히 말하자면, 애초에 명확한 규칙 같은 것은 정해져 있지도 않다. 사람들은 서로 대략적으로 의미가 통하는 맥락 속에서 특정한 개념을 사용한다. 그 방식은 아주 다양할 수 있다. 어제까지는 지구상의 단 한 명도 행복이라고 생각하지 않았던 것을 오늘은 누군가가 어떤 이유로 인해 행복이라고 부를지도 모른다. 그렇게 다양한 방향으로 한 개념이 사용되다 보면 그 맥락이 조금씩 변화하기도 한다. 아니, 개념이 가진 맥락은 처음부터 끊임없는 변화에 노출되어 있으며 단 한시도 고정되었던 적이 없다. 이런 이유 때문에 나는 굳이 무엇이 행복인지 정확히 알지 않고도 행복이라는 말을 얼마든지 사용할 수 있다. 더 정확히 말하자면, 행복의 의미는 애초에 존재했던 적이 없다.

절대적인 개념의 언어는 존재하지 않는다

다른 언어적 개념들 역시 마찬가지다. 개념의 의미는 누군가 이미 정해놓은 것 또는 내가 임의로 결정할 수 있는 무언가가 아니라 사람들이 사용하면서 항상 새롭게 생겨나고 사라지는 것이다. 자유가 무엇인지, 의미가 무엇인지, 꽃이 무엇인지, 지식이 무엇인지, 과학이 무엇인지 등을 결정해줄 수 있는 확실한 규칙 같은 건 없다. 비트겐슈타인은 예를 들어서, '언어'라는 개념이 형성되는 과정을 다음과 같이 설명한다.

> 우리가 언어라고 부르는 모든 것에 공통적으로 들어 있는 것이 무엇인지 보여주는 대신, 나는 말한다. 이 [언어라고 불리는] 현상들에는 이 모두에 대해 하나의 단어를 사용하도록 해주는 공통적인 단일한 무언가가 전혀 없다. 그보다, 이 현상들은 서로 많은 다양한 방식으로 친척 관계를 맺고 있다. 그리고 이 친척 관계, 혹은 여러 친척 관계들 때문에 우리는 이 모든 현상을 '언어'라고 부른다.

비트겐슈타인의 언어놀이가 우리에게 알려주는 중요한 메시지는 언어적 개념들에는 결코 고정된 본질적인 의미가 없으며, 결국 개념의 의미를 만들어주는 것은 다른 사람들과 함께 삶을 공유하면서 흐릿하고 대략적인 연관관계를 바탕으로 그 말을 사용하며 소통하는 과정이라는 것이다.

그런데 우리는 가끔씩 말의 사용에 너무나 익숙해진 나머지 그 말이 가리키는 대상이 고정되어 있다고 착각한다. 행복, 사랑, 자유의 의미가 서류상의 신도시 구획처럼 깨끗하게 확정되어 있다고 생각하는 것이다. 그리고 내가 생각하는 의미와 다른 의미로 그 말을 사용하는 사람들에게 틀렸다고 비판한다.

물론 이런 반응은 정당한 것이다. 이런 반응 역시 언어놀이의 한 형태다. 우리는 자기 자신이 언어를 사용하는 방식이야말로 적합한 것이고 다른 사람들의 방식은 부적합하다고 주장함으로써 논쟁과 토론을 만들어낸다. 이런 경쟁 구도 안에서 나의 언어 사용 방식이 관철되기도 하고, 내가 패배해서 다른 사람이 제안한 방식의 영향력이 더 커지기도 한다.

이런 과정에는 문제가 될 것이 없다. 그런데 만약에 우리가 이런 토론의 구도를 넘어서서 언어 표현의 의미가 아예 언어놀이와 무관해질 수 있다고 생각한다면 문제가 된다. 우리는 가끔 이런 오류를 범한다. 내가 알아낸 개념의 의미가 절대적이라 생각하고, 내가 확정 지은 개념의 의미가 다른 사람들과 무관하게 유효하다고 생각한다.

예를 들어서, 나에게 행복이란 자유를 의미한다고 확정해놓고, 내가 결정한 이 행복의 의미는 다른 사람들과 무관하게 나에게 절대적으로 유효하다고 생각하는 경우가 있다. 하지만 앞서 언급했듯이 내가 지금 생각하는 행복과 다른 시점에서 내가 행복이라고 생각하는 게 정말로 똑같은지 알 길이 없다. 게다가 자유도 마찬가지다. 나는 자유의 절대적인 의미를 알지 못한다. 자유의 의미는 이미 다른 사람들과의 소통 과정 속에서 변화에 노출되어 있다. 따라서 아무리 내가 행복이 자유라고 확정지어도 행복의 의미는 계속해서 변한다. 행복도 변하고 자유도 변하기 때문이다.

우리는 그런 확정된 의미 없이도 이미 행복이라는 개념의 의미를 다른 사람들과 공유하는 사용의 과정 속에서 이해하고 있다. 그리고 이것만이 우리가 그 개념의 의미를 실제로 이해하는 유일한 방식이다. 인간은 말을 하는 이상 항상 다른 사람들과 함께하는 언어놀이에 노출되어 있다. 그리고 말과 개념의 의미는 사람들이 행하는 그 놀이의 실제 과정 속에서 계속해서 변화하고 있다. 마치 도시가 서류상의 구획과 다르게 사람들의 실질적인 생활과 필요에 의해 다양한 불규칙적인 변화를 겪으며 발전하는 것처럼 말이다.

⑥장

증오는
누구를 위한 것인가

***

> "나를 습격한 살인자를 그와 생사를 두고 싸우고 있는 와중에
> 제대로 '증오'할 수는 없다. 반면 나와 '마주친 적도 없는' 사람을
> 증오하는 것은 얼마든지 가능하다."
>
> - 아우렐 콜나이, 《혐오, 오만, 증오》

깊은 싫어함과 얕은 싫어함의 구별

누군가를 진심으로 싫어해본 적이 있는가? 증오라고 불릴 정도로 심각하게, 온 마음을 다해서 누군가를 싫어해본 경우 말이다. 아마 이런 경험이 한 번도 없는 사람은 많지 않을 것이다. 나의 가치관에 반하는 행동을 너무 많이 하는 사람이나 나에게 심각한 해를 끼치는 사람을 만나게 되면 적개심과 증오심이 일어난다. 그러지 않은 사람은 '보살'의 이름을 얻을 자격이 있을 것이다.

누군가를 진심으로 싫어하는 것은 누구나 경험해본 적이 있을 만큼 보편적으로 일어나는 현상이지만, 그렇다고 해서 자주

일어나는 현상은 아니다. 증오는 비교적 드문 현상이다. 우리는 증오라고 불릴 만한 깊은 싫어함과 그 이외의 얕은 싫어함을 구별할 필요가 있다. 나물 반찬을 싫어하거나 등산을 싫어하는 정도의 의미에서 누군가를 싫어하는 일은 자주 발생한다. 상점에 가서 불친절한 직원을 만나면 기분이 나쁘고 그 사람이 싫어진다. 같이 일을 하는 사람이 내 성향과 맞지 않으면 그 사람이 불편하고 싫다.

하지만 정말로 "난 그 사람을 증오해!"라고 말할 수 있을 정도로 온 마음을 다해 누군가를 싫어하는 일은 자주 일어나지 않는다. 아마 지금 당장 그 정도로 증오하는 사람이 있냐고 물으면 없다고 대답하는 사람도 많을 것이다. 과거에 그랬던 적은 있지만 지금은 딱히 그런 상대가 생각나지 않은 경우도 많을 것이다. 또한 만약에 지금 그렇게 증오하는 사람이 있다고 하더라도 그 수는 그리 많지 않을 것이다.

헝가리 출신의 철학자 아우렐 콜나이Aurel Kolnai는 증오에 대해 가장 많은 생각을 한 사람 중 한 명이었다. 그는 누군가를 깊이 증오하는 일이 드문 까닭은 증오가 상대방에 대한 깊은 **관심**을 전제로 하기 때문이라고 주장했다. 애정이 없으면 싫어하지도 않는다. 보통 누군가가 마음에 안 들면 그 사람에게 관심을 꺼버리는 경우가 많다. 기분 좋은 상대도 아닌데 관심을 더 가져서 뭐 하겠는가. 그냥 최대한 신경 쓰지 않고 형식적인 관계 정도만 유지하는 게 상책이다. 콜나이는 인간의 심리가 이렇게 마

음에 들지 않는 사람을 차단시키는 경향이 있기 때문에, 누군가
에 대한 부정적인 감정은 일정 수준 이상으로 잘 커지지 않는다
고 주장했다.

불편한 감정이 더 커져서 증오의 수준까지 도달하려면 그 사
람에 대한 관심이 계속 유지되어야 한다. 관심이 끊어지면 더 이
상 싫어지지도 않는다. 깊은 증오가 생겨나려면 관심의 끈이 계
속 연결된 상태에서 그 사람의 나쁜 면들을 계속 파고들어야 한
다. 그러면서 싫은 감정을 **증폭**시키는 과정이 있어야 진심으로
누군가를 싫어하는 상태에 이를 수 있다. 신경을 꺼버리게 되면
그 증폭의 과정도 중지된다. 억지로든 자의로든 그 사람에 대해
일정 수준 이상으로 계속 관심을 가져야 증오가 깊어질 수 있다.

증오를 통해서 악한 존재를 섬멸할 수 있을까

그렇다면 우리는 어떤 경우에 누군가가 마음에 들지 않음에
도 그 사람에 대한 관심을 계속 유지할까? 일단 첫 번째로는 환
경적인 조건을 생각해볼 수 있다. 내가 그 사람과 더 이상 아무
런 관계도 갖고 싶지 않지만 억지로 계속해서 엮이는 경우가 있
다. 학교, 직장, 가족 등 어쩔 수 없이 한 공간에 묶여 있는 경우
처럼 말이다. 많은 사람이 증오의 상대를 떠올려보라고 하면 학
창 시절, 군대, 일터에서 함께했던 누군가를 생각하는 것은 우연
이 아니다. 그런 환경에서는 상대가 마음에 들지 않는다고 해서
무작정 피할 수가 없다. 계속 마주칠 일이 생기고 신경이 긁히는

일이 생긴다. 그러다 보면 부정적인 감정이 계속 증폭되어 깊은 증오까지 도달하게 된다.

어떤 공동체를 싫어할 때도 가까운 공동체여야 깊이 싫어할 수 있다. 예를 들어서, 어떤 나라를 진심으로 싫어하려면 웬만해서는 지정학적으로 가까운 나라여야 한다. 옆에 있기 때문에 계속 신경을 쓸 수밖에 없는 나라일 때 정말로 싫어질 수 있다. 아주 멀리 떨어진 나라를 깊이 증오하는 경우는 극히 드물다. 최근에는 거리가 멀거나 나와 별로 상관이 없는 대상에게도 증오심을 품게 되는 경우가 늘어나기는 했다. 인터넷을 통해 지속적인 정보가 대상과의 접촉을 유지시키기 때문이다.

상대방이 싫어도 관심을 계속 유지하게 되는 두 번째 조건은 상대방을 사악한 존재로 여기는 것이다. 콜나이는 모든 증오는 **대상의 악마화**를 전제로 한다고 주장했다. 사악함은 단순히 나와 관련된 문제가 아니라 세계와 관련된 문제다. 사악한 사람은 단지 나 한 명에게 소소한 해코지를 해서 문제인 게 아니라 이 세상에 악영향을 끼치기 때문에 문제인 것이다. 따라서 사악한 사람에 대해서는 그냥 신경을 끄고 회피하는 것이 상책이 될 수 없다. 나는 그 사람을 물리쳐야 한다. 또는 적어도 이 세상에서 맘대로 활개 치지 못하도록 기를 꺾어놔야 한다. 그 사람은 내 시야를 벗어나서는 안 되는 요주의 인물이다.

예를 들어서, 사람들은 어떤 경우에 나와 별로 상관도 없는 연예인을 증오하게 되는가? 한 연예인이 단순히 내 취향과 잘 맞지 않는다고 해서 그 사람을 증오하게 되지는 않는다. 그런 경우 그냥 마음에 들지 않는다고 여기고 관심의 레이더를 끄면 된다. 그런데 만약 그 사람이 단순히 나와 조금 맞지 않는 것을 넘어서서 이 세상에 해악을 끼치는 존재라는 생각이 든다면 이야기가 다르다. 그렇게 해당 연예인이 보편적인 악의 존재라는 판단이 설 경우, 몇몇 사람은 그 연예인의 팬보다도 더 열심히 그 사람에게 관심을 기울이고 정보를 캐낸다. 지속적으로 그 사람에게 집착하며 온갖 공격을 퍼붓고 제대로 된 활동을 하지 못하도록 막기도 한다. 그 사람은 제거되어야 마땅한 악한 존재라고 생각하기 때문이다.

그렇다면 우리는 증오를 통해서 악한 존재를 섬멸할 수 있을까? 증오의 중요한 문제점은 바로 이 지점에서 제기된다. 증오는 대상의 악마화를 전제로 하지만, 막상 증오가 정말로 악을 제거하도록 도움을 주는지는 명확하지 않다.

첫째, 내가 증오하는 대상이 정말로 사악한 존재인지가 불분명할 때가 많다. 한마디로, 증오는 헛된 대상을 타깃으로 삼을 때가 많다. 나는 분명 저 사람이 이 공동체나 사회에 커다란 악영향을 끼친다고 생각하고 지속적인 관심을 가지며 증오하는데, 사실 그 사람은 내가 생각하는 것만큼 그렇게 악한 존재가 아닐 수도 있다. 콜나이는 증오가 대상의 전체를 골고루 보는 게 아니라 부분을 깊이 파고드는 것과 관련이 있다고 주장한다. 많은 경우 증오의 증폭 과정은 상대방의 좋은 점을 관심 밖으로 밀어내고 나쁜 점에만 집중하는 방식으로 이뤄진다. 한번 싫어함이라는 늪에 빠져들기 시작하면 상대가 좋은 모습을 보여도 눈에 들어오지 않는다. 그러면서 상대가 나쁜 모습을 조금이라도 보이면 아주 예민하게 포착한다. 그리고 그 한 점의 악한 면모를 대상 전체로 확대한 후, 그 사람 자체가 악하다고 생각한다. 그렇게 싫어함의 늪이 깊어지면서 그 대상은 보편적으로 악한 인간, 만인의 적, 증오의 타깃으로 세워진다.

하지만 어쩌다가 증오의 사슬을 깨고 냉정하게 그 사람에 대해 다시 생각해보면, 만인의 적인 줄 알았던 그 사람은 사실 나만의 적이었던 것으로 밝혀질 때가 있다. 정말로 이 세상에 해악을 끼칠 만큼 악한 특성을 가진 존재가 아니라, 내가 개인적으로 싫어하는 사람일 뿐이었던 것이다. 그 사람이 약간의 악한 면모는 정말로 갖고 있었을지 모른다. 하지만 그렇다고 해서 만인의 적, 처단당해 마땅한 악당인 것은 아니었을 수 있다. 이러한 재평가는 보통 오랜 시간이 흐르거나 어떤 특별한 계기를 만나 증오가 누그러진 후에 이뤄진다.

둘째, 증오는 많은 경우 상대방의 변화를 진심으로 바라지 않는다. 한번 누군가를 진심으로 싫어했던 경험을 떠올려보자. 무엇이 그 증오를 소멸로 이끌어주는가? 상대방의 극적인 전향? 상대방이 내가 원하는 방향대로 변화할 경우 나는 그 사람을 더 이상 싫어하지 않을 수 있었는가? 즉, 대상을 악마화시키는 것이 증오의 본성이라고 했을 때, 대상이 악마의 날개를 벗어던지고 평범한 인간이 되었을 때 나는 증오의 마음을 내려놓을 수 있었는가? 아마 그러지 않았던 적도 많을 것이다. 만약 상대방이 정말로 변화한다고 해도 나의 증오는 쉽게 사라지지 않는다.

콜나이는 누군가가 좋은 방향으로 변화하기를 바란다는 것은 그 사람을 사랑하는 것이라고 주장했다. 내가 애정을 품은 사람이 악한 면모를 보이면, 얼른 그 면모를 버리고 좋은 사람으로 변화하기를 바란다. 반대로 내가 싫어하는 사람이 악한 면모를 보이면 나는 짜증과 기쁨을 동시에 느낀다. 사악함을 목격해서 짜증나지만, 상대가 사악한 존재라는 나의 생각이 다시 한번 입증되어서 기쁘기도 하다. 그 사람이 객관적으로 좋은 모습을 보이면 그게 더 신경에 거슬린다. 그 사람은 계속 악해야 한다. 마음 한 켠에서 나는 그 사람이 계속 악한 존재로 남아 있기를 바란다. 악당은 사라져선 안 된다. 내 증오의 화살을 받기 위해 그 자리에 그대로 서 있어야 한다.

세상을 구하고자 하는 사람은 악인을 사랑할 줄 안다

증오는 그 **목적이 불분명**하다. 상대방의 악한 면모가 사라져서 세상이 정말 좋은 곳으로 변화하기를 바라는 것인지, 아니면 그저 악당 역할을 하면서 내 분노의 타깃이 될 누군가를 필요로 하는 것인지 명확하지 않다. 증오가 악의 섬멸을 목적으로 한다면, 악한 사람이 착하게 변하기를 바랄 것이다. 또는 아예 사라져버리기를 바랄 것이다. 그런데 우리는 많은 경우 증오의 대상이 참

회하기를 바라지도 않고, 눈앞에서 없어지기를 바라지도 않는다. 무엇을 바라는지 모르는 애매한 상태가 바로 증오의 중요한 특징이다. 나는 내가 증오했던 그 사람에게 무슨 일이 일어나기를 바랐던가? 잘 모르겠다. 어쩌면 나는 증오 자체를 원했던 건지도 모른다. 그 증오를 통해 나는 스스로에게 더 좋은 사람이 되고 싶었는지도 모른다. 악으로부터 세상을 구하는 선한 사람의 역할을 맡고 싶었는지도 모른다. 하지만 그 역할은 그저 연극적인 것에 불과했을 수 있다. 진정으로 세상을 구하고자 하는 사람은 악인을 사랑할 줄 안다. 그는 악인이 선인으로 변화하기를 진심으로 바란다.

우리는 나의 증오가 객관적인 악에 대한 적대감으로부터 비롯된 것인지, 혹은 나의 개인적인 증폭 과정을 통해 누군가에게 임의적으로 사슬을 씌우고 있는 것인지 잘 가려낼 필요가 있다. 많은 경우 증오는 무고한 희생자를 낳는다. 상대가 꼭 완전히 무고한 것은 아니더라도, 내가 생각한 것만큼, 나의 증오를 받을 만큼 잘못이 많고 사악한 사람은 아닐 수 있다. 또한, 내가 증오 안에서 자기만족적인 즐거움을 찾고 있는 것이 아닌지 스스로 질문해볼 필요가 있다. 증오는 불쾌한 감정이다. 따라서 우리는 '나는 그 감정을 느끼고 싶지 않은데 상대방이 너무 이상해서 어쩔 수 없이 느끼게 된다'고 생각하는 경우가 많다. 증오의 원인은 나에게 있지 않고 상대방에게 있다고 생각하는 것이다. 그러나 많은 사람이, 또는 모든 사람이 때때로 증오를 느끼고 싶어

한다. 증오는 나를 더 좋은 사람인 것처럼 느끼도록 만들어주기 때문이다. 증오는 선과 악의 대립 구도를 부각시킨다. 그리고 상대방을 악의 영역에 속한 것으로, 나를 선의 영역에 속한 것으로 보이게 한다. 좋은 역할을 맡는 것은 즐겁다. 그래서 우리는 때로 허구적으로라도 그런 역할을 만들어내고 싶어 한다.

자신의 증오가 허구에 기초하고 있다는 것을 깨닫기까지는 보통 오랜 시간이 걸린다. 그 깨달음의 순간이 영원히 오지 않을 수도 있다. 자신은 객관적인 악을 상대했노라고 평생 잘못 생각하며 살아갈 수도 있다. 누구를 증오하며 살아갈지는 각자의 자유다. 하지만 그 대상의 선정이 허구에 의해 이뤄진 것이라면, 그 기나긴 증오의 시간 또한 허구적인 것, 헛된 것에 가까울 것이다.

공감은
반드시 좋은 것일까

✳ ✳ ✳

"여전히 공감을 감정 전염이나 동정 등
다른 현상들과 어떻게 구별 지어 정의해야 할지
명확한 합의가 이뤄지지 않고 있다."

- 단 자하비, 〈기본적 공감과 복합적 공감〉

이성과 감정, 무엇이 더 필요한가

네이버 지식IN에 '공감능력'을 검색하면 이런 질문들이 올라
와 있다.

"공감능력을 높이는 방법이 뭐가 있을까요?"

"제 아이가 공감능력이 많이 떨어지는데, 읽히면 좋은 책이
있나요?"

"자꾸 일터에서 문제가 생기는데, 제가 공감능력이 없어서
그런가요?"

이런 질문들은 모두 공감능력의 결핍이 삶에서 여러 문제를
불러온다는 전제하에 던져진 것이다. 공감능력이 충분하지 않

을 경우 사회생활을 하는 데 분명 어려움이 따른다. 다른 사람들이 느끼는 바에 공감하지 못하면 말이나 행동의 의미를 빠르고 정확하게 파악하지 못할 가능성이 높다. 그렇게 되면 소통에 문제가 생기고, 같이 일하거나 함께 시간을 보내는 데 불편한 지점들이 많아진다. 또한 사회생활에서의 유용성과 별개로 공감은 기본적인 인간성을 이루는 데 아주 중요한 요소이기도 하다. 반드시 공동체 생활을 매끄럽게 하기 '위해서'만 공감능력이 중요하다기보다는, 그런 유용성과 별개로 공감능력이 심각하게 결여된 사람은 인간으로서 어딘가 한 부분이 온전하게 채워지지 않은 사람인 것으로 흔히 받아들여진다.

그런데 공감이 항상 좋게만 여겨지는 것은 아니다. 과하게 공감에 빠지는 것은 때로 이성적인 판단과 멀어진다는 의미에서 나쁘게 여겨지기도 한다. 주어진 상황을 이성을 통해 이해하는 게 아니라 감정을 앞세워 이해하는 것은 냉철하고 객관적인 평가를 가로막을 때가 있기 때문이다. 비슷한 맥락에서 공감은 때때로 나약함과 연관되어 비판의 대상이 되기도 한다. 감정을 눌러두고 냉정하게 수행해야 할 중요한 일이 있을 때, 높은 공감능력은 오히려 행동능력을 감퇴시키는 요인으로 작용할 수 있다.

감정적 공감과 인지적 공감
미국의 심리학자 폴 블룸Paul Bloom은 공감이 편견에 지배당하는 비이성적인 감정과 관련된다고 주장한 바 있다. 그는 공감이 일반적으로 특정한 개인에게 한정된다고 주장한다. 공감은 넓고 다양한 범위의 사례들에 공평하게 퍼지기보다는 어떤 경로를 통해 나의 관심이 향하게 된 특정한 개인에게 집중된다. 특히 우리는 나와 가깝거나 동질성을 가진 한 사람에게 더 쉽게 공감하는 경향이 있다. 나와 아무런 공통점이 없는 사람보다는 평소에 나와 비슷한 사람이라고 느껴왔던 사람의 감정에 더 깊이 공감할 가능성이 크다.

블룸은 이렇게 공감이 우리의 주의력을 시공간적으로 좁은 사례에 집중시키기 때문에 거시적인 도덕적 판단에는 오히려 방해가 될 때가 많다고 주장한다. 공감에 지배당하는 사람은 나의 결정이 지금의 주변 상황을 넘어서서 **더 많은 사람에게, 더 장기적으로** 어떤 영향을 미칠지 공평하게 계산하는 능력을 잃어버린다.

예를 들어서, 회사에서 두 명의 부하직원 중 한 명을 선택해 승진시켜야 하는 상황을 생각해보자. 만약 그중 한 명이 유독 나와 비슷한 환경에서 자랐고 비슷한 성격을 갖고 있다면, 우리는 그 직원의 승진 욕구에 더 깊이 공감해서 다른 객관적인 요인들을 제쳐두고 그 사람에게 더 유리한 결정을 내릴 수 있다. 이처럼 공감능력을 발휘하는 것은 때때로 우리를 더 사적이고, 좁고, 불공정하고, 근시안적이고, 차별적인 결정으로 이끈다.

공감을 긍정적으로 바라볼 것이냐, 부정적으로 바라볼 것이냐는 정답이 정해진 문제가 아니다. 두 시각 모두 일리가 있다.

공감은 일상생활에서 꼭 필요한 것일 뿐 아니라 인간의 본질적인 부분을 이루는 중요한 요소다. 반면 공감이 때로 비이성적인 판단으로 우리를 이끄는 것도 맞다. 그런데 이러한 가치 평가에 앞서서 '공감'이라는 용어가 주로 어떤 의미로 사용되는지를 조금 더 면밀히 살펴볼 필요가 있다.

공감은 아주 넓은 의미를 갖는다. 누군가 아파할 때 함께 아파하는 것도 공감이지만, 그 아픔을 꼭 함께 느끼지 않더라도 그 사람이 얼마나 큰 아픔에 처해 있을지 이해하는 것 역시 공감이다. 또한 아픈 상대가 무슨 생각을 할지, 무엇을 원할지, 무슨 도움을 필요로 할지 잘 짐작하는 것도 넓은 의미에서는 공감이다. 그가 부축을 원하는지, 치료를 원하는지, 아니면 스스로 그 아픔을 극복하기를 원하는지 잘 읽어내는 것은 공감의 중요한 부분이다. 이처럼 공감의 의미가 다양하기 때문에, 각 유형의 공감이 어떤 특성을 갖는지 살펴보는 것은 공감을 올바르게 평가하기 위해 꼭 필요하다.

심리학에서는 공감을 크게 감정적인 것과 인지적인 것으로 구별하곤 한다. **감정적 공감**은 상대방이 느끼는 바를 나 또한 비슷하게 느끼는 것을 뜻한다. 반면 **인지적 공감**은 지적인 과정을 거쳐서 다른 사람이 무엇을 느끼고, 원하고, 생각하는지 등을 이해하는 것을 뜻한다. 객관적인 의사 결정이나 문제 해결 상황에서는 감정적 공감보다 인지적 공감이 더 중요한 역할을 할 가능성이 높다.

의사가 환자의 병을 고치는 상황을 생각해보자. 환자에게 감정적으로 공감하는 의사는 환자의 아픔을 자신의 일인 것처럼 느끼며 함께 아파한다. 반면 환자에게 인지적으로 공감하는 의사는 환자의 아픔을 공유하는 게 아니라 다양한 진찰 수단을 활용해 환자의 몸 상태와 마음을 읽는다. 이 둘 중 치료에 직접적인 도움을 주는 것은 인지적 공감일 것이다. 환자와 함께 아파한다고 해서 환자의 병이 낫지는 않는다. 병의 치료라는 의사의 임무를 수행하기 위해서는 상대방과 경험을 공유하는 식의 주관적이고 감정적인 공감보다는 조금 더 객관적으로 환자가 처한 상황과 환자의 상태를 읽어내는 고차원적인 공감을 지향할 필요가 있다.

하지만 그렇다고 해서 감정적 공감에 아무런 가치가 없는 것은 아니다. 감정적 공감은 인지적 공감이 가져다줄 수 없는 상대방에 대한 깊은 유대감과 인간적인 친밀함 등을 만들어낼 수 있다는 점에서 독자적인 가치를 갖는다. 환자에 대해 거리감을 유지한 채로 인지적 공감만을 하는 의사는 병의 치료법을 찾아내는 데는 유능할지 모르겠으나, 환자가 한 명의 사람으로서 존중받고 있다는 느낌을 전달해주지는 못할 것이다. 결국 친밀한 인간관계 구축과 문제 해결이라는 두 마리 토끼를 모두 잡기 위해서는 두 종류의 공감능력을 적절히 발휘해야 한다.

덴마크의 철학자 단 자하비Dan Zahavi는 이렇게 공감을 감정적인 것과 인지적인 것으로 양분하는 것과는 조금 다른 관점에서 접근한다. 그는 **기본적 공감**이 있다고 주장한다. 기본적 공감은 다른 사람을 이해하는 기초적·직접적인 경로를 뜻한다. 자하비의 생각에 따르면 인간은 다른 사람들과 관련된 경험을 할 때 일반적인 사물을 경험할 때와는 전혀 다른 어떤 경로를 통해 그 사람의 마음을 직접적으로 이해한다.

예를 들어서, 아이를 잃어버려 몹시 당황한 한 어머니를 목격했다고 해보자. 그 어머니의 당혹스러운 표정과 몸짓, 말을 접하는 순간 우리는 곧장 그 어머니의 마음을 이해하게 된다. 그런데 이때 반드시 그 어머니와 똑같이 당혹감을 느껴서 그 감정을 이해하게 되는 건 아니다. 나 자신은 당혹스럽지 않으면서도 그 어머니의 감정과 심정이 어떨지 너무나 잘 그려지는 경우도 있다. 이 경우, 내가 상대방과 똑같은 감정을 겪는 게 아니기 때문에 내가 감정적인 공감을 하는 것이라고 볼 수는 없다. 그렇다면 이 경우에 우리는 인지적인 공감을 통해, 즉 지적인 과정을 통해 그 어머니의 마음을 읽어내는 것일까?

자하비는 이러한 생각에 반대한다. 그는 사람이 다른 사람을 마주할 때는 지적인 과정과 별개로 상대의 마음을 직접적으로 경험하는 것이 가능하다고 주장한다. 어머니의 당혹스러운 마음을 읽는 것은 그 어떤 지적인 과정이 펼쳐지기 전에 이미, 비매개적으로, 직접적인 경로를 통해 이뤄진다는 것이다.

자하비의 주장에 따르면 우리는 다른 사람의 표정을 볼 때 이미 그 얼굴의 물리적인 패턴 이면에 담긴 마음을 함께 본다. 사람의 몸짓을 볼 때 역시 몸의 운동만을 보는 게 아니라 그 사람의 의도와 욕망을 함께 본다. 다른 사람의 목소리를 들을 때도 단순히 소리를 듣는 게 아니라 처음부터 사람의 생각과 감정이 섞인 말소리를 듣는다. 말하자면, 우리는 세상을 경험할 때 아주 기초적인 차원에서부터, 감각 정보의 차원에서부터 이미 그 안에 담긴 다른 사람들의 마음을 직접 경험하게 된다. 그런 일을 가능하게 해주는 능력을 자하비는 기본적 공감이라고 부른다. 마치 시각적 능력을 통해 세상을 볼 수 있듯이, 기본적 공감의 능력이 있기 때문에 다른 사람들의 마음을 경험할 수 있다는 것이다.

공감은 미묘하게 여러 형태로 나타난다

기본적 공감은 우리가 일상에서 '공감'이라는 단어를 사용하면서 가장 자주 마음속에 품는 의미와 일맥상통하는 면이 있다. 보통 "저희 아이가 공감능력이 없어서 걱정이에요"라는 고민에 담긴 부모의 생각은 단순히 아이가 다른 사람이 느끼는 것을 똑같이 느끼지 못해서, 즉 감정적 공감을 하지 못해서 걱정이라는 의미가 아니다. 꼭 다른 사람이 느끼는 것을 똑같이 느껴야만 남을 이해할 수 있는 건 아니다.

일상의 수많은 경우에서 우리는 남이 느끼는 것을 똑같이 느끼지 않으면서도 그 사람의 마음을 이해한다. 원하는 일을 이룬 친구의 소식을 듣고 반드시 나도 친구와 똑같이 기쁨을 느낄 필요는 없다. 그러지 않고도 친구의 기쁨을 충분히 이해할 수 있다. 더 나아가, 공감능력이 부족한 아이를 걱정하는 부모는 단지 아이가 지적인 추론 과정을 통해 상대방의 마음을 읽어내는 일에 서툴러서 걱정하는 것도 아닐 것이다. 그보다도 부모는 아이가 다른 사람의 마음을 직접적으로 이해하고 경험하는 능력이 부족해서 걱정하고 있을 가능성이 높다. 다른 사람의 표정, 몸짓, 말 등을 마주하는 가장 원초적인 찰나의 순간에 무언가가 결여되어 있기 때문에 부모는 무언가 이상함을 감지하는 것이다. 그 어떤 지적인 활동도 일어나기 이전인 기초적 마주침의 순간부터 상대방의 겉모습뿐 아니라 마음을 동시에 경험하는 그런 기본적 공감의 면모가 부족하기 때문에 부모는 아이의 반응에서 어색한 분절을 읽어내는 것이다.

평소에 공감능력이 좋다는 소리를 듣는 사람들도 보통 감정적 공감이나 인지적 공감만을 잘한다기보다는 상대방의 마음에 직접적으로 가닿는 기본적 공감의 능력이 탁월한 경우가 많다. 나와 꼭 똑같은 것을 느끼지 않더라도 어쩐지 내 마음을 가장 잘 이해해주는 것 같은 사람이 있다. 그런 사람은 내가 극심한 고통을 겪고 있다고 해서 함께 몹시 아파한다거나, 내가 큰 행복을 느낀다고 해서 함께 행복에 취하지 않는다. 오히려 그 사람은 내가 아파할 때 침착함을 유지하고 내가 행복해할 때 차분함을 지킨다. 그렇지만 그 사람은 그 어떤 열렬한 감정적 공감을 보내주는 사람보다도 어쩐지 내 고통과 행복을 가장 잘 이해해주는 것 같다.

그런 사람은 반드시 지적인 추론과 종합의 능력이 좋아서 내 마음을 잘 읽어내는 것도 아니다. 그보다 그 사람은 나의 마음에 직접 와닿아 있다는 느낌을 준다. 눈으로 봐도 보이지 않는, 귀로 들어도 들리지 않는, 머리로 생각해도 근접할 수 없는 내 마음의 깊은 곳을 어떤 육감이라고 불릴 만한 것을 통해 이해하고 있는 것 같은 느낌. 이런 능력은 특별한 것이라기보다는 대부분 사람들이 매일 다른 사람과 마주할 때 이미 발휘된다. 다만 이 능력을 남들에 비해 특출 나게 사용하는 사람들이 분명히 있다. 반대로 남들에 비해 이 능력을 잘 발휘하지 못하는 사람들도 있다.

만약 공감의 주된 의미를 기본적 공감 안에서 찾는다면, 공감이란 좋고 나쁨의 가치 평가가 내려질 대상이라기보다는 다른 사람을 사람으로서 이해하기 위해 반드시 필요한 기초적인 능력일 것이다. 기본적 공감이 없다면 우리는 상대방을 움직이는 물질 덩어리에 마음이라는 현상이 덧붙여진 존재로 이해할 것이다. 그러나 우리는 사람을 보는 첫 순간부터 이미 물질을 넘어선 마음을 경험한다. 이러한 기본적 공감의 능력이 갖춰져 있어야만 그 토대 위에서 감정적 공감과 인지적 공감이 진정으로 좋은 방향으로 작동할 수 있다. 기본적 공감이 없다면 감정적 공감은 무의미한 감정의 복사 내지 전파에 불과할 것이다. 기본적 공감이 결여된 인지적 공감은 마음 대 마음이 마주하는 경험이 상실된 컴퓨터적인 계산에 불과할 것이다.

이렇게 공감은 미묘하게 다른 여러 형태로 나타난다. 따라서 하나의 이름과 성격으로 공감을 일반화하기는 어렵다. 공감에 한 가지 방향으로 가치 평가를 내리기보다는 각각의 공감이 서로 다른 특징과 장단점을 가진다는 사실을 잘 인지하고 상황에 맞도록 다양한 공감을 종합해 상대방을 깊고도 넓게 이해하려고 노력하는 것이 바람직하다.

3부

주변의 모든 것을 의심해보고 싶을 때

✦
✳
✦

세상을 이해하기 위한 철학

우리가 알고 있는
세상은 과연 진실일까

✳✳✳

"나는 깨달았다. 인생에서 한 번은 이전까지 받아들였던
모든 것을 완전히 허물어버리고
새로운 기반들 위에서 다시 시작해야 한다는 것을."

- 르네 데카르트, 《제일철학에 관한 성찰》

만약 이 세계가 게임판이라면

넷플릭스 시리즈 〈오징어게임〉에서는 주인공 기훈에게 한 정체불명의 남자가 찾아와 딱지치기를 하자고 제안하는 장면이 나온다. 이길 때마다 10만 원을 받지만, 질 때마다 따귀를 맞아야 한다. 정체불명의 남자는 기훈에게 빨간 딱지와 파란 딱지 중 선택할 기회를 준다. 기훈은 파란 딱지를 선택한다. 그 후 따귀를 십수 대 맞지만, 그래도 돈을 많이 따 기분 좋게 집에 간다. 이후 벌어질 무시무시한 게임의 포석을 모른 채 말이다.

이 장면은 다분히 영화 〈매트릭스〉에 대한 오마주라는 느낌을 준다. 〈매트릭스〉에서 평범하게 살아가던 주인공 네오에게

는 갑자기 검은 양복을 입은 정체불명의 사나이들이 찾아와 그를 쫓는 상황이 벌어진다. 그때, 모르는 사람에게 전화가 온다. 그 사람은 무언가 설명할 게 있다고 말하며 만나기를 요청한다. 모피어스라는 이름의 그 남자는 네오를 만나, 이 세계는 진짜가 아니며 꾸며진 허상에 불과하다고 말한다. 실제로는 사람들이 노예처럼 살아가고 있으며, 그 현실을 감추기 위해 만들어진 가상의 세계가 바로 지금 이 세계라는 것이다. 그는 이런 알쏭달쏭한 말을 하더니 두 손에 알약 두 개를 보여주며 한 가지 제안을 한다.

"파란 약을 먹으면 그저 평소처럼 침대에서 일어나 자네가 믿고 싶은 것을 믿으며 살아갈 것이네. 빨간 약을 먹으면 이상한 나라의 토끼굴이 얼마나 깊이 이어져 있는지를 내가 보여주겠네."

네오는 빨간 약을 선택한다. 그러고는 가상의 세계 바깥으로 나가 진실을 보게 된다. 사실 인류는 이미 오래전 기계와의 전쟁에서 패배했고, 기계가 인간들을 사육하며 인간의 생체 에너지를 동력으로 사용하고 있는 상태였다. 사육장 속에서 의식을 잃은 채 갇힌 인간들은 그저 꿈을 꾸는 것과 비슷한 상태로 가상세계만을 경험하면서 살아가고 있다.

〈오징어게임〉과 〈매트릭스〉는 둘 다 감추어진 진실의 세계를 그린다는 점에서 공통점을 갖는다. 〈오징어게임〉에서 빚에 허덕여 일확천금의 희망을 안고 목숨을 건 게임에 참가한 파란색 죄수복을 입은 사람들은 게임의 진짜 의미가 뭔지 모른다. 한

마디로, 그들은 게임 뒤편에 놓인 세계에 대해서는 아무것도 알지 못한다. 그저 경마장의 말처럼 게임 바깥 세계의, 즉 그 게임을 주최한 부자들의 세계에서 즐거움을 위한 수단으로 사용될 뿐이다. 마찬가지로, 〈매트릭스〉에서 인간들은 진실의 세계에서 어떤 일이 벌어지고 있는지 꿈에도 모른 채로 가상세계에서 일상을 살아가며 기계들의 동력원으로 사용된다. 오직 빨간색으로 머리를 물들인 기훈과 빨간색 약을 먹은 네오만이 진실의 세계를 직접 두 눈으로 보기 위해 뛰어든다.

이 두 작품 외에도 많은 문학작품과 영화에서는 숨겨진 세계에 대한 이야기가 등장한다. 〈매트릭스〉에서처럼 아예 물리적 기반 자체가 다른 두 세계가 그려지기도 하고, 〈오징어게임〉에서처럼 똑같이 하나의 물리적인 세계에 기초하고 있지만 경제적인 지위나 정치적인 지위의 허들이 있어서 보통 사람들은 접근하지 못하는 숨겨진 세계가 그려지기도 한다. 그러나 이 두 경우 모두 우리의 흥미를 자극하는 공통의 요인을 갖고 있다. 바로 지금 우리가 알고 있는 이 세계가 진실의 전부가 아니라는 이야기다. 평소에 당연히 진실이라고 믿고 살아가던 이 세계가 사실은 누군가에 의해 꾸며진 세상에 불과할 수도 있다는 상상은 우리의 관심을 강하게 유발한다. 만약 지금 세계가 정말로 진실된 세계가 아니라면 평소에 가치 있다고 믿었던 것들이 사실은 진짜로 가치 있는 게 아닐 수 있으며, 내가 이 세계의 규칙에 따라 세웠던 인생의 여러 계획이 모두 무의미한 것일 수도 있기 때문이다.

　세계 자체의 진실성을 의심하는 것은 단순히 사건 하나나 대상 하나의 진실성을 의심하는 것과 매우 큰 차이를 갖는다. 우리는 살아가면서 수많은 것을 의심한다. 친구에게 물건을 빌려주면서 정말로 말끔히 잘 사용할지 의심하고, 유튜브 주식 강의를 보면서 정말로 이 유튜버가 제대로 된 정보를 알고 있는 것인지 의심하며, 정치인이 공약을 내걸 때 그 정책을 정말 실천할지 의심한다. 이런 의심들은 모두 개별 사안들에 대한 의심이다. 해당 사안이 잘 해결되거나 믿을 만한 근거가 발견되면 의심은 해소된다.

　반면 **세계 자체에 대한 의심**은 어떤 개별적인 사안 하나를 잘 해결한다고 해서 해소할 수 있는 성질의 것이 아니다. 비유를 들자면, 세상 자체를 의심하는 것은 게임의 한 요소가 아니라 게임의 판 전체를 의심하는 것이다. 카드게임을 할 때, 상대방이 지금 밑장빼기를 한 게 아닌지 의심하는 것과 카드게임장에 나의 패를 감시하는 CCTV가 설치되어 있는 게 아닌지 의심하는 건 질적으로 다르다. 전자의 경우, 판 자체는 올바르게 설계되어 있다는 가정하에 그 안에서 속임수가 있는 게 아닌지 의심하는 것이다. 반면 후자의 경우, 아예 처음부터 판이 잘못 설계되어 있어서 그 안에서 내가 무슨 수를 써봐도 이길 수 없는 것이 아닌지 의심하는 것이다. 올바른 판 위에서 상대가 속임수를 쓰는 경우 그 사람을 신고하고 처벌하면 그만이지만, 애초에 판 자체가 잘못 짜여 있으면 판을 뒤엎지 않고서는 불이익을 당할 수밖에 없다.

판 자체를 의심하는 것은 게임에서 이기고자 하는 사람뿐 아니라 진실에 관심이 있는 사람에게도 매우 큰 중요성을 갖는다. 진실을 찾아나가는 것은 카드게임과 마찬가지로 특정한 판 위에서 벌어지는 활동이다. 우리는 저마다 다양한 문화의 판 위에 올려지기도 하고, 교육제도라는 판 위에 놓이기도 한다. 각 문화와 교육제도는 주변 사람들이 따르는 길을 따라서 진리를 찾아 나가도록 우리를 이끈다. 그런데 만약 문화나 교육제도가 처음부터 잘못 설계되어 있어서 우리가 속고 있는 것이라면? 사실은 A가 진실인데 B가 진실이라고 믿도록 하고 있다면? 이런 경우, 기존의 판에서 주어지는 전제들을 충실히 따라서는 아무리 발버둥을 쳐봐도 계속 제자리걸음일 수밖에 없다. 이 경우, 아예 판 자체를 의심해보는 시도가 필요하다. 기존의 문화나 교육제도가 가르쳐주는 길이 근본적인 차원에서부터 잘못된 게 아닌지, 그래서 완전히 다른 방향에서부터 새롭게 생각해 봐야 진정한 진실을 보게 되는 게 아닌지 의심해볼 필요가 있는 것이다.

우리 스스로 무엇을 할 수 있는가

진실을 알고자 하는 사람이 놓여 있는 가장 큰 판은 이 **세계**다. 모든 사람은 이 세계 안에서 이 세계의 규칙들에 따라 진실을 추적할 수밖에 없다. 이 세계 밖으로 나가 본 사람은 (공식적으로 알려진 바로는) 아무도 없다. 그런데 만약 이 세계 자체가 우리를 속이고 있다면? 그렇다면 그건 단순히 문화나 교육제도가 우리를 속이고 있는 것보다 훨씬 더 심각한 상황일 것이다. 문화나 교육제도의 판 자체를 의심해보는 것은 극도로 어려운 일이 아니다. 우리는 자주 다른 나라의 문화나 교육제도에 관한 이야기를 접하며, 비교를 통해 우리의 것에 어떤 문제가 있는지 발견한다. 반면 이 세계 자체를 의심할 때는 비교할 다른 대상이 없다. 우리가 아는 세계는 오직 이 세계밖에 없기 때문이다. 따라서 우리는 자연스럽게 이 세계의 규칙들이 당연한 것이라고 생각하며 살아가게 된다. 아주 오랜 시간 동안 대부분 사람들은 그것을 의심해볼 생각을 하지 못했다.

그러다가 17세기에 이르러 한 사람이 이 세계라는 판 자체를 의심하는 일이 벌어졌다. 바로 프랑스의 철학자 르네 데카르트다. 데카르트는 다른 모든 사람이 당연한 것으로 받아들이는 이 세계의 규칙들을 모조리 다 의심하려고 했다. 그가 행했던 가장 고강도의 의심은 '악령의 가설'이라는 이름으로 알려져 있다. 그는 우리가 평소에 아주 자명한 진실이라고 받아들이는 것들도 사실은 사악한 악령이 우리가 그렇게 믿도록 속이고 있을 수도 있다고 주장했다.

예를 들어서 당시 대부분 사람들은 (지금도 그렇지만) 2 더하기 2는 4라고 생각했으며, 이런 수학적 지식은 너무나 당연한 것이어서 어떤 의심도 할 필요가 없는 것이라고 생각했다. 그런데 데카르트는 사실 2 더하기 2는 5인데 사악한 악령이 우리를 속여서 4라고 믿도록 조종하는 것일 수도 있다고 주장했다.

보통 수학적 지식은 모든 지식 중에서도 거의 최상급의 확실성을 갖는다고 생각된다. 눈으로 직접 보는 것들도 진실이 아닐 수 있다는 것을 우리는 경험을 통해서 알고 있다. 마술사들은 허상을 보도록 우리를 속일 수 있다. 그런데 수학적 지식의 경우는 사정이 다르다. 그 어떤 사람도 우리가 삼각형의 내각의 합이 190도라고 믿도록 완벽하게 속일 수는 없다. 여섯 살짜리 꼬마를 그렇게 속이는 건 가능하겠지만, 충분한 이성적 능력을 갖춘 성인을 장기간 그렇게 속이는 건 거의 불가능하다. 충분한 지성을 가진 사람이라면 누구나 기하학 공부를 조금만 하면 삼각형의 내각의 합이 180도라는 것을 확신할 수 있으며, 그 어떤 사람의 속임수에도 이 지식을 잃지 않을 자신감을 얻게 된다.

하지만 인간보다 더 우월한 능력을 가진 악령이 우리를 속이고 있는 경우라면 사정이 다르다. 즉, 아주 강력한 초자연적 힘을 가진 존재가 악의를 갖고 모든 인간이 잘못된 수학적 판단을 내리도록 속이고 있는 것이라면? 그러면 우리는 속수무책으로 속고 말 것이다. 우리가 속고 있다는 사실조차 모른 채 말이다.

테슬라의 CEO인 일론 머스크는 우리가 살아가고 있는 이 세계가 가상현실일 가능성이 매우 높다고 주장했다. 왜냐하면 기술이 고도로 발달한 문명에서는 수많은 가상현실을 만들 것이고, 그 각 가상현실 안에서 살아가는 사람들이 일정 수준 이상으로 기술을 발전시키면 또 다른 가상현실을 만들어낼 것이다. 이런 식으로 이론적으로는 끝없이 많은 가상현실의 연쇄가 생겨날 텐데, 그중에서 우리가 살아가고 있는 이 현실이 그 연쇄들의 시작점에 있는 가장 기초적인 진짜 현실일 가능성은 매우 희박하기 때문이다. 즉, 이론적으로는 수억 개이든 수조 개이든 무수히 많은 가상세계가 존재할 수 있는데, 그중에서 굳이 우리가 살고 있는 이 세계가 진짜 세계일 확률은 너무나 낮다는 것이다.

그렇다면 우리가 할 수 있는 것은 무엇일까? 만약 정말로 이 세계 자체가 어떤 다른 존재에 의해서 짜인 거짓된 판이라면, 그냥 속수무책으로 속으며 살아가는 것 말고 우리가 할 수 있는 게 있을까? 진실이 아닌 것을 진실이라고 믿으며 거짓 속에서 살아가는 것 말고 뭔가 진실에 다가가기 위해 적극적으로 시도해볼수 있는 게 있을까? 누군가 빨간 약을 들고 찾아오면 좋겠지만, 그런 일은 당분간 일어나지 않을 것 같다. 그렇다면 우리는 스스로 무엇을 할 수 있을까?

의심하고 또 의심하라

데카르트가 취했던 전략은 **의심하고 또 의심하는 것**이었다. 더는 도저히 의심할 수 없을 때까지 말이다. 데카르트가 의심을 최대한으로 밀어붙이다 만나게 된 것은 자신의 존재였다. 그는 세상의 다른 모든 것은 의심할 수 있어도, 자신이 존재한다는 사실만큼은 의심할 수 없다는 걸 깨달았다.

어떤 아주 강력하고 교활한 존재가 그의 교묘한 능력을 이용해 나를 속이고 있는 것일 수 있다. 그런데 그런 경우라고 해도 어쨌든 내가 존재하는 건 확실하다. 그가 아무리 나를 속여도 내가 무언가로서 존재하고 있다고 생각하는 이상 그는 나의 존재를 완전히 지워버릴 수는 없다. 따라서 이런 점들을 신중히 잘 고찰한 후 우리는 확정적인 결론을 내려야 한다. '나는 있으며, 나는 존재한다'라는 명제는 내가 그것을 입으로 말하거나 정신적으로 생각하는 모든 순간에 필연적으로 참이라고 말이다.

여기서 데카르트는 내가 생각의 활동을 지속하는 한 나의 존재는 결코 부정될 수 없다는 것을 강조하고 있다. 정말로 이 세계는 나보다 우월한 존재가 나를 기만하는 곳으로 설계한 판에 불과할지도 모른다. 하지만 설령 그렇게 완전히 속고 있는 중이라고 해도, 속고 있는 중일지도 모른다고 생각하는 내가 존재한다는 것만큼은 확실하다. 내가 모든 생각을 멈춰버린다면 그 확실성마저 사라져버릴지 모른다. 하지만 적어도 내가 자기의식을 갖고 활동을 지속하는 한 내가 존재한다는 것만큼은 완전한 확실성 속에서 경험된다. 이런 의미에서 데카르트는 "나는 생각한다. 고로 존재한다"라는 유명한 말을 남겼다.

데카르트는 세상의 각종 전제들을 그저 당연한 것으로 받아들이지 말고 최대한 철저하게 의심을 끌고 나가다 보면 진실로 통하는 균열을 발견할 수 있다고 생각했다. 그가 정말로 진실로 통하는 길을 발견하게 되었는지는 확실하지 않다. 데카르트도 이미 거의 400년 전의 철학자다. 그가 진실이라고 믿었던 많은 것이 지금은 많은 사람에 의해 의심받고 있다.

예를 들어서 데카르트는 철저한 의심과 숙고 끝에 신이 존재한다고 결론을 내렸다. 하지만 지금 시대에 많은 사람이 그 견해에 반대한다. 그러나 정말로 데카르트가 제대로 된 진실을 발견했는지 아닌지가 꼭 중요한 건 아니다. 그보다 더 중요한 건 세계라는 판 자체를 의심함으로써 진정한 진실에 더 가까이 다가갈 수 있다고 믿었던 그의 자세다. 이 세계가 악령이 지배하고 있는 곳인지, 인간을 사육하고 있는 기계가 만들어 놓은 가상세계인지, 가상현실 속의 가상현실인지, 아니면 소수의 권력자들이 다수의 평범한 사람들을 속이며 착취하고 있는 놀이판인지, 내가 지금 당장 진실을 알아낼 수는 없다. 하지만 세계 자체에 대한 의심은 만약 세계의 규칙들이 처음부터 잘못되어 있을 경우 그것에 무력하게 속지 않고 진실에 다가갈 수 있는 유일한 수단이다.

만약 지금 이 세계가 정말로 좋게 설계된 판이고 공정성과 진실성이 가득한 곳이라면, 우리는 운이 아주 좋은 사람들일 것이다. 하지만 그렇지 않을 확률이 더 높다. 꼭 초자연적 존재나 상상 속의 존재가 아니더라도, 이미 세상은 우리를 속이는 온갖 구조들로 가득하다. 따라서 세계라는 판 자체를 의심해볼 용기와 정신적 민첩성을 유지할 필요가 있다. 잘못 설계된 규칙이 진실이라고 믿고 평생을 그것을 지키는 데 모든 시간과 노력을 쏟는 순진한 잘못을 범하지 않기 위해서 말이다.

　누가 내일 당장 우리에게 찾아와 빨간약을 건네주지는 않을 것이다. 하지만 혹시 이 세계에 빨간약이 필요한 건 아닌지, 빨간약이 존재한다면 어디서 그것을 찾을 수 있을지 스스로 이성적인 능력을 사용해 고민해보는 것은 가능하다.

나는 존재할까

***

> "일시적이고 변할 수밖에 없어 고통인 것을
> '이것은 내 것이야. 이것은 나야'라고 여기는 것이 타당한가?"
>
> - 붓다, 〈무아상경〉

나는 존재하거나 존재하지 않는다

거의 모든 사람이 철석같이 믿는 것이 있다. 바로 나는 존재한다는 것이다. 내가 존재한다는 것은 단순히 많고 많은 지식 중하나가 아니라 모든 지식의 기초인 것처럼 보인다. 내가 없다면 엄마 배 속에서 태어난 것은 누구이고, 오랜 시간에 걸쳐 자라난 것은 누구이고, 세상을 경험하고 여러 지식을 습득하고 일을 하는 것은 누구란 말인가? 내가 없다면 '나는 존재한다'라고 믿는 사람도 없을 것이다. 지금 이 글을 읽는 사람도 없을 것이다. 내가 존재한다는 것은 너무나 절대적인 사실 같아서, 과연 그걸 의심할 수 있을지가 의심스럽다.

그런데 놀랍게도 자신이 존재하지 않는다고 생각하는 사람들의 공동체가 역사적으로 오랫동안 존재해왔다. 이 공동체는 이천 년이 넘는 세월을 견디면서 지금까지도 명맥을 이어오며 '나는 존재하지 않는다'라는 매우 황당해 보이는 주장을 가장 기본적 가르침으로서 전수해오고 있다. 그들이 생각하기에 예나 지금이나 많은 사람이 진실을 보지 못하고 있다. 사실 '나'라는 것은 존재하지 않는데도, 사람들은 온갖 집착과 욕심 때문에 '나'라는 허황된 관념을 만들고 거기에 빠져서 살아간다. 이 공동체에 속한 사람은 집착과 욕심을 버리고 내가 존재하지 않는다는 진실을 똑바로 마주하는 것을 목표로 삼는다.

이들은 바로 불교도들이다. 불교에서 무아설無我說, 즉 내가 존재하지 않는다는 주장은 붓다가 설파했던 가장 기본적인 진리로 받아들여진다. 물론 불교를 믿는 사람들이 다 무아설에 깊이 동조하는 건 아니다. 붓다의 철학적인 주장에 별 관심이 없어도 불교도가 될 수 있다. 단지 불상에 소원을 비는 것이 좋아서, 절이라는 공간이 좋아서, 불교의 문화가 마음에 들어서 불교를 믿게 될 수 있다. 마치 기독교를 믿는 사람들이 꼭 《성경》의 말씀과 교리에 깊이 동조하는 건 아니고, 유교 문화를 지지하는 사람이 꼭 공자의 말씀을 공부하는 건 아니듯이 말이다. 하지만 불교에서 무아설은 분명 핵심적인 위치를 차지하고 있다. 모든 불교도가 무아설에 깊이 공감하는 건 아니어도, 불교라는 종교가 무아설이라는 기본적인 가르침 위에 세워져 있는 건 부정할 수 없다.

　여기서 말하는 붓다는 기원전 6세기에 지금의 네팔 땅에서 태어난 석가모니를 가리킨다. 석가모니는 종교적인 시각으로 보면 신성한 존재지만, 다른 시각에서 보면 우리와 똑같이 엄마 배 속에서 태어나 무덤으로 들어간 평범한 생물학적 인간이다. 그는 왕의 아들로 태어나 부족할 것 없이 자랐다. 그런데 청소년기에 왕궁 바깥으로 나가 세상을 둘러보다가 생로병사의 고통을 겪으며 살아가는 사람들의 모습을 보고 왕궁 안에서의 안락하기 그지없는 생활 이외에 뭔가 다른 것을 추구할 필요가 있다고 느끼게 된다. 그는 아무리 잘난 인간이라도 언젠가는 늙고 병들고 죽는다는 것을 깨닫게 되었으며, 그 절대적인 고통의 존재가 인간의 삶에 던지는 수수께끼에 깊은 관심을 갖게 되었다. 결국 그는 고통받기로 정해진 인간의 운명에 어떤 의미가 있는지 고민하고 더 나은 깨달음을 얻기 위해 왕궁을 떠나 수도자 생활을 시작한다. 그러고는 오랜 명상과 수행 생활 끝에 중요한 깨달음들을 얻게 된다. 그 후 자신이 깨달은 바를 사람들에게 가르치기 시작했는데, 그 가르침을 듣기 위해 많은 사람이 모이기 시작하고 그것이 이어져 나중에 불교 공동체가 형성되었다.

　붓다가 초창기에 얻었던 핵심적인 깨달음 중 하나가 바로 **나는 존재하지 않는다**는 사실이다. 붓다는 사이비 종교의 교주 같은 사람이 아니었다. 그는 감언이설로 다른 사람들을 속여 이상한 믿음을 주입하는 사람이 아니었다. 그보다 그는 이성적이고 철학적인 면모가 강한 사람이었다. 붓다는 어디까지나 자신이 느낀 바를 다른 사람들에게 전달하고, 그들이 스스로 생각해보고 명상을 해봄으로써 자신의 주장이 맞는지 틀린지를 스스로 판단하게끔 이끌었다. 그렇다면 붓다는 어떤 논리를 펼쳤길래 하나의 종교가 생겨날 만큼 많은 사람이 '나는 존재하지 않는다'라고 스스로 생각하도록 설득했던 걸까?

붓다가 부정했던 '나'의 관념

이 질문에 대답하기 위해서는 '나'는 과연 무엇인가에 대해서 생각해볼 필요가 있다. 다시 말하지만 붓다는 이성적인 면모가 강한 사람이었다. 그는 지금 눈앞의 것을 보고 있는 나라는 의식 따위는 존재하지 않는다는 허황된 주장을 했던 게 아니다. 내가 경험하는 모든 것은 그저 허상에 불과하다고 주장했던 것도 아니다. 즉, 그는 현재를 경험하는 주체로서의 나의 존재를 부정했던 게 아니다. 붓다가 부정하고자 했던 건 당시에 널리 퍼져 있었던 '나'에 대한 특수한 **관념**이었다.

당시 붓다가 살았던 인도 문화권에서는 브라만교가 큰 위세를 떨쳤다. 브라만교 사람들은 기본적으로 윤회를 믿었다. 한 생명이 죽으면 그것이 다시 다른 생명으로 되살아난다는 것이다. 이때, 한 가지 질문이 떠오르게 된다. 과연 이전에 살았던 생명과 그것이 이어져 새롭게 탄생한 생명 사이에는 얼마만큼의 공통분모가 있는 걸까?

예를 들어서, 지금 내가 죽어서 나중에 철수라는 아이로 다시 태어난다면, 나와 철수는 얼마나 같은 존재라고 말할 수 있을까? 비록 나의 에너지를 받아서 태어나긴 했지만 어쨌든 나는 나이고 철수는 철수이니, 나와 철수는 서로 별개의 존재라고 봐야 하는 걸까, 아니면 나와 철수 사이에는 어떤 본질적인 연결고리가 있어서 서로가 똑같은 정체성을 공유하게 되는 걸까?

이에 대해 브라만교 사람들은 윤회를 통해 이어지는 생명 사이에는 정체성을 그대로 유지하는 영원불멸의 존재가 있다고 믿었다. 즉, 내가 죽어서 철수로 다시 태어날 때, 비록 나의 몸과 관련된 부분들은 전부 사라지지만, 나의 영혼과도 같은 가장 본질적인 부분이 남아서 그것이 철수에게 그대로 이전된다는 것이다. 따라서 브라만교 사람들이 보기에 진정한 의미에서 나는 바로 육체의 죽음 이후에도 사라지지 않고 그대로 유지되는 나의 본질이다. 나의 몸은 길어 봐야 백 년을 지속하다가 사라진다. 반면 진정으로 본질적인 나는 결코 사라지지 않고 윤회를 거듭하며 영원히 지속된다. 그들은 이 본질적인 '나'를 아트만ātman이라고 불렀다.

붓다가 정통으로 겨냥하여 부정하고자 했던 것은 바로 아트만의 존재였다. 그는 육체적인 죽음 이후에도 계속해서 이어지는 영원불멸의 본질적인 '나' 따위는 없다고 설파했다. 즉, 그는 현재를 경험하는 나의 존재를 부정했던 게 아니라, '나'의 관념에 지나치게 강한 정체성과 힘을 부여해 '나'라는 존재가 영원히 사라지지 않고 남는다고 생각했던 당대 브라만교 사람들의 관점에 반대했던 것이다.

여기까지만 보면 붓다의 주장은 매우 당연한 것처럼 보인다. 영적인 존재를 잘 믿지 않는 현대인의 관점에서 보면, 윤회나 영원불멸하는 자아의 존재를 믿었던 브라만교 사람들이 특별히 비합리적인 믿음을 가졌고, 그걸 부정했던 붓다는 특별히 대단한 통찰을 가졌던 게 아니라 그저 합리적이고 상식적인 주장을 했던 것 같다.

하지만 놀랍게도 우리는 여전히 브라만교의 아트만과 비슷한 '나'의 관념을 갖고 있다. 물론 많은 사람이 더 이상 윤회를 믿지 않는다. 예전에 비해 천국이나 지옥의 존재 같은 것을 믿는 사람들도 많이 줄어들었다. 이제는 꽤 많은 사람이 자신의 존재가 죽음 이후에 완전히 사라질 것이라고 생각한다. 하지만 사후 세계를 더 이상 믿지 않게 되었다고 해서 시간을 관통하며 지속적으로 동일하게 유지되는 '나'의 관념을 포기한 건 아니다. 죽음 이후에 자신의 존재가 사라질 것이라고 생각하는 사람들도 적어도 숨이 붙어 있는 동안에는 '나'라는 존재가 쭉 **동일한 정체성**을 유지하며 지속된다고 생각한다. 즉, 엄마 배 속에 있을 때의 '나'와 숨이 멎기 직전까지의 '나'는 완전히 동일한 존재이며, 그사이의 시간 동안 '나'는 일정한 본질적인 동일성을 유지한 채로 지속된다고 생각하는 것이다. 비록 자신이 영원히 존재할 것이라는 생각은 많은 사람이 포기했지만, 긴 시간에 걸쳐 한 사람의 인생에 정체성을 부여해주는 본질적인 '나'가 존재한다는 생각은 예나 지금이나 거의 변하지 않았다.

나는 틀림없이 변하는 존재다

붓다는 죽음 이후에 지속되는 '나'의 존재뿐 아니라, 살아가는 동안 지속되는 '나'의 존재도 부정했다. 즉, 어렸을 때의 나, 지금의 나, 미래의 나는 모두 다른 존재라는 것이다. 우리는 당연히 이 여러 시점에서의 나를 하나로 묶어주는 공통의 요소가 있다고 생각한다. 하지만 붓다는 그런 게 도대체 어디 있냐고 질문한다. 붓다는 인간의 존재를 아무리 들여다봐도 우리가 경험적으로 알 수 있는 것들 중에는 오랜 시간 지속되는 것이 없다고 주장한다.

인간은 팔, 다리, 장기 등의 물질적인 육체와 느낌, 지각, 의지, 의식 등의 정신적인 경험이 섞여 있는 존재다. 그런데 인간의 몸은 끊임없이 변화한다. 현대 과학의 주장에 따르면 우리 몸은 일 초에 380만 개 정도의 세포가 새롭게 교체되며, 일 년 정도가 지나면 몸의 대부분의 세포들은 이전과 다른 세포로 교체된다. 이런 과학적인 연구 결과 없이도 우리는 인간의 몸이 끊임없이 변화한다는 사실을 일상에서 체험한다. 먹다 보면 배가 나오고, 운동을 하면 근육이 생기고, 나이가 들면 주름이 잡히고, 병에 걸리면 기관이 상한다. 이처럼 물질적인 육체로서의 나의 존재는 끝없는 변화에 노출되어 있다.

그렇다면 인간의 정신적인 경험에는 변하지 않고 지속되는 것이 있을까? 붓다는 없다고 주장한다. 오히려 정신은 육체보다 더 쉽게 변화하기도 한다. 우리의 **느낌**은 쉴 새 없이 변한다. 행복감을 느끼다가도 금방 고통에 빠져들기도 하며, 별 특별한 느낌이 들지 않다가도 어떤 사건으로 인해 갑자기 강렬한 환희나 비탄에 빠지기도 한다. 또 우리의 **지각**적인 경험 역시 한시도 쉬지 않고 변화한다. 무엇을 보고 있는지, 무엇을 듣고 있는지, 어떤 냄새를 맡고 있는지 등은 단 일 초도 동일하게 유지되는 법이 없다. 사람의 **취향** 역시 계속 변한다. 어떤 사람들은 지금 자신에게 행복을 주는 것들이 영원히 그럴 것이라 생각한다. 하지만 그런 일은 극히 드물다. 지금 자신이 빠진 것에서 행복감을 찾더라도 몇 년 후에는 충분히 넘치고 흘러도 별 관심이 없는 일이 허다하다.

반면 지금은 눈길도 가지 않던 것이 나중에는 인생에서 중요한 관심사가 될 수도 있다. 그에 따라 우리의 **의지** 역시 계속 변화한다. 조금 전에는 이것을 하고 싶었다가도 지금은 저것을 하고 싶으며, 그러다가 또 다른 게 하고 싶어진다. 또한, 우리가 어떤 **의식**을 갖고 살아가는지도 계속해서 변화한다. 정치적으로 몇 십 년을 우파로 동일하게 사는 것처럼 보여도, 그 우파적인 의식 안에는 미세한 변화가 끊임없이 일어난다. 심지어 나중에는 좌파로 전향할 수도 있다. 이렇듯 사람의 정신은 흘러가는 강물과도 같다. 과거나 지금이나 똑같은 강물처럼 보여도, 그 물은 예전의 그 물이 아니다. 오직 지금 이 순간의 강물이 있을 뿐이다. 지금이 지나면 그 강에는 또다시 새로운 강물이 흐르게 된다.

붓다는 물질적인 나의 존재와 정신적인 나의 존재 중 어떤 부분을 들여다봐도 변하지 않고 유지되는 부분은 없기 때문에, 변하지 않는 정체성으로서의 '나' 같은 건 존재하지 않는다고 주장했다. 그는 우리의 **집착**이 그 환상을 만들어내는 것이라고 생각했다. 우리는 지나간 것을 붙잡고 싶어 하고, 지금 가진 것들을 빼앗기지 않으려 하며, 앞으로 다가올 것들을 손아귀에 쥐고 싶어 한다. 이러한 집착의 마음은 과거, 현재, 미래를 관통하며 존재하는 '나'를 가상적으로 만들어낸다. 그리고 모든 활동이 '나'를 위한 것이라고 생각하게 만든다. '나'는 내가 죽을 때까지 사라지지 않으므로, '나'의 행복을 위해서는 끊임없이 노력을 들여 좋다고 생각되는 것들을 최대한 많이 확보해야 한다. 이렇게 끝없이 자신을 위해 분투하는 삶은 어떻게 보면 에너지가 넘치고 긍정적인 삶이지만, 다르게 보면 안절부절못함과 고통의 연속이다.

붓다에 따르면 '나' 같은 건 애초에 존재하지 않는다. 따라서 '나'를 위해서 무언가 꼭 해야 할 필요도 없다. 하지만 그렇다고 해서 붓다가 꼭 아무것도 하지 않고 인생을 고요하게만 보내야 한다는 메시지를 전달하는 것은 아니다. 그보다, 그는 '나'라는 가상의 영원불변한 주체를 설정해놓고 그것을 기준으로 자신의 온 삶을 이끌어나가는 일이 어리석다고 지적한다. 과거의 자신에 동질감을 느끼고 현재의 나를 위하는 일을 하며 미래의 나에 대해 준비하는 자세가 없다면 우리 삶은 매우 불행해질 것이다. 그러나 마치 '나'라는 존재가 결코 변하지 않을 것처럼 생각하고, 이에 따라 모든 것을 행하고 계획하는 것은 물은 결코 흐르지 않는다고 생각하면서 항해하는 것만큼이나 어리석은 일이다.

'나'는 틀림없이 변한다. 그것도 자신이 생각하는 것보다 더 쉽게, 더 빨리. 당장 이 순간에도 나의 육체와 정신은 미세한 변화를 겪고 있다. '나'에 대한 집착에서 벗어나 잠시 자신의 내면을 있는 그대로 들여다보면 그 변화를 감지할 수 있다.

3장

경험은 그리 단순히
진실을 가져다주지 않는다

✳ ✳ ✳

"과학에서의 결정들은, 인생에서와 마찬가지로, 어려울 수 있다.
무엇이 제대로 된 믿음인지 간단하게 가려내줄 수 있는
시금석 같은 것은 존재하지 않는다."

- 윌러드 콰인, 《인식론: 믿음의 거미줄》

팩트를 둘러싼 다양한 논쟁들

몇 년 전부터 인터넷상에서는 (그리고 현실에서도) '팩트$_{fact}$'라는 말이 많이 사용되고 있다. 한때 인터넷에서는 댓글을 달 때 '팩트'라는 표시를 맨 앞에 적어놓고 그 뒤에 이어서 필요한 내용을 적는 것이 유행처럼 번졌다. 또한 상대가 듣기 언짢아할 수도 있고 인정하기 싫어할 수도 있지만 어쨌든 사실인 내용을 직설적으로 쏟아붓는 것을 '팩트 폭력' 혹은 줄여서 '팩폭'이라는 말로 지칭하기도 했다.

사람들이 '팩트'라는 말을 사용하는 이유 중 하나는 무엇이 사실이고 무엇이 사실이 아닌지 구별하는 것을 중요시하기 때문이다. 만약 사실과 비사실 사이의 구별에 별로 관심이 없다면 '팩트'라는 단어를 사용할 이유도 별로 없을 것이다. 굳이 댓글을 달 때 '팩트'라는 표시를 맨 앞에 적는 이유는 자신이 말하는 내용이 사실이거나 혹은 사실로 받아들여져야 한다는 것을 (풍자적인 경우도 많지만) 강조하기 위해서다. 즉, 자신의 말이 누구는 이렇게 생각할 수도 있고 누구는 저렇게 생각할 수도 있는 그런 열려 있는 의견이 아니라, 누군가의 주관적인 취향이나 의지에 의해서 부정될 수 없는 객관적인 사실이라는 점을 강조하는 것이다.

그렇다면 무엇이 사실이고 무엇이 사실이 아닐까? 이는 매우 어려운 질문이다. 그렇지만 우리가 일상에서 보통 팩트라고 받아들이는 것에는 대략적인 기준이 있다. 사실은 경험을 통해 확인된 지식이라는 의미로 주로 받아들여진다. 일상에서 가장 강력하게 사실을 전달해주는 경험은 보통 감각적인 경험이다. 눈으로 직접 보거나, 귀로 직접 듣거나, 몸으로 직접 느껴본 것은 주관적인 생각에 불과한 것이 아니라 엄연한 사실이라고 흔히 여겨진다.

예를 들어서 서해와 동해를 모두 직접 가서 눈으로 봤을 때 동해의 바다 색깔이 서해보다 더 푸르다고 한다면, 우리는 정당하게 "동해가 서해보다 더 푸르다"라고 말할 수 있다. 직접 진돗개와 말티즈의 울음소리를 들어본 사람은 정당하게 "진돗개와 말티즈의 울음소리는 서로 구별된다"라고 말할 수 있다. 한라산과 설악산을 동일한 조건과 몸 상태에서 모두 등반해본 사람은 당당히 "설악산 등반이 한라산 등반보다 더 힘들다"라고 말할 수 있다.

그런데 이렇게 매우 단순하고 분명한 팩트의 생성조차 사실은 많은 숨은 조건이 필요하다. 그리고 그 조건들이 바뀌면 팩트 또한 바뀔 수 있다. 예를 들어서, 충남 서천을 방문해 그곳의 바다 색깔을 보고 난 후 '서해의 색은 이렇구나'라고 생각했는데, 알고 보니 경남 사천을 방문했던 것일 수도 있다. 만약 정말로 이렇게 착각한 것이라면, 내가 서해의 색깔이라고 알고 있는 것은 사실 남해의 색깔일 것이다. 이렇듯, 감각적인 경험을 통해 '동해가 서해보다 더 푸르다'는 사실을 알아내려면, 내가 동해라고 생각하는 곳이 정말로 동해이고 내가 서해라고 생각하는 곳이 정말로 서해라는 전제가 충족되어야 한다.

이뿐 아니다. 나는 푸른색에 대해서 제대로 이해하고 있어야만 한다. 가끔씩 인터넷에는 색상 논란 이미지들이 돌아다닌다. 예를 들어서, 똑같은 테니스공을 보고도 어떤 사람들은 초록색이라고 생각하며 어떤 사람들은 노란색이라고 생각한다(한국인은 보통 그 중간인 연두색이라고 생각하지만). 이처럼 색깔에 대한 이해는 사람마다 다를 수 있다. 따라서 나는 다른 사람들이 보통 덜 푸르다고 생각하는 것을 더 푸르다고 생각하는 것일지도 모른다. 이런 가능성을 배제하고 정말로 내가 서해와 동해의 색깔에 대해 제대로 된 팩트를 알고 있다고 확신하려면, 내가 푸른색에 대해 평균적인 사람들과 비슷한 판단력을 갖고 있다는 전제가 성립해야만 한다.

이 밖에도 아주 단순한 경험적 사실 하나를 얻어내기 위해서 고려해야 할 조건들은 아주 많다. 사실 우리는 이런 조건들을 무한히 찾아내 열거할 수 있다. 감기약을 먹고 정신이 혼미한 상태에서 바다를 봐서 색을 제대로 기억하지 못한 게 아닌지, 드라이브 중 자동차 유리창의 색깔 때문에 바다 색깔을 제대로 판단하지 못한 게 아닌지, 동해가 푸르다는 선입견에 너무 몰입한 나머지 색에 대한 객관적인 판단 능력을 상실한 게 아닌지…… '동해가 서해보다 더 푸르다'는 단순한 팩트를 얻기 위해 고려해야 할 조건의 수는 무한하다.

모든 지식은 믿음의 연관에서 유효하다

미국의 철학자 윌러드 밴 오먼 콰인Willard Van Orman Quine은 모든 지식이 전체적인 관계 속에서만 생겨난다고 주장했다. 아무리 기초적이고 간단명료해 보이는 지식이라고 해도, 그 지식 혼자서 독자적으로 유효함을 얻는 경우는 없으며, 반드시 내가 갖고 있는 **믿음**들의 전체적인 연관 속에서 유효성을 얻는다는 것이다. 예를 들어서, 어느 날 저녁 길을 지나가다가 길 건너편에 서 있는 친구를 봤다고 해보자. 평상시라면 나는 이 경험을 통해 "지금 길 건너편에 친구가 서 있다"라는 한 가지 팩트를 얻어낼 것이다. 그런데 우리가 이 경험을 통해 이런 팩트를 얻어내는 이유는, 이 경험이 내가 이미 가진 다른 믿음들과 상충하지 않기 때문이다. 만약 그렇지 않고 이 경험적 정보가 나의 다른 믿음들과 상충된다면 팩트를 얻어내는 과정에 문제가 생길 수 있다.

예를 들어서, 만약 오늘 아침 저 친구가 미국의 그랜드캐니언에서 올린 SNS 영상을 봤다고 해보자. 그러면 나는 '어? 저 친구 분명 지금 미국에 있을 텐데, 왜 길 건너편에 있지?'라고 생각할 것이다. 그리고 나서는 여러 결론을 내릴 수 있다. 길 건너편에 있는 사람이 친구와 닮은 사람이라고 판단할 수도 있고, 또는 친구가 올린 영상은 어제 찍은 영상이며 그 후 곧장 한국으로 돌아왔다고 생각할 수도 있다. 만약 이 친구가 요즘 딥페이크 기술에 대해 많은 관심을 보였다는 것을 알고 있다면, 오늘 아침 친구가 올린 SNS 영상은 정말 자신이 그곳에 가서 찍은 게 아니라 다른 사람의 영상에 본인의 얼굴을 합성한 거라고 결론을 내릴 수도 있다.

이렇게 여러 선택지가 있을 때, 가장 좋은 방법은 얼른 길을 건너서 친구로 추정되는 사람에게 다가가 말을 걸어보는 것이다. 만약 가까이에서 봐도 정말 친구와 똑같이 생겼고 나를 알아보기까지 한다면, 그 사람은 친구가 맞을 가능성이 매우 높을 것이다(친구의 숨겨진 쌍둥이 형제가 연기를 하고 있는 것이거나, 친구의 외모와 의식을 복사한 안드로이드일 수도 있지만). 반면 나를 모른 척하고 얼른 지나가버린다면, 그 사람은 내 친구가 아닐 가능성이 높다. 하지만 이 역시 완전히 확신할 수 있는 사안은 아니다. 어쩌면 친구는 지금 미국에 있는 척을 하고 싶고, 한국에 있다는 것을 들키기 싫어서 나를 모른 척 피한 것일 수도 있다. 또는 기억하지 못하는 사이에 내가 그 친구에게 심각한 잘못을 저질러서 친구가 지금 나를 피하려는 것일 수도 있다. 이 밖에도, 동일한 경험적 정보를 말이 되게 해석할 수 있는 가능성은 무한히 많다. 다만 우리는 이 무수히 많은 가능성 중에서 지금 내가 갖고 있는 믿음들의 전체적인 체계와 합치하는 가장 그럴듯한 후보지 하나를 선택해서 그것이 객관적인 정보라고 생각할 뿐이다. 그러고서 우리는 그것을 팩트라고 생각한다.

그런데 한 가지 중요한 점은, 대부분 사람들이 서로 비슷한 믿음의 체계를 가졌다는 점이다. 물론 믿음의 체계는 각 사람마다 모두 다르다. 그러나 대부분 사람들은 아주 많은 믿음을 서로 공통적으로 갖고 있다. 대부분 사람들은 자기 자신이 존재한다고 생각하며, 눈앞에 보이는 현실이 가상이 아니라고 생각하고, 다른 사람들과 원만한 관계 속에서 살아가는 게 좋은 삶이라고 믿으며, 2 더하기 2는 4라고 믿는다. 비율을 계산하기는 어렵지만, 굳이 따지자면 아무리 적게 잡아도 내가 가진 믿음들 중 절반 이상을 다른 사람들도 대부분 갖고 있다.

사정이 이렇기 때문에, 우리는 A라는 경험적 정보가 들어왔을 때 B라는 팩트가 얻어진다는 데 대체로 동의한다. 사람들이 가진 믿음의 전체적인 체계가 서로 상당히 유사하기 때문에, 경험적 정보를 비슷한 방식으로 해석하는 것이다. 그래서 나는 굳이 '동해가 서해보다 더 푸르다'라는 팩트의 정당성을 주장하기 위해 구구절절 설명을 덧붙이고 제기되는 반박들에 가능한 한 모두 답변하기 위해 노력할 필요가 없다. 어차피 대부분 사람들은 바다 색깔이나 지리학적 지식과 관련해 비슷한 믿음의 체계를 갖고 있으며, 따라서 동해와 서해를 직접 가본 사람이라면 거의 대부분 동해가 더 푸른 게 팩트라고 생각하기 때문이다.

보통 팩트에 대한 논쟁은 사람마다 믿음이 엇갈릴 때 일어난다. 예를 들어서, 정부의 투자로 단기 일자리가 늘어났고, 그 후 "실업률이 감소했습니다"라는 통계자료가 나왔다고 해보자. 이 결과를 과연 팩트라고 받아들여야 할지 아닐지에 대해서는 사람마다 의견이 다를 수 있다. 단기 일자리도 소외계층에게 유의미한 일자리로 기능하기 때문에 일자리 통계에 포함되어야 한다고 믿는 사람들은 실업률이 감소한 것이 팩트라고 생각할 것이다. 반면, 정부 주도로 만들어진 단기 일자리를 통계에 포함시키는 것은 노동시장이 건강해 보이도록 눈속임을 하는 일종의 조작이라고 믿는 사람들은 실업률이 감소한 것은 팩트가 아니라고 생각할 수 있다. 어쨌든 지금 당장 일자리를 가진 사람이 늘어난 건 분명한 사실이라고 볼 수 있지만, 그렇다고 해서 그것이 실업률의 감소라는 팩트로 이어지는지는 논란의 여지가 있다. 사람들은 각각 자신이 가진 믿음의 전체적인 체계에 따라 이 사안과 관련해 무엇이 진정한 팩트인지를 판단할 것이다. 때로는 팩트를 판단하는 게 불가능하다고 느낄 수도 있다. 그렇다고 해서 문제가 되는 건 아니다. 실제로 팩트를 가려낼 수 없는 문제들도 있다. 오히려 자신이 생각하는 팩트가 항상 모든 사람에게 유효한 것이라고 생각하는 경직된 태도가 더욱 문제가 된다.

사실의 문제가 아닌, 믿음의 문제

콰인은 경험과 팩트의 연결이 얼마나 불확정적으로 이뤄지는지에 대해서 다음과 같이 말한다.

> 이른바 우리의 지식 혹은 믿음이라고 불리는 것들의 총체적 구조는 지리학과 역사학의 인과적인 문제들부터 원자물리학 혹은 심지어 순수 수학과 논리학의 가장 심오한 법칙들까지 아우른다. 지식 혹은 믿음의 총체적 구조는 인간에 의해서 만들어진 것이며, 그 구조의 가장자리에서만 경험과의 충돌이 이뤄진다. 또는 비유적으로 말하자면, 과학의 총체적 체계는 경험을 그 경계조건으로 하는 힘의 장과 같다. 그 장의 주변부에서 이뤄지는 경험과의 대립은 장 내부의 재조정을 야기한다. 그렇게 되면 우리가 가진 진술들 중 어떤 것이 참인지 거짓인지 재분배가 이뤄져야 한다. (중략) 하지만 경험이라는 경계조건이 지식 혹은 믿음의 총체적 장을 규정하는 정도는 너무나 불확정적이어서, 그 체계와 충돌하는 하나의 경험과 마주했을 때 장 안에서 어떤 진술들의 참과 거짓을 재평가해야 하는지는 상당 부분 우리의 선택적 재량에 맡겨져 있다.

즉, 우리가 가진 믿음의 총체적인 구조는 경험적 자료에 의해 끊임없이 재조정된다. 그런데 어떤 경험적 자료가 어떤 팩트의 수용으로 이어지는지에 대해서는 확정된 규칙이 없다. 따라서 우리는 경험으로부터 팩트를 이끌어내는 과정에서 비슷하게 타당한 여러 개의 선택지를 마주쳐 자주 고민하게 된다.

콰인은 **핵심 믿음**과 **주변부 믿음**을 구별했다. 핵심 믿음은 믿음의 전체적인 체계를 지탱해주는 데 중심적인 역할을 하는 믿음들을 가리킨다. 이런 믿음들은 쉽게 흔들리지 않는다. 예를 들어서 '2 더하기 2는 4'라는 믿음에 의심을 제기하는 사람은 거의 없다. 이 믿음을 부정해버리면 수학을 기초로 하는 과학기술 분야의 활동에 심각한 지장이 있을 것이며, 당장 물건을 사고파는 데도 커다란 문제가 생기기 때문이다. 마트에 가서 이만 원짜리 물건 두 개를 집고서는 사만 원이 아니라 삼만 원이라고 주장하면 경찰서에 붙잡혀 갈 것이다. 우리의 일상 속에는 덧셈에 대한 믿음이 깊이 침투해 있으며 우리가 누리는 많은 것이 그 위에 기초해 있다. 따라서 덧셈에 대한 믿음을 부정했다가는 정상적인 생활을 영위하기가 힘들 것이다. 그렇기 때문에 덧셈에 대한 믿음은 새로운 경험적인 정보를 얻는다고 해서 쉽게 바뀌지 않는다. 핵심 믿음 하나를 바꾸려면 믿음의 체계 전체를 아주 많이 손봐야만 한다. 그런 작업은 쉽지 않고, 자주 일어나지도 않는다 (종교개혁이나 사회주의혁명 같은 사건이 핵심 믿음을 뒤바꾸는 사건에 준한다고 볼 수 있다).

반면, 주변부 믿음은 전체 믿음의 체계에서 그다지 중요한 위치를 차지하지는 않는다. 이런 믿음의 경우 경험적인 정보에 따라 쉽게 바뀐다. 예를 들어서, '모든 커피는 쓰다'는 믿음을 갖고 있던 사람이 쓰지 않고 달짝지근한 커피를 마시게 되면 이전의 믿음을 쉽게 포기할 수 있다. 그 믿음을 바꾼다고 해서 자신이 가진 믿음의 체계 전체에 심각한 수정을 가해야 하는 건 아니기 때문이다.

팩트에 대한 논쟁은 핵심 믿음과 가까워질수록 더 심해진다. 사람들이 자신의 삶을 결정해준다고 생각하는 믿음들, 중심적인 정체성과 관련된 믿음들, 핵심적 가치관과 관련된 믿음들 등 핵심부에 가까운 믿음들 사이에 충돌이 일어날 경우, 무엇이 진정한 팩트인지에 대한 의견 조율이 쉽게 이루어지지 않는다. 특정한 인종이 자신이 속한 인종보다 더 열등하다고 군건하게 믿으며 그 믿음을 통해 가치관의 중심을 형성한 사람은 인종 간의 생물학적 차이가 생각보다 작다는 경험적 증거들을 보여줘도 그것이 팩트라고 생각하기를 거부한다. 이런 의견 차이는 쉽게 해결될 수 있는 게 아니다. 그것을 팩트로 인정하기 위해서는 자신이 가진 믿음의 체계의 핵심적인 부분들을 손봐야 하며, 그것은 아주 많은 에너지가 필요한 일이기 때문이다.

인종차별적 핵심 믿음의 경우 21세기에는 더 이상 지탱되기 힘든 것이 제법 분명하다. 이 믿음을 핵심 믿음으로 유지하려면 너무나 많은 비합리적인 믿음의 체계를 구축해야만 하고, 많은 과학적인 주장을 거부해야 한다. 따라서 100년 전과는 달리 이제 많은 사람은 인종차별적 신념을 가진 사람들에게 자신 있게 말할 수 있다.

"당신의 믿음은 틀렸고, 당신은 명백한 팩트를 거부하고 있습니다."

이 말을 듣고 당사자가 생각을 바꾸게 될지는 별개의 문제지만 말이다.

하지만 이보다 더 옳고 그름이 불분명한 사안들도 많다. 아직 학문적으로 연구가 부족해서, 사회적 토론과 합의가 부족해서, 또는 기술적 진보가 부족해서 어떤 핵심 믿음이 진정으로 합당한 것인지 판단할 수 없을 때가 많다. 이런 경우, 무엇을 팩트라고 생각할지는 열려 있는 문제다. 이것을 닫힌 문제, 정답이 정해져 있는 문제, 완결된 문제라고 생각하는 것은 팩트의 본성에 대한 오해에서 비롯된다. 팩트는 단독적·절대적 완결적으로 주어지는 것이 아니다. 팩트는 오직 다른 수많은 믿음과의 관계 속에서만 주어진다. 따라서 팩트에 대한 논쟁이 있을 때, 경험적 정보의 정확성과 신뢰성도 분명 따져봐야 하지만, 서로가 어떤 믿음의 체계를 갖고 있는지 역시 따져봐야 한다. 팩트 논쟁은 많은 경우 사실의 문제가 아니라 믿음의 문제인 것으로 밝혀진다.

일상에서 깨닫지 못하고
지나치는 것들

***

> "지리학을 배우기 전에 우리는 이미 전원 안에서
> 무엇이 숲인지, 무엇이 평원인지, 무엇이 강인지를 배운다."
>
> - 모리스 메를로퐁티, 《지각의 현상학》

일상은 왜 논의하지 않을까

사람마다 세상을 바라보는 다른 관점을 갖고 있다. 그 관점에 따라 무엇이 중요한 것인지, 무엇이 관심을 가질 만한 문제인지가 다르게 나타난다. 보통 경제 관련 뉴스에는 많은 사람이 관심을 가진다. 먹고사는 문제와 직결된 중요한 문제라고 생각하기 때문이다. 하지만 경제 뉴스에 별 관심이 없는 사람들도 많다. 거시적으로 돌아가는 경제 이야기가 당장 내 삶에 커다란 영향을 준다고 생각하지 않아서일 수도 있고, 당장 눈앞에 신경 쓸 다른 문제들이 많아서일 수도 있다. 정치 뉴스도 마찬가지다. 어떤 사람은 눈에 불을 켜고 정치 뉴스에 몰입하지만, 어떤 사람들은 아예 쳐다보지도 않는다.

　세상에는 수많은 관점이 존재한다. 그중에서 지금 주목해보고자 하는 것은 바로 일상을 바라보는 관점이다. 우리 삶의 여러 영역 중에서 가장 양가적인 취급을 받는 분야가 바로 일상이다. 먼저 일상은 가장 많은 관심을 받는 영역 중 하나다. 사람을 만나고, 운동하고, 일하고, 기뻐하고, 슬퍼하고, 상처받고, 위로받는 일상의 일들에는 누구나 공감하고 관심을 보인다. 뉴스에는 누군가가 좋은 일을 겪었다, 나쁜 일을 겪었다, 외모가 어떻게 변했다, 결혼을 했다, 아이를 몇 명 낳았다, 병에 걸렸다, 병이 나았다 등 수많은 일상 이야기가 쏟아져 나온다. 그리고 사람들은 꾸준히 거기에 관심을 가진다.

　하지만 일상은 경우에 따라 가장 외면 받는 영역이기도 하다. 특히 전문 분야로 접어들게 되면 일상은 보통 더 나은 논의를 위해 배제되어야 할 것, 추상되어야 할 것으로 여겨진다. 예를 들어서, 생물학 연구실 안에서 일상의 이야기들은 본질과 별로 상관없는 문제다. 물론 어떤 생물학자들은 일상적 현상들에 영감을 받아 생물학 연구로 발전시키기도 하지만, 그런 특수한 경우가 아닌 이상 일상의 이야기들을 굳이 연구실 안으로 끌고 들어올 이유는 없다. 경제처럼 얼핏 생각하기에 일상과 떼려야 뗄 수 없는 것처럼 보이는 분야도 마찬가지다. 경제적인 논의에서 일상에 대한 언급이 필요할 때는 오직 돈, 생산, 유통, 노동, 분배 등 경제와 관련될 때 뿐이다. 기쁨, 슬픔, 어울림, 상처, 치유 등의 일상적인 주제들은 경제 분야에서 언급되지 않거나 혹은 언급되더라도 경제학의 프레임에 맞춰 재단된 형태로 논의 안에 들어오게 된다('그래서 그런 것들이 경제에 어떤 영향을 미치는가?'가 기준이 된다).

한마디로, 우리는 보통 특정한 전문 분야로 나아가기 위해 일상을 중심으로 세상을 바라보는 관점을 포기하거나 잠시 접어둔다. 집에서는 시시콜콜한 일상의 이야기들에 관심을 갖다가도 전문적인 지식을 요구하는 일을 하면 일상적 관심은 잠시 접어두고 그 분야에 맞게 세상에 대한 관점을 바꿔야 한다. 이렇게 일상을 중요하지 않은 것으로, 논의에서 핵심적이지는 않은 것으로 취급하는 분위기는 오랜 시간 이른바 학문이라고 불리는 분야를 지배해왔다.

매일의 경험을 인식하고 사고하는 방법

프랑스의 철학자 모리스 메를로퐁티Maurice Merleau-Ponty는 이렇게 일상생활에 대한 주의 관심을 배제하고 오로지 분석적이고 추상적인 관점만 강조하는 학문의 관행을 매우 강하게 비판했다. 물론 일상적이지 않은 주제를 제대로 탐구하기 위해서는 일상으로부터 어느 정도 멀어져야만 한다. 메를로퐁티는 아예 그렇게 하지 말라고 주문한 게 아니다. 그는 다만 그렇게 일상에 대한 관심을 배제함으로써 우리가 포기하고 놓치게 되는 것들에 대해 다시 한번 관심을 기울일 것을 촉구했다.

메를로퐁티에 따르면 우리의 일상적 경험은 추상적인 이론으로는 결코 완전히 포착될 수 없는 풍부한 내용을 갖고 있다. 그는 다음과 같이 말한다.

진실한 고찰은 나 자신이 고고하고 접근 불가능한 주관성이 아니라 다른 사람들을 향한 이 세계 안의 나의 현존과 동일한 존재라는 것을 드러낸다. 이제 나는 깨닫는다. 나는 내가 보는 것들로 이뤄진 존재이고, 나는 사람들과의 상호작용을 이루는 장이다. 그리고 나의 몸과 역사적 상황은 나의 존재에 있어서 제약이 아니다. 오히려 반대다. 이 몸과 이 상황 속에 있음으로써, 그것들을 통해, 그리고 나머지 모든 것을 통해 내가 이뤄진다.

메를로퐁티는 여기서 우리의 존재가 고차원의 추상적 사고를 통해 우선 구성되는 게 아니라 무엇보다도 이 세상을 감각하고 다른 사람들과 소통하는 일상적 경험을 통해 구성된다는 점을 강조하고 있다. 이러한 주장이 옳다면, 우리 자신과 세계에 대해 더 나은 이해에 이르기 위해서는 매일의 경험에 큰 관심을 기울여야 할 것이다. 그 평범한 경험들이 곧 우리 자신의 존재를 이루는 가장 핵심적인 부분이기 때문이다. 하지만 우리는 많은 경우 일상의 경험에 제대로 주의를 기울이지 않는다. 따라서 많은 경험적 내용이 충분히 부각되지 않고 휘발되어버린다. 만약 우리가 정말로 충분한 관심을 갖고 제대로 집중력을 발휘해서 일상적 경험을 있는 그대로 들여다본다면 기존에 발견하지 못했던 많은 것을 포착할 수 있을 것이다.

특히 메를로퐁티가 강한 관심을 보였던 것은 우리가 매 순간 경험하는 **지각**의 영역이다. 지각이란 시각, 청각, 후각, 촉각, 미각 등의 도움을 받아 어떤 정보를 이해하는 것을 가리킨다. 예를 들어서 눈앞의 난로에서 장작불이 활활 타오르고 있을 때, 나는 불의 눈부신 붉은 빛깔과 장작이 타닥거리며 타는 소리, 은은히 나는 나무 타는 냄새, 따스한 온기 등을 지각을 통해 받아들인다. 이렇게 지각된 정보들을 바탕으로 나는 이른바 더 고차원적인 지적 활동을 하기도 한다. 예를 들어서, 곧 나무가 다 타버려 불이 꺼질 것이라고 예측하기도 하고, 난로의 과학적인 원리에 대해서 추론하기도 한다.

우리가 추상적이고 고차원적인 논의를 할 때는 보통 지각되는 정보보다는 더욱 고차원적인 정보에 집중해야 한다는 느낌을 받게 된다. 예를 들어서, '행복이란 무엇인가?' '자유의지는 존재하는가?' '정의롭고 공정한 사회는 어떻게 만들어질 수 있는가?' 같은 어려운 질문에 대답하는 상황이 되면, 난로 앞에서 느끼는 따뜻한 온기나 좋아하는 아이스크림을 먹을 때 지각되는 상쾌한 맛 같은 것을 이야기하기에는 뭔가 민망하다. 왠지 모르게 아주 어려운 단어들을 쓰고 뇌과학이나 빅데이터, 통계학 같이 트렌디한 지식을 빌려다 쓰면서 복잡한 추론 작업으로 설명해야만 진짜 제대로 된 논리를 펼치는 것 같은 기분이 든다.

　이런 고차원적인 지적 활동의 유용성을 부정하고 싶은 생각은 결코 없다. 메를로퐁티 또한 그러고 싶은 생각은 없었다. 여러 학문 분야, 특히 과학 분야는 놀랍도록 도움이 되는 지식들을 의심의 여지없이 가장 폭발적으로 생산해내는 분야다. 하지만 어쩌면 우리 삶의 중심부를 관통하는 가장 어려운 질문들에 대답하기 위해서는 복잡한 추론 이상으로 우리의 일상적인 지각의 경험에 각별한 관심을 기울여야 하는 건지도 모른다.

나는 생각하는 존재인 만큼 느끼는 존재다

　어쩌면 무엇이 행복인지에 대해 복잡한 수식과 개념들을 통해 화려한 이론을 만들어내기 이전부터 우리는 이미 추운 겨울 따뜻한 난로 앞에 앉아 노곤함을 느끼는 그 지각적 경험의 차원에서부터 행복의 단초를 발견하고 있는지도 모른다. 내 자유의지에 의해 행동을 선택하는 것이 과연 가능한지 최신의 뇌과학을 동원해 설명을 시도하기 이전부터 이미 우리는 땡볕이 내리쬐는 여름날 먹고 싶은 아이스크림을 사서 봉지를 뜯는 그 순간에 지각하는 상쾌함에서 자유의 기초적인 의미를 이해하는 것일 수 있다. 무엇이 사회적 정의와 공정인지에 대해 법학과 경제학 지식으로 정의 내리려고 하기 전에 우리는 이미 가난한 사람들의 옷차림새와 고급 명품샵에 대한 시각적 경험, 길거리의 노숙자들에게서 나는 냄새와 고급 백화점 안을 걸을 때 느껴지는 쾌적한 냄새 사이의 괴리를 경험함으로써 이미 무엇이 정의이고 공정인지에 대해 원초적인 이해를 구하고 있는 것인지도 모른다.

아니, 더 나아가서, 이런 지각적인 경험을 통한 원초적인 이해 없이 순수하게 추상적인 개념적·지적 활동을 통해서만 삶의 여러 문제에 대답하려는 것은 모래 위에 성을 쌓는 것이나 다름없을 수 있다. 우리는 의식적으로 깨닫기 훨씬 이전부터 수많은 것을 이미 **이해**하고 있다. 충분한 주의력을 기울이지 않기 때문에 매 순간 그 이해를 놓치고 지나칠 뿐이다. 또한 지금까지 일상의 지각적 경험들보다 추상적인 지적 경험에 더 큰 의미와 중요성을 부여해왔던 학문과 여러 전문 분야의 전통이 있었기에 우리가 일상의 지각적 경험에 더 주의를 기울이지 못한 측면도 있다.

메를로퐁티는 그런 기존의 전통에서 벗어나기를 강력하게 촉구했던 사람 중 한 명이었다. 그의 생각에 따르면 인간은 지적인 동물인 만큼 지각적인 동물이다. 나는 생각하는 존재인 만큼 느끼는 존재다. 따라서 우리 자신과 이 세계를 정말 제대로 이해하기 위해서는 이 둘 중 한쪽에 치우치는 게 아니라 두 가지 다 합당한 관심을 기울여야 한다.

이런 맥락에서 메를로퐁티는 데카르트의 의심에 대해 비판했다. 데카르트는 내가 경험하는 현실이 진정한 현실이 아니라 악령이 만들어낸 환상일 수 있다고 주장했다. 메를로퐁티가 보기에 데카르트는 중대한 오류를 범하고 있다. 왜냐하면 **현실과**

환상이라는 두 가지 상반되는 개념에 대한 이해는 이미 우리의 일상에서 지각의 경험을 통해 얻어진 것이기 때문이다. 우리는 평소 꿈을 꾸거나 상상을 하면 그게 진짜 현실이 아니라 환상이라고 생각한다. 즉, 우리가 이미 갖고 있는 이해에 따르면 지금 숨 쉬고 있는 이 순간은 현실이고 어젯밤 침대에서 꾼 건 환상이다. 현실과 비현실을 나누는 우리의 사고는 일상의 지각적인 경험에 의해서 생겨난 것이다. 꿈을 꿔본 적이 없는 사람, 환상을 겪어본 적이 없는 사람, 비현실감을 겪어본 적이 없는 사람은 무엇이 현실이고 무엇이 현실이 아닌지 결코 구별할 수 없을 것이다.

그런데 데카르트는 지금 우리가 겪는 이 세계가 현실이 아닐 수 있다고 말한다. 그럼 진정한 현실은 무엇이란 말인가? 그건 아무도 모른다. 여기서 큰 문제가 생긴다. 우리가 알고 있는 현실과 비현실 사이의 구별은 우리가 지금 이 세계 안에서 일상적으로 겪는 현실과 환상의 차이에 기초한다. 그런데 데카르트는 지금 우리가 하는 모든 경험을 다 의심에 부쳐서 일단 제외시켜 놓고 순수하게 지적인 추론을 통해 현실의 근원을 찾아내려고 한다. 하지만 그렇게 지금까지 일상에서 얻은 모든 지각적인 경험을 빼고 나면 우리는 아주 기초적인 생각조차 할 수 없게 된다.

현실이 무엇인지 논하려면 현실이 무엇인지 최소한의 이해를 갖고 있어야 한다. 환상이 무엇인지 논하려면 환상이 무엇인지 가장 *끄트머리*의 단초 정도는 이미 갖고 있어야 한다. 이런 최소한의 이해는 이미 일상의 경험을 통해서 얻고 있다. 데카르트는 이 세상이 현실이 아닐 수도 있다고 의심하지만, 그리고 그 의심이 순전히 이성을 통해 이뤄지는 것이라고 생각하지만, 사실 그 와중에도 그는 이미 자신이 어렸을 때부터 경험한 현실과 비현실 사이의 구별에 의존하고 있다.

가끔씩 전문가들이 하는 이야기가 너무 현실과는 동떨어진 붕 뜬 것이라고 느껴질 때가 있다. 그런 직관은 틀린 게 아닐 수 있다. 전문가들은 주어진 사태에 대해 추상적인 분석의 칼날은 잘 들이댈 수 있을지 모르지만, 그 사태가 우리의 일상적인 경험들과 어떤 관계를 맺고 있는지는 놓칠 수 있다. 누구나 특정한 전문 영역으로 들어서기 위해서는 일상에 대한 주의집중과 관찰력을 빼앗길 수밖에 없다. 이는 어쩔 수 없는 일이기도 하고, 그게 무조건 나쁜 것도 아니다. 하지만 가끔은 추상적·고차원적인 분석의 틀에서 벗어나 지금 이 순간 내가 직접 느끼는 지각의 경험에 주의를 기울여보면 어떨까? 그러면 우리가 이미 이해하고 있지만 이해하고 있다는 사실을 이해하지 못했던 것들이 새롭게 모습을 드러낼 것이다.

5장

사람들은 모두
어디로 사라지는가

✳ ✳ ✳

"데카르트가 행한 일련의 의심은
곧 광기에 대한 엄청난 퇴마 의식이다."

- 미셸 푸코, 《광기의 역사》

나이가 들수록 주변 사람들이 제한되어 가는 이유

당연한 이야기지만, 나이가 들수록 점점 더 많은 사람을 만나게 된다. 이곳저곳 돌아다니고 여러 무리에 속하게 되면서 알게 되는 사람들의 절댓값은 점점 늘어난다. 그런데 역설적이게도 자기 주변에 있는 사람들의 **종류**는 점점 더 제한되어 간다. 성격이 나와 맞는 사람, 나와 비슷한 직업을 가진 사람, 특정한 소득 수준의 사람, 비슷한 취미를 공유하는 사람 등 나도 모르게 또는 처해 있는 환경에 의해 어쩔 수 없이 특정한 패턴을 가지고 주변 사람들과 관계를 형성하게 된다. 아는 사람은 많아지는데, '정말' 아는 사람은 계속 늘어나지 않는다. 오히려 진정한 의미에서 안다고 말할 수 있는 사람의 수는 점점 줄어드는 것 같기도 하다.

청소년기까지는 다양한 사람을 만날 기회가 많다. 특수한 학교에 진학하는 소수의 학생들이 아닌 이상, 특히 중학생 때까지는 학교에서 여러 학생과 한 반에서 지낸다. 생각, 공부 실력, 관심사, 운동능력, 가정환경 등 다양한 조건을 가진 학생들이 모두 한 교실 안에서 부대끼며 지낸다. 물론 학교나 지역에 따라 어떤 학생들이 모이는지 달라지고 그 안에서도 서로 마음이 맞는 학생들끼리 가까운 친구가 되기는 하지만, 그래도 성인이 되고 난 후와 비교하면 훨씬 더 다양한 종류의 사람들과 가깝게 지내며 서로를 알아가는 기회가 주어진다.

특히 어렸을 때 내 주변에는 지적장애나 자폐성 장애를 가진 학생들이 많았다. 한 학년에 몇 명씩은 꼭 지적장애나 자폐성 장애를 가진 학생들이 있었고, 같은 반에서 함께 지낸 적도 많았다. 이런 종류의 장애를 가진 학생들은 아무래도 다른 학생들이 하는 활동을 동일한 수준으로 수행할 수 없는 경우가 많다 보니, 보통 어려서부터 다른 학생들로부터 자연스럽게 분리된다. 그래도 어쨌든 학창 시절까지는 모두가 한 공동체 안에서 똑같은 밥을 먹고 똑같은 수업을 들으며 똑같은 복도 위를 걷고 똑같은 운동장을 뛰며 생활한다.

그런데 놀랍게도 성인이 되고 난 후에는 특정한 직업을 갖지 않는 이상 더는 지적장애나 자폐성 장애를 가진 사람들을 마주할 일이 별로 없다. 분명 학창 시절 때까지만 해도 내 주변에 있었던, 나와 같은 공간 안에서 함께 숨을 쉬던 그 학생들은 놀랍도록 급속도로 나의 주변으로부터 **사라진다.** 나의 경우를 예로 들면, 스무 살 이후로 비교적 높은 지적능력이 필요한 대학이라는 공간에서 많은 시간을 보냈고, 중간에 속했던 군대라는 공간도 여러 검사를 통해 특정 기준을 통과한 사람만 들어갈 수 있었다. 또한 조금 더 다양한 사람을 만날 수 있는 종교시설이나 문화시설 같은 곳에 가는 것을 소홀히 했다.

하지만 나의 특정한 생활 패턴에만 그 이유가 있는 게 아니라 보편적인 사회 환경과 제도에 있기도 하다. 과거를 돌이켜보면, 학창 시절에 나는 단 한 번도 장애를 가진 학생과 가깝게 지내기 위한 교육을 받은 적이 없다. 교실 안에서 장애 학생들에게 관심을 쏟고 그들과 거리를 좁히고 그들을 이해하기 위한 기회를 부여받았던 적이 없다.

아직도 머리에서 생생히 기억하는 일이 하나 있다. 초등학생 때 한번은 지적장애를 가진 한 학생이 반장선거에 후보로 나왔다. 그 친구를 철수라고 해보자. 당시 후보가 너무 많아서 일단 최종 후보 두 명을 정하는 투표를 했는데, 학생들이 철수에게 몰표를 주는 바람에 철수가 최종 후보에 올랐다. 당시 선생님은 몹시 당황한 표정을 지으시면서 최종 투표에서는 장난치지 말고 제대로 투표를 하라고 신신당부하셨다. 결과는 철수의 패배였다.

왜 철수는 반장이 되어선 안 되었던 걸까? 왜 선생님은 당황한 표정을 지으셨으며, 왜 학생들은 그 표정과 분위기에 영향을 받아야 했던 걸까? 무엇이 '제대로'된 투표였던 걸까? 초등학교 교실 안에서 장애를 가진 학생에게 부과되었던 그 표정과 분위기는 평생 장애를 바라보는 우리의 표정과 이 사회의 분위기를 예고했다.

또한 내가 고등학교에 진학하고 난 후부터는 지적장애나 자폐성 장애를 가진 학생들은 학교의 방침에 따라 명확히 따로 **관리**가 되었다. 그 관리에 의해 장애를 가진 학생들과 다른 학생들이 한 공간에 섞여 있는 시간은 줄어들었다. 물론 관리의 표면적 목적은 명확했다. 장애 학생들이 조금 더 맞춤식의 교육을 받고 더 나은 미래를 설계해나갈 수 있도록 도와준다는 것. 그러나 한 가지 확실한 건 특수교육의 관리제도는 장애를 가진 친구들을 다른 학생들로부터 명확히 분리시키는 기점의 역할을 하기도 했다는 것이다. 특수교육은 나중에 성인이 되어 보통의 노동시장에서 경쟁력을 발휘하기 어려운 학생들을 위해 별도의 노동의 기회를 마련해준다는 명목이 있었을지 모른다. 그러나 그만큼 해당 학생들을 다른 학생들과 완전히 다른 **별도의 존재**로 만들어버리기도 했다.

이렇게 개인적인 무관심, 문화적 분위기, 사회 제도 등 여러 장치를 거쳐서, 어렸을 때 한 공간 안에서 함께 생활하던 친구들은 어느 순간 시야에서 사라지게 된다. '보통 사람들'과 '그렇지 않은 사람들' 간에는 어느 순간부터 쉽게 좁혀질 수 없는 간극이 생겨난다. 이 분리는 두 얼굴을 갖는다. 한편으로, 분리는 사회에 적응하기 어려운 사람들이 사회의 한 켠에서 보호를 받으며 살아가도록 도와준다. 그러나 다른 한편으로 분리는 사회의 요구에 부합하지 않는 사람들이 다른 사람들과 섞이지 못하도록, 다른 사람들의 시야에서 가능한 한 사라지도록 만드는 역할을 하기도 한다.

이러한 현실은 과연 장애를 가진 사람들에게만 해당되는 걸까? 이 현실을 문제로서 지적하고자 한다면, 그건 어디까지나 장애인들이 비장애인들로부터 분리되면서 겪게 되는 불편하거나 불합리한 점들에 관한 것으로 생각되어야 할까? 그렇지 않다. 이 문제는 우리 모두의 문제, 무엇보다도 나 자신과 관련된 문제다.

정상과 비정상은 과연 무엇인가

프랑스의 철학자 미셸 푸코는 광기folie 혹은 현대사회에서 정신질환이라고 불리는 것의 역사에 대해서 대대적인 조사를 수행했다. 광기의 역사에 대해서 조사하는 것은 쓸데없는 일처럼 보일 수 있다. 광기에 대해서 뭔가 연구하려면 과학적으로, 특히 의학적으로 연구해야지, 역사에 대해서 조사한다고 무엇이 달라지겠는가? 하지만 푸코는 바로 이러한 우리의 의식, 즉 정신질환은 무엇보다도 의학적으로 바라봐야 한다는 것, 정신질환은 제거해야 할 것, 격리되어야 할 것, 비정상적인 것이라는 이 사회의 일반적인 의식의 기원이 무엇인지에 대해 질문을 던졌다. 그리고 그는 우리가 그런 의식을 갖게 됨으로써 사회적으로, 또 우리 자신의 개인적인 삶에서 어떤 변화를 겪게 되었는지를 파고들었다.

정신적 문제를 치료의 대상으로 바라보고 정상과 거리가 먼 것으로 바라보는 태도는 아주 오래전부터 있어 왔다. 하지만 푸코에 따르면 그 의식의 기저에 깔린 미묘한 뉘앙스와 이 문제에 대처하는 사회의 관습은 역사적으로 큰 변화를 겪어 왔다. 예를 들어서 르네상스 시대에 광기는 동물적인 것이라고 여겨지기도 했지만, 다른 한편으로 신비한 앎과 연결된다고 여겨지기도 했다. 맨 정신을 가진 사람들은 볼 수 없는 것을 신비한 경로를 통해 본다는 인식이 있었다. 또한 그때까지만 해도 유럽 사회의 많은 업무를 대신 처리했던 기독교의 교회 공동체는 정신적 문제가 있는 사람들을 단지 격리시켜야 할 존재가 아니라 함께 품고 가야 할 존재로 받아들였다. 이 시기까지 광기는 무조건적으로 부정적인 게 아니라 긍정적인 면모 또한 가진 것으로, 그 자체로 존중되어야 할 측면도 지닌 것으로 이해되었다.

광기에 대한 부정적 평가가 본격적으로 강해지게 된 건 푸코가 고전주의 시대라고 부르는 17세기 이후다. 이 시기에는 철학사에서 유명한 데카르트가 출현했다. 앞에서도 다룬 바가 있지만, 데카르트는 학문의 역사에서 매우 중요한 인물로 받아들여진다. 그가 이성의 힘을 인간 존재의 가장 중심에 놓는 관점을 확립한 인물이기 때문이다. 데카르트 이전까지만 해도 많은 사람이 신에게 받은 계시, 꿈에서 본 증표, 동물적인 감각 등 이성과는 거리가 먼 다양한 면모들도 인간 존재의 중요한 부분으로 받아들였다. 그런데 데카르트는 확실하고 객관적인 지식을 얻어낼 수 있는 이성이야말로 진정으로 인간다운 면모를 결정짓는 가장 중요한 요소라는 생각을 강하게 표명했다.

이런 생각에 많은 사람이 동조하기 시작했다. 그러면서 이성을 통해 바라보는 세상이야말로 진짜 세상이며, 객관적인 과학의 언어를 통해 말해지는 지식이야말로 진정한 진리라는 생각이 널리 퍼졌다. 이런 생각의 확산은 과학의 진보라는 긍정적인 결과를 가져오기도 했지만, 인간의 존재를 이전보다 더 제한된 관점에서 인식하도록 만들었다. 이제 인간 안에서 이성적이지 않은 측면들은 더 우월한 이성의 힘으로 통제되어야 할 것, 가능한 한 배제되어야 할 것으로 여겨지는 추세가 된 것이다.

인간에 대한 이해가 이러한 이성주의적인 방향으로 변화함에 따라 정신질환이나 정신장애를 앓고 있는 사람에 대한 인식이 어떻게 바뀌었는지는 어렵지 않게 추측할 수 있다. 이전에 광인이 우리가 알고 있는 세계가 아닌 또 다른 세계를 인식할 수 있는 가능성을 지닌 존재로 이해되었다면, 이제 광인은 객관적이면서도 유일하게 유효한 지금의 이 세계를 결코 정상적으로 인식할 수 없는 존재로 받아들여지게 된다.

이제 또 다른 세계 같은 것에 대한 환상은 사라졌다. 상상력의 산물이나 신비로운 환상 같은 것은 이제 아무런 실질적인 의미도 지니지 않는다. 유일하게 진리와 관련되고 유일하게 **진짜** 세상과 관계된 것은 오직 이성뿐이다. 따라서 이성을 결여한 존재는 인간으로서 아무런 의미도 갖지 않는다. 광인은 결코 진리를 볼 수 없다. 이성적 세계와 맞닿을 수 없는 광인은 어두운 거짓과 무질서의 영역 속에 영원히 유리된 눈먼 존재다. 데카르트는 "나는 생각한다. 고로 존재한다"라고 말한다. 여기서 그가 말하는 '생각'에서 광기는 철저히 배제된다. 광인은 진정한 의미에서 생각이라는 걸 할 수가 없다. 따라서 인간으로서(이성적 존재로서) 광인의 존재는 텅 비어 있다. 광인은 생각하지 않는다. 고로 존재하지 않는다.

광기를 배제시키는 과정을 의심해야 한다

데카르트가 살았던 시기에 프랑스에서는 대대적인 수용시설이 최초로 등장한다. 로피탈 제네랄 l'hôpital général이라고 불리는 이 수용소에는 광인을 비롯해 부랑자, 가난한 사람, 매춘여성, 마녀 등이 수용되었다. 이들은 모두 어떤 의미에서 **정상적인** 생각의 능력을 상실한 사람들로 여겨졌다. 또한 푸코가 생각하기에 매우 중요한 것은, 이들은 경제 활동을 할 수 있는 능력 또한 상실한 존재였다는 것이다.

이들은 사회가 부여하는 노동의 질서에 편입되기를 자의적으로든 타의적으로든 거부한 사람들이다. 그러므로 이들은 제대로 된 사회적 기능을 수행하며 존재할 수 없는 사람들이다. 따라서 사회의 질서가 유지되기 위해 이들은 정상적이고 이성적인 사람들이 살아가는 사회로부터 유리되어 별도의 관리에 종속되어야만 한다.

푸코는 데카르트와 로피탈 제네랄의 출현이 시기적으로 일치하는 것은 우연이 아니라고 주장한다. 이성과 비이성, 정상과 비정상을 명확히 나누는 인식이 사람들 사이에 뿌리내리기 시작한 바로 그 시기에 이러한 일들이 광범위하게 벌어지기 시작한 것이다.

광기를 결핍 혹은 비정상적인 상태로 규정짓고 난 후, 광기를 병적인 상태, 치료의 대상으로 바라보는 관점이 부상하기 시작한다. 광기는 곧 정신질환으로 치환된다. 시간이 흐르면서 광인을 가둬두는 집단 수용소는 사라졌지만, 그 대신 급속도로 발전한 정신의학의 관리에 의해 광인은 또다시 사회로부터 유리된다.

정신질환의 [프레임을 통해 광인을 통제하는] 평화로운 세계에서 현대적인 인간은 더 이상 광인과 소통하지 않는다. 한편으로, 이성적인 인간은 광기에 대한 모든 일을 의사에게 위임한다. 그러면서 광인과의 제대로 된 관계는 오직 질병이라는 추상적인 보편성을 통해서 이뤄져야만 한다고 여긴다. 다른 한편으로, 광인은 마찬가지로 추상적인 이성의 매개를 통해서만 사회와 소통한다. 그 매개란 곧 질서, 물리적·도덕적 제약, 집단이 주는 익명의 압박, 순응에 대한 요구를 의미한다.

우리는 정신의학이 병의 치료를 위해서 존재한다고 생각한다. 이는 맞는 말이다. 하지만 그 안에는 어쩌면 병으로 치부되지 않을 수도 있었을 현상들을 병으로, 치료와 통제(혹은 배제)의 대상으로 확정해버리는 구별의 논리 역시 함께 포함되어 있다. 광인이 의학이라는 이성적 규제 수단을 통해 매개적으로 다뤄져야 할 존재로 규정된 후, 대부분의 사람은 결코 광인과 직접 소통하지 않는다. 광인은 한편으로 제도에 의해 구속되지만, 그만큼이나 사람들의 외면에 의해 유리된다.

지금 우리가 정신질환이나 정신장애를 바라보는 시선은 데카르트의 시대와 얼마나 다를까? 데카르트와 로피탈 제네랄이 있었던 유럽 사회와 지금의 한국 사회 사이에는 뚜렷한 역사적 연속성이 없다. 우리는 다른 역사와 문화를 가졌다. 그렇다고 해서 우리가 데카르트적인 시선으로부터 완전히 자유롭다고 말할 수 있을까? 그렇지 않다. 지금 우리가 당연한 듯이 누리고 있는 현대 의학, 의료제도, 정치제도, 사회복지제도, 교육제도 등은 서구 문화권의 영향을 상당히 많이 받았다. 따라서 우리는 이성과 비이성을 나누고 비이성을 배제하고자 하는 서구 근대의 의식에서 의식적인 차원에서든 무의식적인 차원에서든 완전히 자유로울 수 없다.

우리 안에도 분명히 정신적 문제를 가진 사람들을 분리나 격리의 대상으로서 우선적으로 바라보는 시선이 깊이 자리 잡고 있다. 또한 사회의 질서가 유지되고 경제 활동과 노동시장이 막힘없이 돌아가기 위해 비정상적인 범주에 속하는 사람들을 통제해야 한다는 사회·경제적 논리도 우리에게 익숙하다.

그렇다면 우리는 정신적 문제를 가진 사람들을 더욱 정당하게 대우하기 위해 광기에 대한 시선을 바꿔야 할까? 반은 맞고 반은 틀리다. 먼저, 광기에 대한 우리의 의식을 다시 한번 돌아보고 필요한 부분이 있으면 반성하고 수정해야 하는 것은 분명하다. 그러나 그 변화는 단지 정신적 문제를 가진 사람들을 위한 선행이나 자선이라는, 자칫 매우 오만할 수도 있는 그런 의미가 아니다.

푸코가 광기의 역사를 통해 돌아보고자 했던 건 광기를 가진 사람들 쪽뿐 아니라 '정상적인' 사람들 쪽이기도 하다. 사람들은 자기 자신을 정상적인 정체성을 가진 존재로 이해하기 위해 비정상의 범주를 나의 반대편에 만든다. 그 비정상의 범주는 역사와 문화와 사회의 구조에 따라 변화한다. 이교도가 비정상일 수도 있고, 마녀, 음란한 사람, 반동분자가 비정상일 수도 있다. 그때마다 사회는 나름의 논리대로 비정상을 선별해낸다. 그 논리가 정말로 선하고 꼭 필요한 것일 때도 분명 있다. 하지만 지금 내가 막연하게 믿고 지지하는 그 논리가 정말로 정당한 것인지, 정말로 표면적 논리와 실제 내용이 일치하는 것인지 한번 의심하고 고민해봐야 한다. 이는 단지 그 논리에 의해 배제당하는 사람들을 구제하기 위한 것만이 아니다. 나 자신과 이 사회를 더 잘 이해하기 위해서다.

내가 생각하는 나는 '내가 아닌 것들과 구별되는 나'다. 내가 생각하는 정상인으로서의 나는 내가 은연중에 배제시키고 격하시키는 비정상인들과 구별되는 존재로서의 나다. 또한 이 사회는 그런 선택과 배제가 수없이 많이 이뤄지며 구성된 공간이다. 따라서 나와 이 사회가 과연 무엇을 배제시키고 있는지, 그 배제의 논리가 과연 타당한지를 질문하고 이해하려는 것은 나와 이 사회의 진정한 모습을 이해하기 위한 과정이다. 동전의 앞면만 봐서는 진짜로 동전을 이해한다고 말할 수 없다. 동전 전체를 이해하려면 뒷면을 봐야 한다.

나와 사회가 '비정상인'들을 배제시키는 과정은 놀랍도록 매끄럽게 이뤄져서 그 과정에 대해 의문을 품는 것은 매우 어려운 일이다. 지적장애나 발달장애를 가진 학생들의 존재는 다른 학생들이 '정상적인' 학업과정과 입시과정을 이수하는 과정에서 소리 없이, 거의 아무도 눈치채지 못하는 사이에 다른 학생들의 시야에서 지워진다. 스무 살이 되어 그 친구들의 존재가 더는 이 사회 공간 안에서 보이지 않게 되었을 때, 어색함이나 의구심을 갖는 사람은 극히 드물다. 익숙하고 친숙한 일상의 나날 속에서 배제의 대상은 무섭도록 조용하게 무관심과 망각 속으로 사라져 간다. 망각 속으로 손을 들이밀어 ('정상인'의 시각에서는 다소)

불쾌하고 축축한 바닥을 더듬는 비판 정신만이 이 기계적 배제의 과정을 거스를 수 있다.

도덕이라는
이름의 족쇄

★★★

"우리 현명한 인간들은 참 행복하다!
충분히 오래 고분고분 입 닥치고 있을 줄 아니 말이다."

- 프리드리히 니체, 《도덕의 계보학》

이 사회의 도덕은 정말 따를 만한 것일까

누구에게나 도덕이 족쇄가 될 때가 있다. 하고 싶은 일이 있
는데 현재 사회의 통념상 도덕적으로 부적절한 것이기 때문에
하지 못하는 경우가 있을 것이다. 그럴 때면 차라리 그런 도덕
이 없다면 얼마나 좋았을까 하는 생각이 들 수 있다. 예를 들어
서, 으리으리한 부잣집 저택 앞마당에서 조각상 하나만 훔쳐 올
수 있다면 그 돈으로 내 인생이 필 수도 있을 것이다. 어차피 수
백, 수천억 원을 가진 부자의 입장에서는 그 조각상 하나를 도
둑맞아도 전체 재산에서 발생하는 손해는 아주 미미할 것이다.
반면 나는 그 조각상 하나를 팔아서 얻는 돈으로 전혀 다른 인

생 계획을 세울 수도 있다. 지금보다 훨씬 더 행복한 방향으로 말이다.

이 정도면 조각상을 훔쳐도 괜찮지 않을까? 신마저도 이를 용서해주지 않을까? 하지만 우리는 그럴 수 없다는 사실을 매우 잘 알고 있다. 왜냐하면 그건 도덕에 어긋나는 행동이기 때문이다. 사유재산의 권리는 자본주의 사회에서 매우 중요하게 받아들여지는 가치다. 그 질서에 혼란을 불러오는 행동은 법적으로는 물론 도덕적으로도 용서받기 어렵다. 다른 사람의 물건에 손을 대는 도둑질은 아주 폭력적이고 비겁한, 도덕적으로 악질에 해당하는 행위다. 나는 이 도덕 코드에 맞춰서 살아갈 수밖에 없다. 사회로부터 미움받고 배제당하지 않으려면 말이다.

하지만 도덕은 단순히 사회가 개인에게 강압적으로 부과하기만 하는 게 아니다. 많은 사람이 도덕 속에서 가치를 발견한다. 즉, 도덕이 실제로 좋음 또는 나쁨과 관련 있다고 믿는다. 도둑질을 하지 않아야 하는 이유는 단순히 감옥에 가지 않기 위해서가 아니라, 정말로 도둑질은 나쁜 행동이고 남의 재산권을 존중하는 것은 선하기 때문이다. 거짓말을 하면 안 되는 이유는 꼭 누가 억지로 그렇게 시켜서가 아니라, 진실하게 사는 것이 거짓되게 사는 것보다 더 좋기 때문이다. 이처럼 우리는 도덕에 대한 나름의 믿음을 갖고 있으며, 반드시 사회의 눈치를 봐야 하는 상황이 아니더라도 자신의 신념에 의해 도덕을 지키면서 살아간다.

그런데 문제는 도덕이 시대마다 변하며 문화에 따라 다르기도 하다는 것이다. 모두가 똑같은 도덕을 믿는다면 상관이 없겠지만, 사람마다 다른 도덕적 신념을 갖고 있다. 또한 그 신념은 그냥 생겨나는 게 아니라 시대, 문화, 사회의 지대한 영향을 받아 생겨난다.

그래서 우리는 질문할 수밖에 없다. 도대체 무엇이 도덕적으로 정말 옳은 것인가? 현시대에 이 질문은 그 어느 때보다 현재성을 갖는다. 세상은 정말 빠른 속도로 변하고 있고, 그에 따라 도덕이 변화하는 속도도 빨라지고 있기 때문이다. 단 십 년 전에 대부분 사람들이 중요한 도덕적 가치라고 생각했던 것들이 지금은 심각한 의문에 직면한 경우도 꽤 많다. 더군다나 우리는 인터넷을 통해 세계 각지의 소식을 너무나 쉽게 접하고 있다. 따라서 우리 사회와는 제법 다른 도덕 코드를 가진 사람들의 이야기도 일상적으로 접할 수 있다. 이런 이유 때문에 과거의 그 어느 시대보다 지금은 더 쉽게, 그리고 강렬하게 '과연 이 사회의 도덕은 정말로 따를 만한 것인가?'라는 의문을 품을 수 있는 때다.

강자의 논리가 선함을 결정한다는 오해

이 질문을 우리보다 약간 앞선 시대에 누구보다도 강력하게 던진 사람이 있다. 바로 독일의 문헌학자이자 철학자인 프리드리히 니체다. 그는 단순히 질문만 던진 게 아니라 그 질문에 아주 부정적인 답변을 제시했다. 그는 사람들이 도덕에 대해 가진 환상, 도덕이 그 자체로 가치 있는 것이라는 믿음, 도덕이 우리가 따라야 할 선한 규칙이라는 관념을 너무 충격적일 정도로 강하게 공격했다.

혹자들은 그를 '망치를 든 철학자'라고 부른다. 사람들이 기존에 당연하다는 듯이 갖고 있었던 도덕에 대한 믿음을 망치로 유리창을 깨듯 산산조각 내버리려 했기 때문이다. 그는 우리가 진정으로 가치 있는 도덕이라고 믿는 것의 근원을 들여다보면 거기에는 아주 **추악한 욕망**의 진실이 들어 있다고 주장했다. 이 이야기는 매우 불편한 이야기가 될 수도 있다. 지금까지 당연하게 받아들이던 선과 악의 구도를 완전히 뒤흔들어 놓기 때문이다. 일단은 마음을 열고 그의 생각을 한번 들어보자. 그리고 나서 그의 주장이 타당한지 각자 판단해보자.

니체가 도덕에 망치를 휘두른 방식은 **도덕의 역사**를 파고 들어간 것이다. 그는 도덕이 지금까지 어떻게 발전해왔는지, 어떤 과정을 거쳐서 생겨났는지 보여주려 했다. 그런데 그 발생 과정을 들여다보고 나면, 깨끗해 보였던 도덕의 겉모습 속에 사실은 더럽고 추한 인간의 모습이 자리 잡고 있다는 사실을 깨닫게 되며, 더 이상 지금처럼 도덕을 신뢰할 수 없게 될 것이라는 게 니체의 계산이었다.

니체는 일단 근대의 도덕 코드가 고대의 도덕 코드와는 상당히 다르다는 사실에 주목한다. 니체가 살던 19세기의 도덕 코드는 지금 우리에게 익숙한 도덕 코드와 상당히 비슷하다. 친절함, 공평함, 자기희생, 겸손, 용서하는 마음 같은 것이 도덕적으로 선한 미덕으로 받아들여졌으며, 불공정함, 폭력, 남을 공격적으로 대하는 것, 이기적으로 행동하는 것 등은 도덕적으로 바람직하지 않다고 여겨졌다. 그런데 한번 고대의 도덕 코드를 살펴보자. 고대 그리스나 로마에서는 주로 고귀함, 강한 힘, 재력을 갖추는 것, 호탕한 마음 같은 것들을 도덕적으로 좋은 것이라고 생각했으며, 반대로 서민적임, 소심함, 쩨쩨함, 속이 좁음 같은 것들을 도덕적으로 나쁘다고 여겼다. 이는 지금의 관념과는 상당히 다른 모습이다.

고대의 도덕 코드의 특징은 **강자의 논리**가 곧 선함을 결정한다는 것이다. 약육강식의 자연 세계에서는 강한 것이 좋은 것이고 약한 것이 나쁜 것이다. 지금도 우리는 이러한 의식의 흔적을 군대나 스포츠 분야처럼 물리적인 경쟁이 존재하는 곳에서 발견할 수 있다. 군대의 좋고 나쁨은 힘에 의해 결정된다. 강한 군대는 좋은 군대이고 약한 군대는 나쁜 군대다. 전쟁 중에 적군에게 동정심을 느껴 친절을 베푸는 군대는 소설이나 영화에서는 감동을 줄지 몰라도 현실에서는 경멸과 야유를 받을 것이다. 운동선수의 좋고 나쁨 역시 얼마만큼 자신의 종목에서 강한 힘을 발휘하느냐에 따라 결정된다. 태클에 걸려 넘어진 상대방 선수를 일으켜주는 착한 마음을 가졌다고 해서 좋은 축구선수가 되는 게 아니다. 무엇보다도 축구를 잘해서 팀을 이기게 할 수 있어야 진정으로 좋은 축구선수다.

강자의 도덕이라고 해서 꼭 항상 폭력적이고 무자비해야만 하는 건 아니다. 강자는 약자에게 평화를 선사할 수도 있고, 패배자에게 자비를 베풀 수도 있다. 그러나 이것은 약자들이 평화를 추구하고 패배자를 보호하는 것과는 전혀 다른 동기에서 비롯된 것이다. 약자들은 스스로 힘이 없기 때문에 평화를 사랑한다. 또한 자신이 언제든 패배자가 될 수 있기 때문에 패배자는 보호받아야 마땅하다고 생각한다. 반면 강자는 넓은 마음, 호탕함, 여유 등에 바탕을 두고 평화를 실현하고 패배자에게 다시 일어설 기회를 준다. 강자가 착한 일을 하는 것은 그 일이 자비롭고 명예롭고 고귀하기 때문이지, 착한 일을 해야 한다는 의무에 얽매여서가 아니다.

그렇다면 왜 지금은 고대의 도덕 코드가 거의 사라지고 아주 다른 도덕관념이 자리 잡게 된 걸까? 니체가 제시한 가장 충격적인 주장은 바로 이 부분과 관련이 있다. 그는 약자들의 복수심으로 인해 지금의 도덕이 생겨났다고 주장한다. 다수의 약자가 강자들을 시기하고 질투했기 때문에 강자의 특성들을 악한 것으로, 약자의 특성들을 선한 것으로 프레임을 씌워 왔다는 것이다. 니체는 이 약자들의 작업을 낯 뜨거울 정도로 맹렬하게 비판하며 다음과 같이 서술한다.

억압당하고, 지배당하고, 폭력적으로 대해지는 사람들이 복수심 가득한 무력함의 계책으로 다음과 같이 말한다. "우리는 저 나쁜 사람들과 달라지자. 우리는 선해지자! 선한 사람은 폭력을 휘두르지 않는 사람, 누구도 해치지 않는 사람, 공격하지 않는 사람, 보복하지 않는 사람, 복수를 신의 손에 맡기는 사람, 우리처럼 숨어서 지내는 사람, 모든 악을 멀리하는 사람, 그리고 삶으로부터 많은 것을 바라지 않는 사람이야. 우리처럼 참을성 있고, 겸손하고, 정의로운 사람이야말로 선한 거라고." 이런 말은 냉정하게 선입견 없이 들으면 다음과 같은 것을 의미할 뿐이다. "우리 약자들이 약한 것에는 아무런 문제가 없어. 우리가 충분한 강함을 갖고 있지 않은 사안에 대해 아무것도 안 하는 것은 좋은 거야." 이 밉살스러운 사태, 이 서열 낮은 자들의 처세술은 곤충조차도 갖고 있는 것이다(죽은 척하기, 위험에 처했을 때 '별것 안 하기' 등). 그런데 무력한 사람들의 위조와 자기기만을 통해 이런 약자의 처세술은 희생적이고 고요하고 참을성 있는 덕으로 변장했다. 그들은 약자의 약함, 즉 약자의 본질, 약자의 결과, 약자 고유의 피할 수 없고 벗어날 수 없는 현실이 마치 자의에 의한 성과인 것처럼, 스스로 원하고 선택한 것처럼, 행위처럼, 공덕처럼 만들었다.

니체는 이 약자들의 자기기만 작업이 아주 오랫동안 서서히 진행되어 왔기 때문에 사람들이 이 과정을 눈치채지 못했다고 주장한다. 이천 년이 넘게 지속되어 온 과정을 한 시대의 한계 안에서 살아가는 개인의 입장에서 꿰뚫어보기는 매우 어려운 일이다. 그 결과 우리는 대부분 지금 주어진 도덕이 아주 정당한 것이라고 생각하며 살아간다. 하지만 니체는 도덕의 속내를 냉정하게 들여다보면 강자의 우월한 특성들을 폭력적이고 불공정한 것으로 몰아버리고 약자의 비루한 특성들을 좋게 포장해서 모두가 따라야 하는 선인 것처럼 만든 것에 불과하다고 주장한다.

좋은 것을 알고 실천하는 사람은 건강하다

이렇게 약자의 입장에서 만들어진 도덕은 니체의 생각에 따르면 그 자체로 치명적인 문제점들을 갖고 있다. 가장 중요한 문제점 중 하나는 건강한 인간이 되는 것을 해친다는 데 있다. 니체가 생각하기에 건강한 인간은 스스로에게 좋은 것이 무엇인지 알고 그것을 추구하며 실현해나가는 사람이다. 각자에게 무엇이 좋은지는 사람마다 다를 수 있다. 어떤 사람은 자신의 직업에 열중하는 것 속에서 자신의 삶을 완성시키는 의미를 찾을 수가 있고, 어떤 사람은 가족과 함께하는 것에서, 어떤 사람은 창의력을 발현하는 것에서 자신의 가장 건강한 상태를 발견할 수 있다.

그런데 약자의 도덕은 모든 사람이 똑같은 법칙에 따르기를 요구한다. 힘 있는 사람이 자신의 의지가 향하는 대로 그때그때 좋은 것을 규정하는 게 아니라, 미리 정해진 방식대로 모든 사람이 똑같이 통제되기를 요구하는 것이다. 이렇게 획일적인 규칙에 따르도록 강제하는 도덕은 사람들이 각자 자신이 진정으로 건강해지는 길을 찾아가지 못하도록 만든다. 누군가는 이타적으로 사는 게 싫고 거기에 진절머리가 날 수도 있다. 하지만 사회의 도덕은 이타적으로 살지 않으면 죄의식을 갖도록 강제한다.

또한 약자의 도덕이 가진 또 다른 근본적인 문제점은 겸손과 배려라는 자신이 세운 법칙을 약자의 도덕 스스로가 위반하고 있다는 것이다. 니체는 약자의 도덕 속에는 강자들에 대한 시기 질투가 깊숙이 자리 잡고 있다고 주장한다. 그런데 약자의 도덕의 핵심적인 내용에는 다른 사람들을 배려하는 친절이 포함되어 있다. 한마디로, 약자의 도덕은 애초의 기원에서부터 자기모순을 범하고 있다. 속으로는 은근히 자신보다 우월한 자들을 시기 질투하는 사람들이 겉으로는 친절함을 모두가 따라야 하는 이상인 것처럼 설파하니 말이다. 이러한 의식은 솔직하지 못하고 비겁하다.

이렇게 문제가 많은 약자의 도덕을 우리가 따라줘야 할 이유는 없지 않을까? 그래서 니체는 그동안 당연히 따라야 한다고 생각했던 도덕의 명령으로부터 벗어나서 인생의 가치와 행보를 스스로 결정하는 존재가 되어야 한다고 주장했다. 그동안 나를 노예 상태에 묶어 둔 도덕의 족쇄를 깨부수고 스스로의 주인이 되어 자신의 의지와 힘을 펼치며 세상을 살아가야 한다는 것이다.

니체는 근현대에 거의 처음으로 이런 과격한 생각을 쭉 밀어붙여 사람들에게 전달한 인물이다. 추악한 속살을 숨기고 있는 기존의 도덕체계에 안주하지 말고 스스로의 의지를 따라 자신만의 창조적인 길을 개척해나가라는 그의 논리는 수많은 사람에게 깊은 영감을 줬다. 그가 세상을 떠나고 120년이 지나는 동안 인류에게는 정말 많은 일이 일어났다. 과학기술의 변화, 정치의 변화, 사상의 변화가 맞물려 인류는 격동의 시기를 겪었다. 120년 전에는 당연하다고 생각되었던 많은 가치가 무너져 내렸다. 인간을 전혀 새로운 관점에서 이해하고자 하는 시도들, 사회를 완전히 다른 기반 위에 건설하려는 다양한 시도가 있어 왔다. 이런 움직임들 중 상당수는 직접적으로든 간접적으로든 니체의 사상과 연관을 맺고 있다.

하지만 니체의 주장은 아주 파격적이고, 심지어 해석에 따라서는 그 주장이 불편하게 느껴질 정도로, 그의 사상은 나쁜 쪽으로 이용되기도 했다. 예를 들어 히틀러의 나치 정권이 니체의 철학을 이용했다는 것은 잘 알려진 사실이다. 얼핏 니체의 주장을 들으면 강자가 마음대로 힘을 휘둘러 약자를 지배하는 게 정당하다고 말하는 것처럼 보이기 때문에 그의 사상은 악용될 여지가 크다.

하지만 정말 제대로 된 강자라면, 진정으로 위대함을 추구하고 호쾌하고 창조적인 정신을 가진 강자라면, 약자를 괴롭히는 쩨쩨하고 비루한 행동 속에서 행복을 찾지는 않을 것이다. 진정한 강자는 자신보다 더욱 강력한 힘에 도전하는 사람이지, 자신이 손쉽게 이길 수 있는 상대에게 위압적으로 굴며 희열을 느끼는 사람이 아니다.

7장

왜 열심히
살아야 할까

✳✳✳

> "실로, 기업이 공장을 대체하듯이,
> 영원히 끝나지 않는 트레이닝이 학교를,
> 지속적인 통제가 시험을 대체하고 있다."
>
> - 질 들뢰즈, 〈통제 사회들에 관한 후기〉

정보의 늪이 조종하는 현대사회의 모순

2010년, 미국 캘리포니아주립대학교 샌디에이고 캠퍼스는 페이스북과 협업해 거대한 사회실험을 수행했다. 그해 11월 2일 미국에서는 중간 선거가 있었다. 그날 페이스북은 사람들을 세 그룹으로 나눠 실험을 진행했다. 먼저 약 6,000만 명의 사람들의 피드에 투표를 독려하는 배너를 띄우고, 그곳에 투표 여부를 체크할 수 있는 버튼을 만들었다. 그리고 그 밑에는 자신의 친구 중 투표를 한 사람들의 얼굴 여섯 개가 보이도록 했다. 다음 그룹은 약 60만 명의 사람들로 이뤄져 있었다. 그들의 페이스북 피드에는 마찬가지로 투표 독려 배너가 띄워졌지만, 투표한 친구들의 얼굴은 보이지 않았다. 마지막으로 또 다른 60만 명 정도의 그룹에게는 아예 투표와 관련된 아무런 정보를 띄우지 않았다.

실험 결과는 상당히 흥미로웠다. 첫 번째 그룹, 즉 투표 배너와 투표한 친구들의 얼굴을 함께 본 그룹은 나머지 두 그룹보다 0.39퍼센트 정도 투표율이 높았던 것으로 드러났다. SNS를 통해 주변에서 투표한 사람들의 얼굴을 보자 투표 의욕이 조금 더 생겨난 것이다. 0.39퍼센트면 얼마 안 되어 보일 수도 있지만, 약 6,000만 명에게 진행된 실험이라는 점을 생각해보면 그 영향은 결코 작지 않았다. 이 실험을 통해 무려 약 6만 명이나 더 투표장에 간 것으로 조사되었다. 박빙의 선거에서는 승패를 가를 수도 있는 숫자였다.

이 실험이 알려주는 중요한 사실은 페이스북이 마음먹고 선거에 영향력을 미치려고 하면 선거의 결과를 본인들이 원하는 방향으로 이끌 수 있다는 것이다. 투표 배너를 띄우는 것은 정말 간단한 일이었다. 그런데도 그 영향은 상당했다. 그렇다면 그것보다 더욱 복잡하고 치밀한 알고리즘을 통해 선거에 미치는 영향력을 훨씬 더 높이는 것도 불가능하지 않을 것이다.

어떤 사람들은 이런 현대적인 SNS의 고요하면서도 막강한 조종 능력을 종말론적 관점에서 무시무시하게 묘사한다. 이 시대의 정보기술 회사들은 우리로부터 막대한 양의 데이터를 수집하고 그것을 바탕으로 우리의 행동에 강력한 영향을 미치는 장치들을 만들어내고 있다. 우리의 검색 기록이나 영상 시청 기록 등을 바탕으로 각자에게 가장 적합한 광고를 띄우고, 가장 흥미를 갖고 오래 볼 것 같은 사진과 영상을 추천해준다. 이러한 사실은 이제 많은 사람이 공공연하게 알고 있다. 하지만 막상 인터넷을 이용할 때는 의식이 무뎌진다. 재미있는 콘텐츠와 자극적인 광고들이 연속으로 쏟아지는 것을 보고 있으면 나도 모르게 빠져서 그 안에서 허우적댄다. 정보기술 회사들은 우리를 가장 오래 허우적거리게끔 하는 방법을 제일 잘 알고 있는 전문가들이다. 그들이 제공하는 정보의 늪 안에 끝없이 몸을 담그고 있다 보면 어느 새 의식을 잃고 주문처럼 계속 들었던 음성에 따라 행동하게 된다. 그런 세상은 미래가 아니라 현재. 이미 우리는 일상에서의 SNS 정보가 사람들의 생각과 행동에 막강한 조종 능력을 발휘하는 세상에서 살아가고 있다.

사람들이 특정한 방향으로 움직이도록 조종하는 장치들은 언제나, 어느 사회에서나 있어 왔다. 몇몇 사람은 페이스북이 선거 결과에 막대한 영향을 미칠 수 있다는 사실을 보고 충격을 받고 아포칼립스가 도래할 것처럼 생각한다. 하지만 사실 다른 시대에도 그런 영향력을 가진 거대한 세력이 있었다. 페이스북이 없었을 때도 TV를 통해 사람들의 생각을 바꾸는 게 얼마든지 가능했다. TV가 없었을 때는 신문을 통해, 신문이 없었을 때는 법과 공무 집행, 세금 징수 등을 통해 사람들을 조종할 수 있었다. 사람들은 지금 자신이 따르고 있는 삶의 방식이 자유의지로 선택한 것이라고 생각하지만, 사실 그 방식은 항상 나보다 더 강력한 힘을 가진 누군가의 이득에 봉사하는 방향으로 설정된 측면이 있다.

따라서 조종은 이 시대에 새롭게 생겨난 것이 아니다. 조종은 언제나 있었다. 하지만 그렇다고 해서 이 시대의 조종에 아무런 차별점이 없는 건 아니다. 분명한 것은 오늘날에 이르러 조종의 방식이 이전과 비교할 수 없을 정도로 매끈하고 세련되어졌다는 것이다.

통제는 모든 공간을 가로질러서 일어난다

프랑스의 철학자 질 들뢰즈Gilles Deleuze는 21세기를 보지 못하고 세상을 떠났기 때문에 지금 우리가 아는 사회를 경험하지 못했다. 그럼에도 그는 인터넷이 상용화되기 시작한 초창기에 이미 조종의 방식이 근본적으로 변화하고 있다는 것을 감지했다.

들뢰즈는 조종의 두 가지 방식인 **훈육**과 **통제**를 다음과 같이 구별한다. 훈육은 하나의 폐쇄적인 공간이나 공동체 안에서 일어나는 조종방식이다. 예를 들어서 학교에서 학생들이 선생님에게 대들지 않도록 가르친다거나, 군대에서 상과 벌을 통해 병사들이 상관에게 복종하도록 만들거나, 감옥에서 반복되는 루틴을 통해 수감자들이 질서에 맞게 행동하도록 유도하는 것을 생각해볼 수 있다. 이 사례들 모두 특정한 공간과 공동체 안에서 그 안의 질서에 맞게 사람들의 생각이나 행동 방식을 변형시키

는 작업이다. 들뢰즈는 이러한 훈육의 과정을 거푸집에 비유한
다. 대장간에서 철을 녹여서 틀에 넣고 그 틀의 모양대로 균일하
게 맞춰서 찍어내듯이, 훈육은 사람들을 하나의 질서가 명령하
는 균일한 모양대로 찍어낸다.

반면 들뢰즈가 말하는 통제는 사람들이 각자 원하는 바대로
변화할 수 있도록 자유를 준다. 그런데 그 자유의 방향성 자체를
미세하게 규제한다. 다시 말해, 겉으로 보기에는 사람들이 고정
된 틀에서 자유롭게 자신이 원하는 것을 추구하면서 살아가는
것처럼 보이지만, **무엇을 원하는지 그 자체**는 전체적인 방향성
에 이끌린다. 통제는 폐쇄적인 공간 안에서 일어나지 않는다. 통
제의 목적은 하나의 공동체의 틀에 맞게 사람들을 찍어내는 게
아니다. 통제당하는 사람들은 훈육당하는 사람들과 달리 학교
에서는 학교에 맞게, 군대에서는 군대에 맞게 행동하도록 훈련
되지 않는다. 그보다 통제는 모든 공간을 가로질러서 일어난다.
통제는 학교와 군대 안으로 이미 침투해 있다. 통제당하는 사람
들은 자신이 학교에 있든 군대에 있든 자신의 의지에 따라 살아
간다고 느낀다. 그런데 그 의지의 방향성에는 특정한 색깔이 입
혀져 있다.

들뢰즈는 훈육을 거푸집에 비유한 데 반해 통제를 **모듈**에 비
유한다.

통제는 모듈레이션이다. 이 순간 저 순간 끊임없이 변화하는 자기-

변형적 거푸집 같은 것, 혹은 그물망이 각 지점에 맞게 계속 변화하는 채와 같은 것이 바로 통제다.

모듈은 그때그때 상황에 맞게 끼워 맞출 수 있는 것을 뜻한다. 예를 들어서 필요에 따라 판을 추가하거나 뺄 수 있는 선반을 모듈선반이라고 한다. 통제는 모듈처럼 각각의 공간이나 상황에 따라 유연하게 변화하며 끼워 맞춰진다. 통제는 아무런 명시적인 공간도, 명시적인 공동체도 만들어내지 않는다. 통제는 학교나 감옥을 필요로 하지 않는다. 통제는 모습을 바꾸며 모든 곳에 스며든다. 겉으로 보기에 통제당하는 사람은 누구에게도 생각이나 행동을 강요당하지 않는 것 같다. 하지만 그는 아주 깊은 차원에서 자유를 제한당하고 있다.

들뢰즈는 이전 시대의 노동 공간으로 대표되는 공장과 지금 시대의 노동 공간으로 대표되는 기업을 대조시킨다. 현대사회 이전의 공장에서는 훈육이 사람들을 조종하는 주된 방식이었다. 정해진 매뉴얼에 따라 일하고 위로부터 내려오는 규칙에 따라 행동하는 것이 공장 노동자들에게 요구되었다. 그런데 현대의 기업에서는 일하는 직원들을 조종하는 방식이 아주 달라졌다. 물론 당연히 규칙을 따르는 측면도 여전히 존재한다. 하지만 많은 기업이 이제 그것을 넘어서서 직원들이 스스로의 창의력을 발휘할 수 있는 공간을 구축하려고 노력한다. 부하직원들은 단순히 상사의 명령대로 주어진 일만 수행하는 게 아니라, 나름의 능력과 재량을 발휘해서 주어진 문제를 해결하고 팀의 능률을 향상시키는 데 기여하도록 장려된다. 이를 위해 기업들은 수직적·보수적인 위계질서에서 수평적·진취적인 분위기로 변화를 꾀한다. 또한 보상제도 역시 유연하게 만들려고 한다.

연봉협상이 대표적인 예시다. 고정되어 있지 않고 성과에 따라 바뀔 수 있는 연봉은 사람들이 자신의 창의성을 더 증폭시키고 회사 일에 더욱 열정을 쏟도록 유도한다. 이런 세련된 제도는 직원들에게 더 많은 기회를 제공한다. 하지만 이런 제도가 직원들을 위해서 생긴 건 아니다. 회사의 입장에서 유연한 제도는 직원들이 더 높은 생산성을 갖고 회사에 봉사하도록 이끄는 수단이다. 즉, 이전처럼 중앙집중적인 매뉴얼에 따라 일하기를 강요하는 훈육보다도 노동자의 역량을 최대한으로 이용하고 더 많은 이익을 창출할 수 있는 수단으로서 사람들에게 자유와 분산의 인식을 심어주는 통제의 방식이 사용되고 있는 것이다.

꼭 기업이 아니더라도 사회 곳곳에서는 사람들의 생각과 행동을 통제하는 많은 매커니즘을 발견할 수 있다. 들뢰즈가 꼬집는 것 중 하나는 요즘(그의 기준으로 1990년대) 젊은이들은 무언가에 강하게 **동기부여**되는 것을 매우 자랑스럽게 생각하는 경향이 있다는 것이다. 당시 젊은 세대 사이에서는 끊임없이 자신을 채찍질하고 최대한의 성과를 올리는 것을 매우 긍정적으로 생각하는 문화가 퍼져 있었다.

열심히 사는 것을 의심해볼 이유

물론 열심히 사는 것은 좋은 것이다. 열심히 사는 것이 어떻게 좋지 않을 수 있겠는가? 그런데 왜 열심히 사는 게 좋은 것일까? 조금 각도를 틀어서 질문해보자면, 왜 우리는 열심히 사는 것이 좋다고 생각할까? 열심히 사는 것을 숭상하는 의식은 언제나 당연히 존재했던 것은 아니다. 다른 시대, 다른 사회에서는 지금처럼 사람들이 열심히 살지 않았고 그럴 의지도 딱히 없었다는 기록이 많이 남아 있다. 열심히 사는 것에 대한 긍정적인 이미지는 현대에 들어 폭발적으로 강화되었다. 현대사회 곳곳에 침투해 있는 특유한 통제의 힘이 필요에 따라 그러한 이미지를 지탱하고 있는 것이 아닌지 의심해볼 이유가 충분하다(최근 몇 년 간 한국에서는 N포 세대와 힐링 등이 많이 거론되었고, 일본에서는 사토리 세대가 대두되는 등 통제의 방향도 변화하고 있는 것으로 보이지만).

인터넷은 들뢰즈가 말한 통제가 확산되기에 아주 좋은 공간이다. 인터넷은 학교나 군대처럼 닫힌 공간이 아니다. 인터넷은 그 어떤 공간보다 더 효과적으로 열려 있다. 한 번의 클릭으로 이 사이트에서 저 사이트로 넘어가는 것이 가능하다. 또한 원하기만 하면 언제든 온라인에서 오프라인으로, 오프라인에서 온라인으로 넘어갈 수 있다. 이런 특성 때문에 인터넷은 우리가 자유롭다는 의식을 비교적 잘 보존해준다. 알고리즘에 의해 추천된 게시물들을 보면서도 자유를 빼앗겼다고 느끼지 않는 이유는 어쨌든 나의 의지로 그 플랫폼에 접속한 것이고, 원하면 언제든지 다른 곳으로 넘어가거나 오프라인으로 나갈 수 있기 때문이다.

그런 이유 때문에 사람들은 2010년 페이스북이 투표 장려 배너를 띄웠을 때 조종당하고 있다는 생각을 전혀 하지 않았다. 페이스북에 들어간 건 자유에 의한 것이었고, 그 배너를 얼마나 진지하게 받아들일지도 전적으로 개인의 자유에 맡겨진 것처럼 보였기 때문이다. 이는 군대에서 병사들을 단체로 버스에 태워서 투표장으로 보내는 것과는 분명 다르다. 병사들은 의무에 의해 투표장으로 보내진다. 반면 페이스북 이용자들은 투표장에 갈지 말지 자신의 의지로 결정할 수 있다. 다만 그 의지의 방향성에 약간의 통제가 가해졌을 뿐이다.

온라인과 오프라인의 경계가 흐려지는 이 시대에 통제의 기술은 빠르게 발전하고 있다. 정보기술 회사들은 실시간으로 우리의 일거수일투족에 알게 모르게 영향을 미칠 수단을 갖고 있다. 그뿐 아니라, 오프라인에서 경험하는 각종 사회제도, 작업환경, 업무 분위기 등은 우리의 생각과 의지와 행동의 방향성에 지속적인 영향을 미치고 있다.

이전의 전통사회에 비해 그 영향은 더욱 자신을 숨긴 채로 등장한다. 아무도 우리에게 몸매 가꾸는 데 돈을 쓰라고 강요하지 않는다. 하지만 곳곳에 붙어 있는 몸매 좋은 사람들의 사진과 각종 영상들은 그 어느 때보다도 몸매 관리 시장에 많은 돈이 쏟

아져 들어오도록 만들고 있다. 이것은 단순한 옳고 그름의 문제
는 아니다. 열심히 사는 게 나쁜 게 아니듯이, 몸매를 관리하는
것도 당연히 전혀 나쁜 게 아니다. 다만 그것이 전적으로 자신의
자유로운 선택에 의해 수행되는 일이라고 생각한다면 그것에는
문제가 있다. 통제는 항상 우리의 짐작보다, 우리가 체감하는 것
보다 더 빠르고, 깊고, 광범위하게 손을 뻗친다.

4부

살아갈
날들을
고민해보고
싶을 때

✦

✳

✦

인생의 진실을 깨닫기 위한 철학

1장

모든 좋은 것을 얻기 위해
필요한 일

✳✳✳

"나는 탁월함이 그 자체로 무엇인지 전혀 모르기 때문에
그게 과연 가르쳐질 수 있는 것인지 아닌지도 잘 모르겠네."

- 플라톤, 〈메논〉

가장 훌륭한 멘토의 조건

동서고금을 막론하고 각 시대, 각 사회에는 멘토로 인정받는
사람들이 항상 있다. 그들은 어떤 목표와 가치관을 갖고 세상을
살아가야 할지, 어떻게 하면 더 행복한 삶을 살 수 있을지를 알
려준다. 요즘에도 TV나 유튜브를 보면 삶의 지혜를 알려주는
사람들이 계속 등장하며, 그런 멘토들에 대한 사람들의 수요는
갈수록 늘어나고 있다. 사회구조가 매우 빠르게 변화하는 요즘,
하루가 다르게 바뀌는 세상에 적응하며 나름의 목표와 의미를
찾아나가는 게 쉽지만은 않기 때문이다. 이럴 때일수록 무언가
한 줄기 빛을 던져줄, 삶의 중심을 잡아주고 어떤 굳건한 가치를

제시해줄 사람을 찾는 목소리가 커질 수밖에 없다.

그런데 불행히도 가장 잘 알려진 멘토들이 가장 훌륭한 멘토들인 것은 아니다. 보통 가장 인기가 많은 멘토들은 진실을 이야기하는 사람이 아니라 사람들이 듣고 싶어 하는 이야기를 해주는 사람일 때가 많다. 가려운 데를 긁어주는 것처럼 시원시원한 발언을 대신해준다든지, 공감의 말과 위로의 말을 해준다든지, 그런 식으로 사람들의 기분을 좋게 만들어주는 말들이 대중의 인기와 지지를 받는다.

특히 멘토로서 인기를 얻기 위해서는 확실성을 보여줘야 한다. 미적지근한 답변을 내놓거나 이른바 '중도'를 지키는 사람은 대중을 감동시키지 못한다. 맞으면 맞다, 틀리면 틀리다, 옳으면 옳다, 그르면 그르다고 명확히 말해주고 정답을 제대로 제시해주는 멘토가 사람들의 마음을 움직인다. 우리는 멘토에게 나보다 우월한 지식을 통해 확실하게 갈 길을 제시해주길 기대한다.

이런 점에서 인류의 가장 오래된 멘토 중 한 명인 소크라테스는 매우 실망스러운 사람이다. 그는 확실한 길을 제시해주는 사람이 아니라 이미 잘 알고 있다고 생각했던 길도 의심해보라고 요구하는 사람이었기 때문이다. 비유하자면, 그는 1번부터 5번까지 중 무엇이 정답인지를 알려주기는커녕 1번부터 5번이 왜 전부 틀린지를 보여주는 사람이었다. 그는 우리가 어떤 좁은 생각으로부터 그런 보기들을 만들어냈는지를 보여주려 했다. 아마 이런 스타일을 가진 교수님의 수업을 듣는다면 많은 학생이 강의 평가에서 최하점을 줄 것이다. 하지만 뜻밖에도 역사의 평가는 반대였다. 소크라테스는 인류 지성사의 가장 위대한 일타 강사 중 한 명으로 2500년이 지난 지금까지 명성을 떨치고 있다. 고대에서부터 현대까지 수많은 사람이 소크라테스의 말 안에서 삶의 지혜를 배우고 진리에 대한 영감을 받고 있다. 그렇다면 소크라테스는 어떤 비법이 있길래 확실한 정답을 제시해주지 않으면서도 인류 전체의 멘토가 된 걸까?

자신의 생각을 의심하게 하는 소크라테스식 질문

이와 관련해 소크라테스의 중요한 특징을 보여주는 일화가 하나 있다. 하루는 소크라테스의 친구 카이레폰이 신전에 가서 소크라테스보다 더 지혜로운 사람이 있냐고 물어봤다. 이 질문에 대한 신의 답변은 놀라웠다. 소크라테스보다 더 지혜로운 사람은 없다는 것이었다! 이 말을 들은 카이레폰은 얼른 소크라테스에게 달려가 말했다.

"신의 말에 따르면 네가 가장 지혜로운 사람이란다!"

소크라테스는 이 말을 듣고 시름에 빠졌다. 그는 자신의 지혜에 전혀 자신감이 없었기 때문이다. 그는 자신이 가장 지혜로운 사람이기는커녕 조그마한 지혜조차 갖지 못했다고 생각했다. 그래서 소크라테스는 그 민망한 신탁의 오해를 풀고자 자신보다 더 지혜로운 사람을 찾겠다고 결심한다.

처음에는 금방 찾을 줄 알았다. 그런데 웬걸. 지혜롭다고 소문이 자자한 정치가들, 시인들, 온갖 전문가를 찾아가서 대화를 해봐도, 그들 모두 치명적인 문제점이 있었다. 즉, 그들은 자신이 잘 모르는 사안에 대해서도 지혜를 가졌다고 착각하고 있었다. 이런 현상은 지혜의 명성이 큰 사람들일수록 더 심했다. 그들은 자신이 한 분야에 대해서 너무 지혜로운 나머지 다른 분야에 대해서도 지혜를 갖고 있다고 착각하기 일쑤였다. 그 지적인 오만함이 수많은 똑똑한 사람으로 하여금 진정으로 지혜로운 사람이 되는 것을 가로막고 있었다.

그 사람들과 소크라테스 사이의 결정적인 차이점이 바로 여기에 있었다. 소크라테스는 자신이 잘 모르는 것도 안다고 착각하기는커녕 아예 자신이 **아무것도 제대로 모른다**고 생각했다. 소크라테스는 이 점에 대해 오랫동안 숙고한 끝에 결론을 내렸다.

'스스로가 지혜에 대해서 잘 안다고 생각하는 사람들과 달리, 나는 내가 지혜에 대해 아무것도 제대로 모른다는 사실을 잘 아는구나. 바로 이 점에서 신은 내가 가장 지혜롭다고 말한 것이로구나!'

소크라테스가 보여줬던 지혜의 위대한 점은 바로 그의 지적 겸손에 있었다. 그는 한 번도 듣는 이에게 "내 말 잘 따라오면 합격 보장!" 이런 식으로 말하며 확신을 심어주려 한 적이 없었다. 오히려 반대였다. 그는 항상 자신의 주장이 결코 확실하고 완결무결한 지식이 아니라는 사실을 강조했다. 또한 그는 상대방이 확신하는 지식에 대해서도 날카로운 질문을 던져 과연 그 지식이 정말로 절대적인 진리인지 의심하도록 만들었다. 사람들이 자기 논리의 문제점을 들여다보고 인정하는 지적 겸손의 자세를 갖게 만듦으로써 독단적이고 꽉 막힌 견해에서 벗어나 진정으로 생산적인 성찰과 탐구를 시작할 수 있도록 만들어줬던 것이다. 그는 족집게 강사가 아니라 학생들 스스로가 자신의 내면적 힘을 통해 올바른 지적 여정을 떠날 수 있도록 채비를 도와주는 선생이었다.

이런 소크라테스의 면모를 잘 보여주는 일화가 있다. 하루는 소크라테스가 볼일이 있어서 법정에 들렀다가 에우튀프론이라는 사람을 우연히 마주쳤다. 에우튀프론은 자신의 아버지를 살인죄로 고소한 상황이라고 말했다. 이 말을 들은 소크라테스는 적잖이 놀랐다. 아들이 아버지를 살인죄로 고소하는 경우는 흔치 않기 때문이다. 그래서 소크라테스는 자초지정을 들어보았다. 보아하니, 아버지가 고의로 살인을 한 건 아니었다. 과실로 사람을 죽게 만들었다. 그런데 이 소식을 접한 에우튀프론은 자신의 아버지가 살인이라는 아주 불경한 죄를 저질렀다면서 고소를 해버린 것이다.

이 이야기를 듣고 의문이 생긴 소크라테스는 에우튀프론에게 물어보았다.

"아무리 그래도 아버지가 고의로 살인을 저지른 것도 아니고, 게다가 당신의 아버지인데 꼭 그렇게 직접 고소를 해야만 했습니까?"

이에 에우튀프론은 대답했다.

"나는 우리 문화의 종교와 윤리에 정통하고 경건함에 대해서 아주 잘 압니다. 아버지는 불경한 일을 저질렀으므로 반드시 처벌을 받으셔야 합니다."

에우튀프론은 본인이 경건함에 대해 아주 잘 안다고 생각했고, 그 확실한 지혜에 의하면 아버지는 고소당해야 마땅하다고 자신만만했다.

하지만 소크라테스가 보기에 아버지를 고소하는 일은 살인만큼이나 경건함과는 거리가 먼 일이었다. 그런데 에우튀프론은 그 사실은 생각하지 않은 채 자신이 경건함이라는 가치에 잘 합치하는 일을 하고 있다고 확신하고 있었다. 소크라테스는 그 독단적인 확신을 깨뜨리기 위해 질문들을 던지기 시작했다.

"그렇다면 경건함이라는 게 뭡니까?"

에우튀프론은 대답했다.

"신들이 사랑하는 게 경건한 것입니다."

여기서 소크라테스는 에우튀프론의 논리에서 드러난 허점을 파고들기 시작한다.

"그리스의 신은 여러 명인데, 그들은 각각 다른 걸 사랑하지 않나요? 그러면 어떤 신이 사랑하는 게 경건한 겁니까?"

이 말을 들은 에우튀프론은 자신의 논리를 보완한다.

"모든 신이 이견 없이 사랑하는 게 경건한 것이겠죠."

여기서 소크라테스는 결정타를 날린다.

"그렇다면 신들이 사랑하는 게 경건한 것인가요, 아니면 경건한 것이기 때문에 신들이 사랑하는 것인가요?"

이 퍼즐 같은 질문은 에우튀프론의 논리를 무력화시켰다. 여기서 소크라테스는 과연 경건함이 신들의 사랑을 통해 정의될 수 있는지에 대한 근본적인 질문을 던지고 있다. 신들이 무언가를 사랑하는 이유는 다양할 수 있다. 그냥 아름답기 때문에 사랑할 수도 있고, 정의롭기 때문에 사랑할 수도 있다. 사정이 이렇다고 한다면, 신들의 사랑을 받으면서도 경건함과는 아무런 관련이 없는 것도 얼마든지 있을 수 있다. 따라서 신들의 사랑을 통해 경건함을 정의하려고 했던 에우튀프론의 단순하고 독단적인 생각은 심각한 문제에 직면하게 된다. 이 골치 아픈 문제에 당황한 에우튀프론은 시간이 없어서 그만 가봐야겠다며 자리를 뜬다.

이 일화는 상대가 독단적인 사고에서 빠져나오도록 이끌어주는 소크라테스식 질문의 특성을 전형적으로 보여준다. 에우튀프론은 그리스의 종교와 문화에 대해 많은 지식을 갖춘 사람이었다. 그런데 오히려 그 사실 때문에 자만심에 빠져 자신이 잘 모르는 것도 잘 안다고 생각하게 되었다. 오랜 시간 한 가지 길로만 생각을 해왔고 그게 옳다고 철석같이 믿었던 나머지, 전혀 다른 길의 생각도 가능하다는 사실은 보지 못했던 것이다. 소크라테스는 거기에다 날카로운 질문들을 던져 에우튀프론이 자신의 생각을 스스로 의심해볼 수밖에 없도록 만들어주었다.

무지는 자유와 배움의 가능성을 넓혀준다

스스로의 생각을 의심해보는 것은 제대로 된 지혜를 획득해 나가는 일의 시작점이다. 아마 누구든 평생을 노력해도 완전무 결한 지식 같은 것에는 이르지 못할 것이다. 그러나 적어도 어제 가졌던 독단적인 생각에서 오늘 자유로워질 수 있다면, 그것으 로 어제보다는 나은 지혜를 얻게 된 것이다. 어제까지 단 한 번 도 의심해보지 않고 당연하게 받아들였었던 지식에 대해서 오 늘 의심을 품어보고 그게 정말로 맞는지 따져볼 수 있다면, 그것 으로 어제보다는 더욱 확실한 지식에 도달한 것이다.

이런 생각에서 소크라테스는 매일 시장과 길거리로 나가 사 람들과 토론하며 평생을 보냈다. 합리적이고 비판적인 토론은 사람들이 독단적인 견해에서 벗어나 자유롭게 생각하도록 만들 어줬다. 그는 확실한 정답을 알려주는 족집게 강사여서 사람들 을 감동시켰던 게 아니었다. 그의 열정적인 질문들과 지치지 않 는 비판정신이 사람들 안에 잠자고 있던 지적 자유를 일깨웠다. 바로 그렇게 깨어난 자유로움의 신선한 전율이 사람들을 감동 시켰던 것이다.

소크라테스라는 멘토에게서 우리가 배워야 할 것은 특정한 지식이 아니다. 그보다 우리는 지적 겸손 속에서 **자유로운 정신** 으로 살아가는 삶의 자세를 배워야 한다. 자신이 무지하다고 생 각하는 사람은 바로 그 때문에 자유로울 수 있다. 자신의 생각 이 얼마든지 틀릴 수 있으니 더 좋은 생각이 있는 사람은 누구든지 와서 알려달라는 정신의 여유를 가진 사람은 독단적인 견해에 빠져 오직 한 길만을 고집하며 평생을 보내지 않는다. 정답을 빗겨나갈까 봐, 오답을 고를까 봐 노심초사하지도 않는다. 정답은 그리 단순히 얻어지는 게 아니라 기나긴 지적 여정을 통해 차차 모습을 갖춰나간다는 걸 잘 알고 있기 때문이다. 인생의 가치와 목표에 대해 영원하고 확실한 정답을 단번에 제시해줄 수 있는 족집게 강사는 없다. 오직 자유롭고 비판적인 성찰과 토론을 통해 어제보다 더 나은 오늘의 정답을 찾아나갈 수 있을 뿐이다.

　지적 겸손에서 오는 정신적 자유는 삶에 **유쾌한 에너지**를 불어넣어 준다. 무지를 채워나가는 일은 언제나 즐겁기 때문이다. 우리는 가진 것을 잃을까 봐 전전긍긍하기보다 무엇을 얻을까 기대하며 살아갈 수 있다. 소크라테스는 삶의 마지막 순간까지 유쾌한 에너지를 잃지 않았다. 말년에 그는 사람들에게 불경한 가르침을 전파한다는 오명을 쓰고 사형선고를 받게 된다. 그는 사형 집행 직전 슬퍼하는 친지들을 보며 이런 마지막 말을 남겼다.

　이제는 떠날 시간이 되었습니다. 나는 죽기 위해 떠나고, 여러분은 살기 위해 떠날 것입니다. 하지만 우리 중에서 어느 쪽이 더 나은 곳을 향해 가고 있는지는 오직 신 외에는 아무도 모릅니다.

그는 죽음에 대해 슬퍼하는 기색도, 두려워하는 기색도 드러
내지 않았다. 그보다 그는 죽음 뒤에 펼쳐지는 일을 새로이 알게
될 것에 대해서 기대했다. 죽음마저도 그의 자유로운 정신을 막
는 장애물이 되지는 못했다. 아직 삶을 살아가는 우리에게는 더
욱이나 거칠 것이 없다. 무지로부터 오는 자유와 배움의 가능성
을 즐기자.

2장

행복의 양과 질,
어느 쪽을 선택할 것인가

***

> "행복이 대단히 쾌락적인 흥분이 계속되는 것을 의미한다면,
> 그런 일은 불가능하다는 것이 충분히 분명하다."
>
> - 존 스튜어트 밀, 《공리주의》

우리는 때때로 무엇이 더 행복한 것인지 모른다

어느 날 신이 내게 찾아와 무엇이든 좋으니 어느 한 가지를 정확하게 잴 수 있는 저울을 주겠다고 한다면 어떤 것을 선택하겠는가? 잴 수만 있으면 재고 싶은 것들이 참 많다. 우주의 넓이, 내가 가진 잠재력의 크기, 상대방이 나를 사랑하는 정도, 내게 남은 삶의 시간 등등. 이런 것들을 정확하게 잴 수만 있다면 우리는 좋은 삶을 살아가는 데 훨씬 더 유리한 위치를 선점할 수 있을 것이다.

인류의 발전은 항상 무언가를 재는 것과 맞물려서 이뤄져 왔다. 이전까지는 모호하게만 알던 대상을 좀 더 정확하게 측정하

고 나면 그 대상을 더욱 잘 이용할 수 있다. 또는 그 대상에 더욱 적합한 대처를 할 수 있다. 하늘의 높이에 대해서 잘 모르면 하늘길을 이용할 수 없다. 대기의 높이를 잘 측정할 수 있게 되었을 때 비로소 대기는 우리가 '이용할 수 있는' 것이 되었다. 인간은 하늘을 측정함으로써 하늘을 비행기와 우주선이 다니는 질서정연한 길로 이용하게 되었다.

하지만 모든 것이 마음처럼 잘 재어지는 건 아니다. 특히 물리적인 특성을 갖지 않은 것은 근본적으로 그 크기를 재는 것이 어렵다. 우리는 사랑의 크기, 미움의 크기, 두려움의 크기에 대해서 자주 이야기한다. 그러나 말로만 크기라고 부를 뿐이지, 사실상 그런 감정들의 크기를 정확하게 잴 수 있는 방법은 없다. 감정을 잴 수 있는 자나 저울은 없으니 말이다. 그런데 가끔씩은 그렇게 잴 수 없는 것들의 크기를 알고 싶다는 생각이 든다. 크기를 정확히 알 수만 있다면 그러지 않을 때보다 그것을 잘 이용하거나 그것에 잘 대처할 수 있을 테니 말이다. 예를 들어서 직장인은 상사가 나에게 내는 화의 크기를 측정할 수만 있다면 회사생활을 훨씬 더 맘 편하게 잘할 수 있을 것이다.

특히 인류가 아주 오랜 시간 동안 재고 싶어 했던 것이 있다. 그것은 바로 행복의 크기다. 행복의 크기를 잴 수만 있다면 우리가 하는 수많은 고민을 해결하는 데 큰 도움이 될 것이다. 우리는 때때로 무엇이 더 행복한 것인지 모르기 때문에 선택의 기로에서 끝없이 고민한다. 가난하더라도 나의 꿈을 좇아서 사는 게 더 행복한 건지 아니면 꿈을 포기하더라도 경제적으로 안정적인 삶을 사는 게 더 행복한 건지, 결혼을 하고 가정을 꾸려 북적북적 살아가는 게 더 행복한 건지, 아니면 혼자서 속 편하게 사는 게 더 행복한 건지, 일과 휴식의 균형을 잘 맞추면서 사는 것과 휴식을 조금 포기하더라도 돈을 더 많이 버는 것 중 무엇이 더 행복한 건지. 이런 문제에 대해서 우리는 명확한 답을 내릴 수 없기 때문에 계속해서 고민한다. 이럴 때 마법의 저울이 있어서 행복의 크기를 명확하게 재볼 수 있다면 그 측정치를 이용해 더 쉽게 선택할 수 있을 것이다. 하지만 아쉽게도 현실 세계에는 행복의 크기를 잴 수 있는 저울이 없다. 그래서 행복은 여전히 인류에게 '이용'할 수 있는 것이라기보다는 '미지'의 것으로 남아 있다. 그렇기 때문에 우리는 지금까지도 행복에 대한 문제로 끊임없이 고민한다.

그중에서도 우리를 가장 괴롭히는 커다란 질문은 '과연 행복에서 즐거움의 양과 질 중 무엇이 더 중요한가?' 하는 문제다. 예를 들어서, 평생 먹고 싶은 것을 언제든지 다 먹으면서 살아갈 수만 있다면 엄청난 양의 즐거움이 보장될 것이다. 하지만 그게 행복의 전부는 아니다. 어떤 사람은 어쩌다 밥을 굶어야 하는 가난 속에서 살더라도 자신이 꿈꾸는 책을 완성하거나, 노래를 작곡하거나, 그림을 그리거나, 더 가난한 다른 사람들을 돕거나, 이 세상을 바라보는 더욱 현명한 눈을 얻는 것 속에 진정한 행복이 있다고 믿는다. 이때, 단순히 양만 놓고 보면 평생 맛있는 음식을 마음껏 먹는 삶이 가져다주는 행복이 압도적으로 클지도 모른다. 물론 계산 방법에 따라서 이야기가 달라지겠지만, 단순하게 '즐거움의 강도×지속 시간'이라는 공식을 이용해 행복의 크기를 계산할 수 있다고 가정해보자. 그러면 평생의 시간 동안 높은 강도의 육체적 즐거움을 누리며 살아가는 것이 큰 행복을 보장해줄 것이다. 실제로 많은 사람이 이런 삶을 추구하며 살아간다.

하지만 앞서 이야기했듯이, 누구나 다 즐거움의 양만으로 만족하지는 않는다. 어떤 사람들은 심지어 일찍 죽는 한이 있더라도 자신의 꿈을 실현시키는 것이 더 행복한 삶이라고 생각한다. 사실 우리는 대부분 즐거움의 양을 약간 포기하더라도 즐거움의 질을 높일 수 있는 방안을 고민하면서 살아간다.

무더운 여름날, 너무나 목이 마른 와중에 주머니에 마침 천 원이 있어서 음료수 살 곳을 찾고 있었다고 해보자. 때마침 저기 앞에 편의점이 하나 보인다. 그런데 그 편의점 옆에 허름한 옷을 입은 사람이 앉아서 구걸하고 있다. 이때, 그 사람을 무시하고 곧장 편의점으로 들어가 시원한 음료수를 사서 타는 듯한 갈증을 해결하는 게 즐거움의 양을 최대한으로 높일 수 있는 길일 것이다. 하지만 누군가는 그 상황에서 갈증을 참고 주머니에 있던 천 원을 구걸하고 있는 사람에게 주는 것을 선택한다. 이때, 단순히 양적으로 봤을 때는 그리 큰 즐거움이 얻어지지 않을지도 모른다. 얼마 지나지 않아 곧 너무나 뜨거운 더위에 자신의 선택을 후회할지도 모른다. 하지만 분명 그 기부의 행동은 단순히 갈증을 해결하는 것과는 질적으로 다른 무언가를 줄 수 있다. 우리는 모두 가끔은 이렇게 양을 포기하더라도 질적으로 우월한 즐거움을 선택한다.

행복에 정답은 없다

영국의 철학자 존 스튜어트 밀은 즐거움의 양과 질 모두 행복에 있어서 중요하지만 질 높은 즐거움을 추구하며 살아가는 것이 진정으로 좋은 삶이라고 주장했다. 밀은 다음과 같은 아주 유명한 말을 남겼다.

> 만족한 돼지보다는 불만족한 인간이 되는 것이 더 낫다. 만족하는 바보보다는 불만족한 소크라테스가 되는 것이 더 낫다.

상대적으로 질이 낮은 즐거움을 많이 누리지 못한다고 하더라도 질 높은 즐거움을 느끼는 삶이 더 낫다는 이야기다. 여기서 밀의 주장을 오해해서는 안 된다. 밀은 낮은 질의 즐거움을 피하라고 말한 게 아니다. 낮은 질의 즐거움도 느낄 수만 있다면 당연히 좋다. 예를 들어서 배부르게 먹고 아프지 않게 육체적인 쾌적함을 느끼며 사는 것은 모두 **상대적으로** 질 낮은 즐거움이다. 그런데 이런 것들이 나쁜가? 그렇지 않다. 이런 단순하고 원초적인 즐거움도 상황이 허락하는 한 당연히 누리면 좋다.

밀은 이런 원초적인 즐거움을 다 포기하고 수도승처럼 고상한 즐거움만을 추구하며 살라고 말한 게 아니다. 밀이 의도한 것은 만약 낮은 질의 즐거움과 높은 질의 즐거움 중 하나를 선택해야 하는 상황이 되면 후자를 선택하는 것이 이상적인 삶의 모습에 더 가깝다는 것이다. 혹여나 당장은 약간 배고프고 가난할지라도, 질 높은 즐거움을 꾸준히 추구해나간다면 장기적으로는 더 큰 행복 속에서 살아갈 수 있다는 게 밀의 생각이다.

밀은 "인간은 동물적 욕구보다 훨씬 고상한 기능들을 가졌다. 인간은 일단 그런 기능들을 인식하게 되면, 그런 기능들을 충족시켜주는 것을 포함하지 않는 상태를 결코 행복이라 여기지 않는다"라고 말한다. 여기서 밀은 결코 육체적 쾌락을 일부러 피하라고 말하고 있지 않다. 다만 인간은 육체적인 즐거움만으로는 완전히 채워질 수 없는 더 복잡하고 더 넓은 그릇을 가졌으며, 그 그릇을 채우며 진정으로 행복하게 살아가기 위해서는 질이 높은 즐거움 역시 추구해나가야 한다는 것이다.

높은 질의 즐거움으로는 대표적으로 사회적인 활동과 기여 속에서 느끼는 **사회적 즐거움**과 지적인 성취를 통해 얻는 **지적 즐거움**이 있다. 밀뿐 아니라 동서고금을 막론하고 많은 사람이 사회적이고 지적인 즐거움이야말로 인간의 삶을 진정으로 가치 있게 만들어준다고 생각해왔다. 남을 도움으로써 느끼는 즐거움은 자신의 이기심을 채우며 느끼는 즐거움보다 더욱 높은 가치를 전달해준다. 다른 사람들과 관계를 잘 쌓아나가면서 느끼는 즐거움은 혼자서 방 안에서 느끼는 즐거움보다 더 다채롭고 풍부한 행복을 줄 수 있다. 아무런 지적 활동 없이 느낄 수 있는 즐거움보다는 지혜와 지식을 활용하며 얻는 즐거움이 더욱 높은 가치를 느끼게 해준다. 운동 중에서도 축구나 농구 같은 스포츠가 특별히 재미있는 이유는 단순히 신체의 운동 능력만 좋다고 이길 수 있는 게 아니라 동료와 함께하는 팀워크와 전략 전술을 짜는 지적 활동이 필요하기 때문이다.

왜 사회적이고 지적인 즐거움이 질 높은 즐거움인가? 그 증거를 대라고 요구한다면 이에 대해 정확히 답할 수 있는 말은 없다. 우리에게는 행복의 크기를 잴 수 있는 저울이 없어서, 무엇이 진짜 질이 높은 즐거움이고, 어떤 즐거움이 진정으로 큰 행복을 보장하는지 정확히 알 길이 없다. 하지만 우리는 인류가 오래 쌓아온 경험적인 지혜의 도움을 받을 수 있다.

밀은 실험실에서 정확한 측정을 통해 행복을 탐구한 게 아니라 인간 사회가 축적한 경험에 의존해 자신의 주장을 펼쳤다. 따라서 그의 주장에 반드시 동의할 필요는 없다. 밀의 주장은 거부할 수 없는 과학적인 팩트 같은 것이 아니다. 하지만 꼭 과학적인 팩트가 아니더라도 우리 자신의 삶을 돌아보고 앞으로 나아갈 길에 대해 합리적으로 생각해보는 데 도움을 줄 수는 있다.

다음의 질문에 대해 한번 생각해보자. 당신이 죽은 후, 신이 당신에게 다음 삶을 위해 두 개의 선택지를 제시한다. A의 삶을 선택하면 1000년의 삶이 보장되며, 삶의 대부분을 젊은이의 육체로 보내다가 마지막 50년 정도만 노화가 진행되어 보통 사람처럼 늙어 죽는다. 또한 평생 따뜻한 온천에서 목욕하면서 맛있는 음식을 먹는 것처럼 최고의 육체적인 즐거움을 느끼며 살 수 있다. 다만 이렇다 할 사회적 기여를 하지 않을 것이며, 지적으로도 아무런 성취를 이루지 못할 것이다.

반면 B의 삶을 선택하면 단 30년의 삶만이 주어진다. 당신은 젊은 나이에 불의의 사고로 죽을 것이다. 그리고 그 이전까지도 육체적인 즐거움의 측면에서는 지극히 평범한 삶을 살 것이다. 그리 많은 돈을 만지지도, 특별한 대접을 받지도 않을 것이다. 그런데 다만 주어진 삶 동안 당신은 놀랍도록 아름다운 음악들을 작곡할 것이다. 그 음악들은 당신이 죽기 직전 세상에 알려져 수억 명의 사람을 감동시키고 그들에게 긍정적인 메시지를 전달할 것이다. 당신은 A와 B 중 어떤 삶을 선택할 것인가?

정답은 없다. 누군가는 A를 선택할 것이고, 누군가는 B를 선택할 것이다. 무엇이 진정한 행복을 가져다주고 무엇이 진정 좋은 삶이라고 생각하는지에 따라 선택이 달라질 수 있다. 아마 여러모로 따져보았을 때 삶의 균형이 잡혀 있는 A를 선택하고자 하는 사람들이 많을 것이다. 그러나 B의 삶에는 A가 누리는 그 어떤 즐거움으로도 대체될 수 없는 질적으로 다른 즐거움이 있다. 따라서 그 높은 질의 즐거움에 가치가 있다고 믿는 사람은 B의 삶을 선택할 것이다.

미래의 나는 어떤 모습일까

중요한 점 하나는 지금 수준의 과학기술 문명 안에서 우리 삶은 1000년 동안 지속될 수 없으며, 대부분의 사람들은 평범한 생로병사의 과정을 거쳐 100년 내외로 생을 마감한다는 것이다. 사람들이 육체적으로 느낄 수 있는 즐거움의 편차는 드라마틱하게 크지 않다. 평범한 조건 속에서 살아가는 대다수의 사람들은 육체적인 즐거움의 차원에서 그리 큰 차이를 갖지 않는다. 또한 큰 차이가 있다고 하더라도, 그건 개인의 힘으로 통제할 수 있는 문제가 아닐 때가 많다. 누군가는 갑자기 큰 병에 걸려 고통받을 수도 있으며, 누군가는 급작스러운 사고로 인해 시각을 잃어 눈으로 보는 즐거움을 상실할 수도 있다. 이렇게 육체적인 즐거움에서 큰 편차가 생기는 경우, 그건 개인의 노력보다 우연과 주변 환경의 결과일 때가 더 많다.

이런 점을 고려해본다면, 무작정 즐거움의 양에 가치를 두고 살아가기보다 질적으로 우수한 즐거움 쪽에 무게를 두면서 살아가는 방향도 한번 고려해볼 필요가 있다. 즐거움의 양을 무제한으로 증폭시키는 건 불가능하다. 어느 순간이 되면 즐거움의 양적인 팽창은 한계에 부닥친다. 꽃은 언젠가 시들기 마련이며, 원초적인 즐거움에 예민하게 반응하는 본능적 추동도 언젠가는 한풀 꺾인다. 언제까지고 더 자극적이고 커다란 즐거움을 찾을 수는 없다. 같은 패턴의 즐거움이 더 자극적으로 변하는 데도 한계가 있다. 어느 임계점에 이르면 육체적 쾌락 같은 원초적 즐거움은 더 이상 자극적일 수가 없다. 그럴 때 지금까지 우리에게 즐거움을 주던 것은 불만족스러움으로 돌변하게 된다. 그렇게 되면 이전까지 무작정 즐거움의 양만을 추구해왔던 사람은 이제 무엇을 추구해야 할지 방향을 잃어버리고 헤매게 된다.

반면 높은 질의 즐거움을 추구하는 사람은 한계를 느끼지 않고 계속해서 발전적인 즐거움을 찾아 나설 수 있다. 높은 질의 즐거움이 꼭 대단한 것만 의미하는 건 아니다. 가족과 이웃을 사랑하는 마음을 갖고 살아가는 것, 자신이 할 수 있는 한 노력을 다해 주변 세상을 더욱 좋은 곳으로 만드는 것, 지혜를 발휘해 좋은 인간관계를 다져나가는 것, 지적인 능력을 펼쳐 더욱 효율적이고 합리적인 작업환경을 만드는 것, 책을 읽고 영화나 드라마, 만화 등을 보며 삶과 세계를 여러 방면에서 조망해보는 것, 흥미가 있다면 자신의 창작물을 만들어 스스로 만족감을 얻고 다른 사람들을 감동시키는 것 등 소소한 활동들도 질적으로 우수한 즐거움을 가져다준다. 이런 활동은 한계의 폭이 훨씬 넓다. 우리는 언제나 새로운 사회적 즐거움과 지적 즐거움을 찾아 나설 수 있으며, 그 안에서 창조적인 의미를 찾아 나갈 수 있다.

행복의 크기를 잴 수 있는 저울은 없기에 무엇이 얼마만큼의 행복을 가져다주는지 정확히 알 길은 없다. 하지만 인류의 경험은 즐거움의 양적인 팽창만을 추구하다가 삶의 어느 순간 길을 잃고 헤매는 사람들의 모습을 많이 발견하게 해준다. 반대로 나이가 들어갈수록 사회적 기여와 지적인 계발 속에서 끊임없이 새로운 즐거움을 찾고 죽기 직전까지도 유쾌한 정신으로 살아가는 사람들의 모습 역시 많이 발견하게 해준다.

이 중 어느 것을 자신의 미래의 모습으로 생각하고 추구해나갈 것인가? 그건 각자의 선택이다. 다시 한번 강조하지만, 밀은 즐거움의 양과 질 중 하나만을 선택하라고 이야기하지 않았다. 높은 질의 즐거움이 반드시 진정한 행복으로 가는 티켓이라고 주장하지도 않았다. 그는 삶의 끝에 이르러 자신의 삶이 진정으로 행복했다고 생각하는 사람은 많은 경우 그 이유를 즐거움의 양보다는 질에서 찾는다고 이야기했다.

사람들의 생각에
귀 기울이기

***

"교육을 잘 받은 사람의 특징은
딱 주제의 본성이 허락하는 만큼만
정밀성을 추구한다는 것이다."

- 아리스토텔레스, 《니코마코스 윤리학》

우리가 알고 있는 언어는 새로운 것인가

언어가 완전히 새롭게 생겨나는 일은 거의 없다. 한번 다른 단어들과 아무런 연관도 없이 전적으로 새롭게 생겨난 단어가 있는지 생각해보면, 그런 경우는 극히 드물다는 걸 알 수 있다.

많은 신조어가 줄임말의 형태로 생겨난다. 줄임말을 만든다는 것은 기존에 더 길었던 언어표현을 줄여서 만든다는 것이니, 아무런 맥락 없이 새롭게 생겨난 말이라고 볼 수는 없다. 또한 새로운 동물 혹은 식물이 발견되거나, 새로운 물건이나 단체 같은 것이 생겨서 이름을 붙일 때도 전혀 관련 없는 소리를 가져다가 이름으로 쓰는 일은 극히 드물다. 보통은 이미 뜻이 있는 단어들을 조합해서 사용하거나, 주변에서 많이 사용되는 이름들을 약간 변형해서 새로운 이름으로 사용한다. 아니면 오래된 책 속에서 옛날의 단어를 끄집어낸다거나, 먼 외국의 문화권에서 사용되는 단어들을 가져와 이름을 짓기도 한다.

어쨌든 공통점은 기존에 있던 언어표현들과의 연결 속에서 새로운 말이 생겨난다는 것이다. 소리를 묘사하거나 동작의 느낌을 살려서 새롭게 만들어내는 단어들, 즉 '뒤뚱뒤뚱'이나 '꼬끼오' 같은 단어를 제외하고 거의 대부분의 말은 다른 말의 영향을 받아 만들어진다(뒤뚱뒤뚱도 뒤룩뒤룩, 뚱뚱, 엉뚱, 뚱딴지 등과 비슷한 음절과 어감을 공유하는 걸 보면 독자적으로 생겨난 말은 아닌 것 같다. 꼬끼오 또한 꼬꼬댁, 끼룩끼룩 등과 상관성이 있는 게 아닌가 싶다).

언어가 완전히 새롭게 창조되는 경우가 드물다는 것은 우리의 생각 또한 완전히 새롭기가 어렵다는 의미기도 하다. 인간의 생각 중 많은 부분은 **언어적인 개념**들로 이루어져 있다. 아주 원초적이고 단순한 생각들조차도 언어적인 개념을 포함하고 있을 때가 많다. 창문 밖으로 보이는 한 그루 나무에 새가 앉아서 지저귀고 있는 장면을 볼 때, 우리는 뭔가 생각을 품는다. 그런데 그 생각은 창문, 나무, 하나, 새 등의 언어적인 개념들을 포함하고 있다. 이런 개념들은 그때그때 새롭게 생겨나는 것이 아니라 과거로부터, 전통으로부터, 공동체로부터 전해져 내려오는 것이다. 그렇기 때문에 우리는 생각을 할 때 의도하지 않더라도 자연스럽게 일정 부분 자신의 생각이 아닌 다른 사람의 생각을 하고 있다. 왜냐하면 우리가 생각을 할 때 사용하는 언어적인 개념들은 내가 만들어낸 게 아니라 다른 사람으로부터 전수받은 것이기 때문이다. 나무에 대해서 생각할 때 나는 결코 단독적으로 나 혼자서만 나무에 대해 생각하는 게 아니다. 나무에 대한 나의 생각에는 어려서부터 접해온 수많은 다른 사람의 나무들, 다른 사람들의 입속에서 나오고 글을 통해 전달된 나무 개념의 그늘이 서려 있다.

인생의 가치에 대해 고민할 때, 가끔씩은 나 혼자만 남겨져 있다고 느끼곤 한다. 이 삶의 모든 게 결국엔 나 혼자 책임져야 할 문제라고 느껴지기도 한다. 하지만 사실 삶의 가치에 대한 고민은 나 혼자 고립된 채로 생각할 수 있는 문제가 아니다. 그런 고민은 언제나 다른 사람들로부터 전해받은 언어적 개념들을 포함하기 때문이다. 우리는 텅 빈 공허에서 출발해 삶의 가치를 추궁하지 않는다. 가치에 대한 고민은 늘 행복, 사랑, 고통, 즐거움 같은 개념들로부터 출발한다. 어떻게 하면 행복해질까? 무엇이 진정한 사랑일까? 삶이 고통스러울 때 어떻게 해야 할까? 어디서 즐거움을 찾을 수 있을까? 이런 개념들의 도움 없이 허공에 발을 디디며 고민하는 것은 불가능하다. 그런데 이 개념들은 내가 만들어낸 게 아니다. 공동체의 문화와 전통으로부터 전해받은 것이다. 그 개념들에는 내가 그 주제와 관련해 생각을 시작하기 훨씬 이전부터 다른 사람들이 오랫동안 그와 관련해 생각을 이어온 맥락이 담겨 있다. 어떤 사람들은 때때로 순전히 홀로 자기 혼자만의 일에 대해서 고민한다고 생각한다. 하지만 다른 사람들로부터 배운 언어적인 개념들을 통해 생각하고 있는 이상, 다른 사람들의 삶은 이미 우리의 사고 과정 안에 들어와 있다. 나 혼자만의 힘으로 많은 것을 고민할 수 있다는 것은 큰 착각이다.

삶의 가치에 대한 아리스토텔레스의 가르침

고대 그리스의 철학자 아리스토텔레스는 삶의 가치에 대한 문제를 탐구할 때 무엇보다 먼저 다양한 사람의 견해에 귀를 기울이는 데 관심을 쏟았다. 아리스토텔레스는 의사 집안의 아들이었다. 그래서 의술에 대해 어려서부터 많은 정보를 접했고, 나중에 나이가 들어서도 생물학에 꾸준한 관심을 보였다.

의학이나 생물학의 경우, 탐구에서 가장 중요한 것은 다양한 사람의 말을 듣는 게 아니다. 세심한 주의를 기울여 생명체들을 관찰하고 전문가의 의견을 듣는 것이 더 중요하다. 폐렴을 어떻게 치료해야 하는지에 대해 의학을 전혀 모르는 사람들의 견해를 귀담아 듣는 것은 의사에게 오히려 방해가 된다. 폐렴 증세를 체계적으로 관찰하고 약효를 시험해보고 전문가들끼리 의견을 나누는 게 치료법의 발전을 위해서 진정으로 해야 할 일이다.

하지만 가치에 관한 문제는 사정이 조금 다르다. 즐거움에 관한 전문가들이 몇 명 모여 즐거움에 대해 아무리 체계적인 탐구를 진행해도, 세상의 다른 수많은 사람이 즐거움을 어떻게 바라보며 어떤 것에서 즐거움을 찾는지 다양한 관점을 참고하지 않으면 헛된 결과만 얻을 가능성이 크다. 전문가들이 작정하고 방 안에 모여 10년간 최선을 다해 즐거움을 연구해 얻은 즐거움-이론을 자랑스럽게 세상에 공개했다고 해보자. 이때 돌아오는 세상 사람들의 반응은 다음과 같을 수 있다.

"이건 즐거움에 대한 이야기가 아닌데?"

폐렴은 우리가 폐렴을 어떻게 생각하든 간에 상관없이 우리의 목숨을 위협한다. 우리가 폐렴이라는 개념을 알든 모르든, 폐렴을 긍정적으로 생각하든 부정적으로 생각하든 폐렴은 전혀 아랑곳하지 않는다. 우리의 생각과 상관없이 자연현상으로서의 폐렴은 그대로 존재한다. 그러기에 그 객관적인 자연현상을 체계적으로 관찰하고 공부해본 경험이 있는 전문가의 말이 그런 경험이 없는 보통 사람들의 말보다 훨씬 더 큰 권위를 갖는다.

그런데 **가치**에 관한 문제는 조금 사정이 다르다. 가치라는 대상은 폐렴처럼 자연 속에 독립적으로 존재하는 게 아니다. 가치는 사람들의 생각이 모여서 만들어진 개념의 형태로 존재한다.

예를 들어서 우리가 자신감이라는 가치에 대해서 탐구한다고 해보자. 그런데 우리가 탐구하고자 하는 그 자신감이라는 대상은 어디에 있는가? 우리 마음속에 자신감이라는 혼 비슷한 무언가가 들어 있는 걸까? 아니면 뇌의 특정한 부분에 자신감이라는 신경패턴이 들어 있는 걸까? 꼭 그렇지는 않다. 자신감은 어떤 두루뭉술한 대략적인 현상을 사람들이 오랜 시간 '자신감'이라는 표현으로 일컬어오면서 점점 개념화된 무엇이다. 누군가는 남들 앞에 나서는 것을 자신감이라고 부르고, 누군가는 권위에 반항하는 것을 자신감이라고 부르며, 누군가는 도전을 두려워하지 않는 것을 자신감이라고 부른다. 우리가 가진 자신감이라는 개념 뒤에는 이렇게 서로 비슷한 현상들을 사람들이 자신감이라고 이름 붙여온 과정이 녹아들어 있다. 따라서 자신감에 대한 탐구는 자신감에 대한 여러 사람의 다양한 견해에서 출발할 수밖에 없다. 가치와 관련된 탐구에서 여러 사람들의 견해는 비전문가의 의견이라고 무시될 수 있는 것이 아니다. 사람들의 견해는 모든 탐구의 출발을 이루는 근원이다. 삶의 가치에 관한 한, 어떤 의미에서는 모든 사람이 동등하게 전문가다.

아리스토텔레스는 제1 원리에서 출발하는 논의와 제1 원리를 향하는 논의를 구별했다. 제1 원리에서 출발하는 논의는 확고부동한 원리에서 출발해 더 많은 지식을 얻어내고자 하는 논의다. 예를 들어서, 덧셈, 뺄셈, 곱셈, 나눗셈의 사칙연산과 같은 아주 기초적인 공리를 사용해 복잡한 정리들을 얻어내는 수학적인 논의를 예로 들 수 있다. 반면 제1 원리를 향하는 논의는 불확실하고 막연하고 대략적인 지식들에서 출발해 차츰 확실성에 가까운 원리로 나아가는 논의를 가리킨다.

아리스토텔레스는 삶의 가치에 관한 논의가 후자에 속한다고 주장했다. 우리는 행복, 사랑, 고통, 즐거움 등의 가치들에 대해서 그 어떤 확실한 원리도 갖고 있지 않다. 그 누구도 이런 가치들에 대해 하늘에서 뚝 떨어진 것처럼 명확한 지식을 내놓을 수 없다. 우리가 출발점으로 손에 쥐고 있는 건 오직 대략적인 지식뿐이다. 막연함에서 출발해 조금씩 발을 내디뎌 지혜에 가까이 다가가야 한다.

우리는 굳이 다른 사람의 견해를 듣지 않아도 삶의 가치에 대한 문제들에서 이미 어느 정도의 막연한 출발점을 지니고 있다. 가치와 관련한 개념들을 이미 알고 있는 한, 가치를 탐구하기 위한 최소한의 출발점을 가진 셈이다. 그 개념들 뒤에 숨겨진 수많은 맥락이 이미 나 자신 안에서 생각의 원천으로 작용하고 있다.

하지만 우리는 그 개념들이 나 혼자만의 것이 아니라는 사실을 너무나 쉽게 망각한다. 그 개념 안에 섞여 있는 다른 사람의 영향을 걸러내고 순수한 나만의 생각을 할 수 있을 것이라고 착각한다. 나만의 순수한 행복과 순수한 사랑을 알아낼 수 있을 것이라고 기대하곤 한다. 그러나 순수한 행복과 나만의 사랑 같은 것은 속이 텅 빈 껍질뿐이다. 이 개념들에서 다른 사람의 생각을 빼버리고 나면 남는 것은 거의 없다. 그 부실한 껍질을 디디고서는 제대로 된 가치에 대한 탐구를 시작할 수 없다. 우리가 삶의 가치들에 대해 생각을 이어나갈 수 있는 건 다른 사람들의 생각 위에 세워진 개념 안에 그 이유가 있다는 것을 예민하게 인지해야 한다.

다른 사람의 견해에서 삶의 답을 찾아야 하는 이유

내 생각이 다른 사람들의 생각과 이미 맞닿아 있다는 사실을 잊지 않기 위한 좋은 방법은 적극적으로 다른 사람들의 다양한 견해를 알아보려 노력하는 것이다. 삶의 가치를 고민할 때, 순수하게 나 혼자만의 논리적 추론으로 답을 찾으려 하기보다는 다양한 견해를 조사하고 종합해보려 하는 것이 자신의 생각을 더욱 풍부하게 만들 수 있는 방법이다. 예를 들어서 진정한 사랑이 무엇인지 고민된다면, 사람들이 사랑을 무엇이라고 생각하는지 살핀 후 그 견해들에서 조금씩 힌트를 얻어 합리적인 사랑관을 만들어나가야 한다. 누군가의 견해가 나의 견해와 완전히 다르다고 해서 처음부터 탐구에서 배제시켜버리는 일은 바람직하지 않다. 상대방도 나와 똑같이 사랑이라는 개념을 사용하고 있는 이상, 그 사람 역시 나름대로 사람들이 오랫동안 사랑이라는 단어와 연결시켜온 현상의 한 단면을 보고 있는 것이다. 나는 그 사람의 견해를 계기로 활용해서 내가 사랑의 어떤 한 조각을 놓치고 있지는 않은지 점검해볼 수 있다.

지금 시대에는 과거에 비해 다른 사람들과의 결속 안에서 삶을 살아간다는 의식이 약해지는 추세다. 명절날 온 친척이 모이는 집은 이제 드물다. 사촌끼리, 팔촌끼리, 친구끼리 서로 생업을 도와주고 서로의 인생에 깊게 관여하는 경우도 많이 줄어들었다.

이런 흐름이 무조건 나쁜 것은 아니다. 개인은 전통의 속박으로부터 벗어나 더욱 자유로워졌고, 사회적인 관계 속에서 오는 스트레스도 줄어들었다. 그런데 만약 이런 독립적인 분위기를 잘못 해석해서 나의 생각이 다른 사람들의 생각으로부터 분리될 수 있다고 판단한다면, 그건 오히려 자신의 생각을 더욱 앙상하게 만드는 길이 될 것이다.

다른 사람들의 지혜에 의존하지 않는 지혜는 없다. 다른 사람들의 고민과 맞닿아 있지 않은 고민은 없다. 내가 남들과 똑같은 언어를 사용하는 한 말이다.

$\begin{pmatrix}4장\end{pmatrix}$

본래적인 나를 찾아서

$* * *$

"그 부름은 나로부터 나오는 것이지만,
나를 덮쳐온다."

- 마르틴 하이데거, 《존재와 시간》

죽음은 가장 탁월한 혼자만의 시간이다

연극이 끝나고 난 뒤

혼자서 객석에 남아

조명이 꺼진 무대를 본 적이 있나요

음악소리도 분주히 돌아가던 세트도

이젠 다 멈춘 채 무대 위에

정적만이 남아 있죠

어둠만이 흐르고 있죠

밝은 흥분과 대비되는 어두운 고요를 느낄 때가 이따금씩 있다. 샤프의 〈연극이 끝나고 난 뒤〉 노래가사처럼 화려한 연극이 끝나고 난 후의 텅 빈 객석, 시끄러운 술자리가 끝난 새벽 집에 돌아가는 길, 와자지껄 떠들던 학생들이 모두 집으로 돌아간 후 토요일 오후의 학교. 이런 시간은 오로지 나만을 위한 시간, 오로지 나에게만 부과된 시간이 될 수 있다. 평소에는 세상 속에서, 다른 사람들 속에서, 일상 속에서 살다가도 그런 모든 것들에서 분리되는 어느 적막한 순간이 되면 오로지 나 혼자 짊어져야 하는 시간이 열린다.

어쩌면 그렇게 나 혼자 남겨지는 시간은 죽음에 대한 예비연습일지도 모른다. 죽음은 가장 탁월한 혼자만의 순간이다. 우리가 살면서 겪는 혼자만의 고요한 순간은 그래도 여전히 살아 있음을 느낄 수 있는 순간이다. 연극이 끝나고 난 뒤 혼자서 어두운 객석에 남더라도, 그 상황에서 나는 조명이 꺼진 무대를 '쳐다본다.' 비록 바깥에 있는 세상과의 연결성이 줄어들고 내면의 세계로 빠져드는 시간이지만, 그래도 여전히 나는 세상을 보고 냄새를 맡고 주변 소리를 듣고 상황을 느낀다. 살아 있는 한 나의 경험은 계속해서 이어진다. 그런데 죽음은 정말로 이 모든 것이 끝나는 사건이다. 죽음 이후 또 다른 세계가 있을지도 모른다. 하지만 그건 죽음이 주는 느낌에서 가장 먼저 중요한 건 아니다. 사후세계를 믿든 믿지 않든, 죽음을 상상할 때 우리가 직관적으로 느끼는 건 이 세상의 살아 있음과 관련된 모든 것과 단

절되리라는 사실이다. 죽음은 누구에게도 의지할 수 없는 것, 나 혼자서 전부 짊어져야 하는 것, 누구도 대신해줄 수 없는 것으로 예상된다.

죽음의 완전한 고독은 우리를 두려움에 떨게 하기도 하지만, 다른 한편으로는 인간에게 가장 초인적인 에너지를 불어넣어주기도 한다. "내일 죽을 것처럼 오늘을 살라"는 스티브 잡스의 그 유명한 명언처럼, 자신이 죽을 존재임을 철저하게 느끼며 살아가는 사람은 두려울 게 없다. 죽음의 길은 오로지 나 홀로 걸어가는 것이므로, 주변 사람들이나 세상의 평판, 돈이나 명예 같은 건 그 앞에서 아무런 의미도 갖지 못하기 때문이다. 삶의 정반대편에 놓여 있는 죽음이 역설적으로 가장 역동적인 삶을 가능하게 하는 촉매제가 될 수 있다.

홀로 죽음을 감당해야 하는 나

독일의 철학자 마르틴 하이데거는 죽음이 본래적인 나를 발견하도록 만들어주는 통로라고 생각했다. 하이데거가 말하는 본래적인 나는 다른 누구도 책임져줄 수 없는, 결국에는 홀로 죽음을 감당해야 하는 나다.

그 누구도 다른 사람을 죽음으로부터 면제시켜줄 수 없다. '다른 사람을 위해서 대신 죽는 것'은 가능하다. 하지만 그것은 항상 '특정한 사안에 대해' 남을 위해 희생하는 것일 뿐이다. 그렇게 누군가를 위해 죽는다고 해도 그 사람의 죽음은 눈곱만큼도 면제되지 않는다. 각 현존재[우리 자신]는 자신의 죽음을 스스로 감당해야 한다. (중략) 즉 죽음은 하나의 탁월한 존재 가능성을 의미하며, 그 가능성 안에서 본래적인 현존재의 존재가 단적으로 드러난다.

가까운 사람의 죽음, 문학작품에 나오는 강렬한 죽음의 이야기, 종교행사에 가서 듣는 사후에 대한 이야기 등 다양한 것이 우리를 분주한 일상으로부터 이끌어내고 죽음에 대해 진지하게 미리 생각해보는 계기를 만들어준다. 하이데거는 이러한 체험을 죽음으로 **앞질러 달려가 봄**이라고 표현했다. 평소 우리의 의식 속에서 죽음은 언제나 뒤로 미뤄진다. 죽음은 외롭고 쓸쓸하고 무서운 것이기에 평상시 우리의 잠재적인 의식은 다음과 같은 생각을 만들어내며 죽음이라는 사건을 자꾸만 나와 상관없는 일로 뒤로 미룬다.

"모든 사람은 죽는다. 근데 나는 일단 아니다." 이런 미룸의 상태는 나쁜 것이 아니고 사실 너무나 자연스럽고 인간적인 상태다. 그런데 이런 자연스러운 평형의 상태가 어떨 때는 급작스럽게 깨진다. 아주 가끔이지만 우리는 죽음을 뒤로 미루는 것보다 더 빠른 속도로 미래로 내달려가 나의 죽음을 마주한다. 죽음을 미리 마주해보는 이 용기 있는 순간은 곧 본래적인 나를 만나게 되는 순간이기도 하다.

인간은 본래적인 나를 은폐하는 경향을 갖고 있다. 우리는 평소 너무나 자연스럽게 죽음을 무한정 뒤로 미룸으로써 본래적인 나를 만나지 않고 분주히 세상에 빠져 살아간다. 마치 누군가 나 대신 죽어줄 것처럼, 마치 절대로 혼자가 되지 않을 것처럼, 마치 세상과의 연결이 영원히 지속될 것처럼. 이런 삶의 방식은 나쁜 게 아니라 당연하고 자연스러운 것이다. 하이데거는 본래적인 나만이 오직 진정한 나라고 생각하지 않았다. 본래적인 나를 은폐하면서 세상 속에 빠져 살아가는 나 역시 나를 이루는 본질적인 부분이다.

하이데거는 독일어 'das Man'이라는 표현을 사용해 우리의 존재 상태를 나타냈다. 독일어의 'Man'은 영어에서와 똑같이 사람이라는 뜻이다. 그런데 독일어에는 명사마다 성별이 있어서, 원래 'Man' 앞에는 남성명사를 가리키는 정관사인 'der'가 붙어 'der Mann'이 맞는 표현이다. 그런데 하이데거는 'der'를 중성정관사인 'das'로 바꿔 'das Man'이라는 표현을 새로 만들었다. 한국어로 '세인'이라고 번역되는 이 단어는 수많은 사람의 의지와 욕망과 생각이 뒤섞여 있는 존재를 가리킨다.

평소 우리는 본래적인 나의 삶을 사는 게 아니라 세인의 삶을 산다. 내가 행위를 한다고 생각하지만 사실 다른 사람들의 힘에 떠밀려 행위를 하며, 내가 무언가를 원한다고 생각하지만 사실 다른 사람들이 욕망하는 것을 원하며, 내가 생각하고 말하는 것 같지만 사실은 내 안에 우글거리고 있는 다른 사람들의 생각과 언어를 따라하고 있다.

이렇게 세인의 삶을 사는 것은 선택의 문제가 아니다. 누구나 살아가다 보면 자연스럽게 세인의 삶을 살게 된다. 본래적인 나를 세인이 뒤덮어버리는 것은 언젠가 극복할 수 있는 그런 문제가 아니다. 이건 오히려 자연스럽고 본성적인 상태이며, 세인 역시 나라는 존재의 한 단면이다. 다른 사람들의 의지와 욕망과 생각으로부터 완전히 자유로워져 순전히 나 자신으로서 존재하는 건 불가능하다. 다른 사람들과 관계 맺고 있는 모든 것을 내 안에서 제거하면 남는 건 거의 없다. 다른 사람들의 존재를 지우면 나의 존재 역시 빈 껍데기 비슷한 신세가 된다.

따라서 본래적인 나를 마주하는 것은 내 안에 살고 있는 다른 사람들을 밖으로 몰아내는 것이 아니다. 본래적인 나를 만나는 것은 세상의 온갖 목소리가 뒤섞여 내 안에 우글거리고 있는 와중에도 결국에는 그 중심에서 언젠가 홀로 죽음을 마주해야 할 자신, 그 고독한 주체를 발견하는 것이다. 내 안에 도사리고 있는 다른 사람들로부터 완전히 자유로워지는 게 아니다. 그 세인의 존재를 발견하고 인지하고 장악하는 것이다.

흥미로운 점은 본래적인 나를 발견하지 않는 사람은 세인의 존재 또한 발견하지 못한다는 것이다. 왜냐하면 내 안에 침투해 있는 다른 사람들의 목소리는 너무나 **자연스러운** 것이어서 우리는 평소에 그 존재조차 인식하지 못하기 때문이다. 마치 연기가 공중을 뒤덮기 전까지는 숨 쉬는 게 너무나 당연해서 공기의 존재를 의식하지 못하듯이 말이다. 그런데 죽음으로 앞질러 달려가보는 경험을 통해 오로지 나 혼자에게 부과된 삶의 단면이 존재한다는 것을 알아차리게 되면, 그때 비로소 내 안을 가득 채우고 있는 다른 사람들의 존재가 부각되어 나타나게 된다.

그러고는 새로운 가능성에 대해 생각할 수 있다. 이렇게 살지 않을 '수도' 있었는데 그동안 다른 사람들에게 이끌려 이렇게 살아왔구나. 그것을 추구하지 않을 '수도' 있었는데 내가 들어왔던 목소리들 때문에 당연하게 그것을 추구해왔구나. 그렇게 생각하지 않을 '수도' 있었는데 세상에 만연한 논리에 따라 그렇게 생각해왔구나……. 내 안에 우글거리는 세인의 존재를 알아차리는 것은 더 이상 그에게 전적으로 끌려다니지 않을 가능성을 열어준다. 죽음 앞에서는 다른 사람들의 영향력이 제거된 나 혼자만의 순간을 마주해야 한다. 따라서 죽음으로 앞질러 달려가본 후 뒤돌아 현재를 바라보게 되면 지금 내 안에 가득한 다른 사람들의 목소리가 언제까지고 절대적으로 나를 지배할 힘을 가지지는 않았다는 사실을 알 수 있다. 세인의 목소리로부터 완전히 자유로워지는 건 불가능하겠지만, 적어도 눈치채지 못하는 사이에 나의 온 삶이 그것에 의해 잠식당하고 전적으로 다른 사람들의 힘에 끌려가버리는 것은 막을 수 있다. 우리는 다른 사람들의 목소리와 본래적인 나 사이에서 균형을 잡고 살아가고자 노력할 수 있다.

288

우리가 경험하는 시간은 모두 의미가 있다

본래적인 나를 마주하는 것은 우리에게 주어진 **시간**을 더 또렷이 이해하도록 해준다. 일반적으로 우리는 시간을 항상 양적인 것으로 생각하려고 한다. 우리는 흔히 일 초, 일 분, 한 시간, 하루, 일 년 이렇게 양적으로 잴 수 있는 시간이 가장 근본적인 시간의 형태라고 생각한다. 그런데 하이데거는 이것은 본래적인 시간의 모습이 아니라고 생각했다. 본래적인 시간은 우리가 추억하고 체험하고 예상하는 시간이다. 학창 시절 짝사랑의 추억을 회상하는 사람에게는 지금부터 그 과거까지의 시간이 쭉 펼쳐져 나타난다. 늦은 밤 창가에 앉아 엄마가 돌아오기를 간절히 기다리는 아이 앞에는 엄마와 다시 만나는 때까지의 시간이 선명하게 모습을 드러내게 된다.

이렇듯 우리에게 우선적으로 경험되는 시간은 양적으로 균일하게 펼쳐진 시간이 아니라 **의미**를 갖고 나타나는 시간이다. 온통 하얗게 눈이 쌓인 벌판을 오랫동안 걸어가다 보면 공간감각을 상실한다고 한다. 모든 지점이 구별 없이 다 똑같기 때문이다. 마찬가지로 온 시간이 다 균일하게 똑같이 펼쳐져 있다면 우리는 결코 시간이 무엇인지 알지 못할 것이다. 우리가 시간을 시간으로서 이해할 수 있는 이유는 과거, 현재, 미래에 걸쳐 유의미하게 돌출되는 지점들이 있기 때문이다. 우리는 그 돌출된 의미들을 기준으로 시간의 흐름을 이해할 수 있다. 시간을 의미가 아니라 양으로서만 경험하는 사람은 시간에 대한 본래적인 이해를 잃어버린다.

　죽음으로 앞질러 달려가 본래적인 나를 마주해보는 경험은 양적인 시간관념으로부터 벗어나 의미로서의 시간을 이해하도록 해주는 탁월한 경험이다. 죽음은 모든 시간이 종료되는 순간이다. 죽음이 알려주는 시간의 특성은 유한성이다. 이렇게 유한한 모습을 띠고 나타나는 시간은 무한한 과거로부터 무한한 미래로 흐르는 이론적·양적인 시간과는 매우 다르다. 지금부터 딱 일 년만 살 수 있다는 시한부 선고를 받은 사람에게 시간은 너무나 처절하게 유한한 것으로 나타난다. 무한하고 균일하게 펼쳐진 시간은 그에게 부차적인 의미만을 갖는다. 그에게 시간은 무색무취한 것이 아니라 의미 있는 것으로, 무언가를 할 수 있는 장으로서 펼쳐진다. 꼭 시한부 선고를 받는 게 아니더라도 특정한 계기를 통해 우리는 죽음으로 앞질러 달려가보는 경험을 할 수 있다. 그런 경험을 통해 언젠가는 죽음으로써 모든 시간이 끝나리라는 것을 철저하게 인식하게 되면, 더 이상 다른 사람들에게도 모두 똑같은 평평한 시간을 살아가지 않을 수 있는 가능성이 열린다. 그런 인식 속에서 시간은 오로지 자신에게 고유한 것으로 드러난다. 오로지 나에게 부여된 본래적이고 유한하고 유의미한 시간의 이해 속에서 우리는 다른 사람들의 시간이 아니라 자신의 시간을 살아갈 수 있다.

　연극이 끝난 후 텅 빈 무대를 나 홀로 응시하는 경험은 어딘가 야릇한 느낌을 전달해준다. 모두가 잠든 새벽, 나 홀로 고요한 거리를 걷는 것은 어쩐지 모르게 가슴을 간지럽힌다. 이런 정체 모를 감정이 생겨나는 원인은 이 경험들이 죽음의 순간과 유사한 구조를 갖고 있기 때문일 것이다. 이 경험들은 모두 텅 비어 있는 게 특징이다. 평소에 너무나 당연한 듯이 공간과 시간을 가득 매우고 활발하게 움직이던 많은 사물과 사람이 이 경험들에서는 모두 침묵을 지킨다. 그러면서 텅 빈 공간과 시간이 돌연 나의 의식을 강타한다. 처음으로 나는 공간과 시간을 있는 그대로 또렷하게 의식하게 된다. 그럼으로써 그 시공간 속에 있는 나 자신을 마주하게 된다. 아무리 다른 사람들의 목소리와 뒤섞여 살아간다고 해도 결국엔 혼자서 짊어져야 할 짐을 지닌 존재인 나 자신을 말이다.

이 본래적인 나를 꼿꼿이 서서 당당하게 마주하는 것은 어려운 일이다. 대부분의 경우 자신이 의식하지도 못하는 사이에 본래적인 나 앞에서 도망쳐 세인의 틈으로 뛰어들어 간다. 그곳에서는 수많은 불특정 다수에 의해 짐도, 책임도, 삶의 무게도 분산되기 때문이다. 하지만 그런 도피는 임시방편일 뿐이다. 결국 우리 모두는 언젠가 홀로 걸어가야 하는 순간을 마주할 수밖에 없다. 누군가는 삶의 어느 순간에, 누군가는 죽음의 순간에.

5장

철학은 어떻게
삶의 위로가 되는가

✳✳✳

"너는 운명의 여신이 변덕을 부려 너를 해한다고 생각하는구나.
하지만 그것은 틀렸다. 운명의 여신은 언제나 그래왔듯
변화무쌍이라는 자신의 본성을 충실히 따를 뿐이다."

- 보에티우스, 《철학의 위안》

나는 무엇으로부터 위안을 받는가

살다 보면 위로가 필요할 때가 있다. 우리에게 위로가 필요한 이유는 항상 의지대로 일이 풀리는 게 아니기 때문이다. 한 사람의 의지는 운명의 커다란 부침을 거스르기에는 너무나 미약할 때가 많다. 전쟁, 기근, 자연재해, 정치적 불안, 경제 위기, 질병 등 커다란 불행의 풍파는 많은 사람의 의지를 무력화시킨다. 모든 성공은 적절한 행운을 필요로 하며, 적어도 자신을 무너뜨릴 만큼 큰 불행을 만나지 않아야 한다. 또한 일단 성공을 거뒀다고 해도 그 성공이 커다란 불운에 휩쓸려가지 않도록 오랫동안 붙들고 있는 건 나름대로 여러 가지 외부적인 조건이 잘 도와줘야만 가능한 일이다. 개인의 능력과 의지는 커다란 운명의 파도가 덮치면 힘없이 굴복할 수밖에 없다. 반드시 아주 큰 불행이 아니더라도 사람들은 대부분 살아가면서 자신이 뜻한 대로 일이 이뤄질 수 없도록 하는 외부적인 요인을 마주친다. 그럴 때면 누구나 위로가 필요해진다.

삶의 방향성은 어쩌면 어떤 목표를 갖느냐, 어떤 능력을 기르느냐, 어떤 꿈을 꾸느냐보다도 **무엇으로부터 위안을 얻느냐**에 의해 결정되는 것일지도 모른다. 누구나 무언가 목표를 갖고 그 목표를 실현하기 위해서 노력하며 나름의 꿈을 품고 살아간다. 그리고 그 구체적인 양상에 따라 수없이 많은 삶의 형태가 존재한다. 하지만 이 모든 삶의 형태들은 각자 저마다 어쩔 수 없는 상황에 의해 실패를 맛봐야 하는 조건이 있다. 인간의 의지와 운명은 언제나 완벽히 일치하는 법이 없기 때문이다.

모든 사람은 어떤 삶을 살아가는지에 상관없이 어느 순간에 이르면 위로의 필요성을 절감하게 된다. 그럴 때 누군가는 친구에게서, 누군가는 가족에게서, 누군가는 예술에서, 누군가는 스포츠에서, 누군가는 재산에서, 누군가는 정치에서, 누군가는 술에서, 누군가는 마약에서, 누군가는 폭력에서 위로를 찾게 된다. 여러 대상 중 어떤 것에서 위로를 구하는지는 우리 삶에서 매우 큰 부분을 결정한다. 만약 어떤 두 사람이 지금까지 전혀 다른 삶의 궤적을 그려왔다고 하더라도 똑같은 대상 안에서 위로를 찾게 된다면 그 두 사람 사이에는 매우 깊은 연결고리가 존재하는 것이라고도 볼 수 있다.

'정신승리'라는 단어가 한창 유행했던 적이 있다. 주어진 상황이나 사실이 자신에게 불리함에도 합리화하면서 괜찮다고 애써 자신을 속이는 것을 뜻하는 말이다. 현실은 패배에 가까운데 자신의 정신 안에서만 승리를 거둔다는 뜻에서 이 단어는 부정적인 의미로 사용되었다. 하지만 모든 위로는 어떤 의미에서는 정신승리를 약간씩 포함하고 있다. 모든 위로는 자신의 뜻대로 일이 현실화될 수 없다는 사실을 잠시라도 잊게 만들어주거나, 아니면 사실이 그렇더라도 좌절하지는 말아야 할 좋은 이유들을 제공하는 것이 본질이기 때문이다. 즉, 위로는 주어진 상황을 적극적으로 바꾸는 게 아니다. 이미 주어진 상황은 어쩔 수 없다고 인정하는 상태에서 그래도 상황을 조금이라도 더 긍정적으로 바라볼 수 있도록 기운을 북돋아주거나 희망을 잃지 말아야 할 이유를 제시해주는 게 위로다. 이런 의미에서 위로는 물질보다도 우리의 정신과 우선적으로 관련이 있다. 객관적인 세계의 대상들을 바꾸는 게 위로가 아니라, 그 대상들을 바라보는 주관적인 정신을 바꾸는 게 위로의 역할이기 때문이다. 그러므로 위로의 본질은 물질승리가 아니라 정신승리다.

이를 통해 우리는 위로의 커다란 축이 이성적인 **합리화**에 있다는 걸 알 수 있다. 많은 위로는 부정적인 상황 속에서도 긍정적인 인식을 잃지 말아야 할 합리적이고 논리적인 '이유'를 발견하게 해주는 방식으로 이뤄진다. 그런 논리의 생성은 비언어적인 수단을 통해서 이뤄지기도 하며 때로는 말을 통해서 직접적으로 이뤄진다. 예를 들어서 일이 잘 풀리지 않아 맘고생을 하고 있는 아내를 말없이 안아주는 남편의 위로는 명시적으로는 어떤 논리도 제시해주지 않지만, 그 따뜻한 포옹은 간접적으로 아내의 정신 안에서 '나에게는 가족이라는 가장 소중한 존재, 내가 언제든 믿고 의지하고 그 안에서 의미를 찾을 수 있는 그런 존재가 옆에 있다. 따라서 일이 잘 풀리지 않는다고 너무 좌절감에 빠질 필요는 없다'라는 논리를 형성해준다. 또한 이런 논리를 직접적으로 말로 제시해주는 것도 위로의 한 방식이다.

모든 위로는 나름의 논리를 품고 있지만, 그 논리가 항상 건전한 것은 아니다. 어떤 위로는 말 그대로 부정적인 의미에서 정신승리를 하게 만든다. 세상에 커다란 해악을 끼치는 심각한 범죄를 저질러 죄책감을 느끼고 있는 사람에게 '괜찮아. 아직 아무도 모르잖아? 너만 입 꾹 닫고 그냥 살면 아무런 문제없어'라고 말하는 것은 어떤 의미에서는 분명 위로다. 범죄를 저지르는 사람이 당혹감에서 벗어나 이 세상을 편안히 살아가도록 만들어주기 때문이다. 하지만 분명 이 위로의 논리는 건전하지 않다. 이 논리는 위로를 받는 사람이 더욱 건설적인 길을 걷도록 도와주는 게 아니라 실제로 괜찮지 않은 것을 괜찮다고 포장해줄 뿐이다. 또한 술이나 마약이 주는 위로도 건전하지 않다. 술이나 마약, 또는 다른 중독성 물질이나 도박 등은 현실의 상황을 망각하도록 만든다. 진정한 위로는 이렇게 현실을 잊게 만드는 것이 아니다. 현실을 똑바로 직시하면서도 그 상황의 긍정적인 면을 포착하도록 만들어주는 것이다.

세상의 진실은 눈에 보이는 것과 다르다

로마시대, 어떤 한 고위급 정치인이 권력 싸움에 휘말려 억울한 누명을 쓰고 먼 지방의 감옥에 유배되었다. 그에게 내려진 판결은 사형. 얼마 전까지만 해도 한 나라를 다스리는 자리에서 찬란한 명예를 누렸던 사람이 이제는 외로운 골방 안에서 죽음만을 기다리는 비참한 신세가 되었다.

과연 이 사람은 어디서 위로를 찾을 수 있을까? 모든 것을 빼앗다 못해 목숨마저 빼앗기기 직전인 사람에게 어떤 제대로 된 논리를 제시해줄 수 있을까? 그런 극단적으로 비참한 상황에 처해 있는데도 세상을 긍정적인 시각에서 바라봐야 할 이유를 어디서 찾아줄 수 있을까? 어쩌면 그런 사람에게 줄 수 있는 유일한 위로는 현실을 망각하도록 만들어주는 것일지도 모른다. 또는 그는 스스로 제정신을 포기함으로써, 즉 광기를 갖게 됨으로써 세상을 초월적인 시각에서 바라볼 수 있는 힘을 얻으려 할지도 모른다.

하지만 이 사람은 그런 가장 비참한 상황 속에서도 포장지뿐인 가짜 위로가 아니라 진정으로 자신의 상황을 똑바로 마주하고 그 상황 안에서 긍정적인 의미를 찾을 수 있는 논리를 발견하고자 노력했다. 즉, 그는 스스로에게 진정한 위로를 제공하고자 노력했을 뿐 아니라, 자신과 비슷한 상황에 처한 사람들, 혹은 사형선고를 받는 게 아니더라도 살면서 자신의 의지가 꺾이는 억울한 상황을 수없이 겪을 후대의 수많은 사람에게 어두운 상황에서도 긍정적인 시각을 잃지 말아야 할 이유를 제시하기 위해 노력했다. 그의 이름은 보에티우스였고, 그가 옥중에서 마지막 불꽃을 태워 쓴 책이 《철학의 위안》이다.

보에티우스가 자신과 다른 사람들에게 위로를 주기 위해 선택한 방법은 명시적인 논리를 사용하는 것이었다. 특히 그는 왜 착하게 사는 사람은 손해를 보고 나쁘게 사는 사람은 이익을 챙겨가는 것처럼 보이는지에 대해서 어떻게든 이성적인 합리화를 제시하려고 노력했다. 그가 살았던 6세기도 지금의 21세기와 그리 많이 다르지 않았다. 선한 마음을 갖고 살아가는 사람들은 자리에서 밀려나고 부를 빼앗기기 일쑤였으며, 악하고 약삭빠르게 행동하는 사람들이 세상의 좋은 것들을 다 가져가는 일이 흔했다. 보에티우스 역시 자신 생각에는 선한 마음으로 공동체를 위해 노력했지만 결국 그에게 돌아온 건 차가운 죽음뿐이었다. 자신의 이익을 위해 악한 행동도 마다하지 않은 사람들이 그보다 더욱 떵떵거리며 잘사는 것처럼 보였다.

아마 당시의 믿음 체계를 고려할 때 이런 현실에 이성적으로 의문을 가질 수밖에 없었을 것이다. 왜냐하면 당시 많은 로마인은 기독교를 믿었으며, 이 세상은 전지전능하고 최고로 선한 신이 만든 최선의 세계라는 생각이 보편적이었기 때문이다. 그런데 세상이 돌아가는 꼴을 보니 선한 사람은 전혀 보상을 받지 못하고 오히려 악한 사람이 가장 많은 보상을 챙겨가는 것 같았다. 그렇다면 어떻게 이 세상이 최선의 세계일 수 있단 말인가? 사실 이 세상을 창조한 신은 악한 존재이고, 이 세상 역시 결코 선한 곳이 아닌 게 아닐까? 만약 이런 게 사실이라고 한다면, 우리는 그냥 착한 마음 따위 무시하고 살면서 최대한 나의 이익을 위해서 행동해야 하는 게 아닐까?

꼭 기독교를 믿어야만 이런 의문이 생기는 건 아니다. 지금 우리 시대에 기독교는 더 이상 절대적인 영향력을 행사하지 않는다. 그럼에도 우리는 살면서 지켜야 할 도덕법칙이 있다고 생각하며, 많은 사람이 악한 가치보다는 선한 가치를 추구하면서 살아가는 것이 좋다고 생각한다. 그런데 선인은 보상받지 못하고 악인은 보상을 받는 게 정말 사실이라고 한다면, 우리는 도대체 무엇 때문에 도덕을 지키고 선한 가치를 추구해야 하는 걸까? 적당한 이유를 찾기가 어려워 보인다.

보에티우스는 '세상의 진실은 눈에 보이는 것과 다르다'고 생각했다. 눈에 보이는 세상에서는 선한 사람보다는 악한 사람이 더 잘 사는 일이 흔해 보인다. 하지만 보에티우스는 사실 악인들은 이미 **가장 큰 벌**을 받고 있으며 선인들은 이미 **가장 큰 보상**을 받고 있다고 주장했다. 이게 무슨 뚱딴지같은 소리일까? 일단 그의 논리를 살펴보자.

보에티우스는 세상의 모든 존재가 선을 추구한다고 생각했다. 선이라는 말이 조금 어렵게 느껴진다면 단순하게 좋은 것이라고 생각해도 좋다. 다시 말해, 세상의 모든 존재는 다 좋은 것을 추구한다. 토끼에게는 풀이 좋은 것이기 때문에 풀을 뜯으려고 하며, 호랑이에게는 토끼가 좋은 것이기에 토끼를 잡아먹으려 한다. 마찬가지로 모든 인간들은 좋은 것을 추구한다. 그런데 (이 부분이 중요하다!) 어떤 사람들은 진짜로 좋은 것을 추구하며, 어떤 사람들은 겉으로는 좋아 보이지만 사실은 좋지 않은 것을 진짜로 좋은 것인 줄 알고 추구한다. 비유하자면, 육식을 추구하는 호랑이는 정말로 자신에게 좋은 것을 추구하는 것이다. 반면 자신에게 채식이 도움이 되는 줄 알고 풀을 뜯어 먹으려 하는 호랑이는 겉으로는 좋아 보이지만 실제로는 좋지 않은 것을 추구하는 셈이다. 비슷하게, 정말로 좋은 가치를 추구하는 사람은 정말로 좋은 것을 추구하는 것이다. 반면 겉으로는 좋아 보이지만 실제로는 좋지 않은 가치를 추구하는 사람들은 진짜로 좋은 가치를 추구하는 데는 실패하는 셈이다.

보에티우스는 악을 저지르게 되는 세 가지 경우를 제시한다. 그는 그 모든 경우에서 악인들은 성공적인 인간 존재를 누리기보다 완전한 실패자가 되는 것이라고 주장한다.

왜 악인들은 선을 저버리고 악을 추구하는가? 그들이 선이 무엇인지 모르기 때문인가? 그렇다면 그들은 무지에 눈이 먼, 무엇보다도 더 무력하고 노예 같은 상태에 있는 게 아닌가. 또는 그들은 어떤 길을 따라야 마땅한 것인지 알기는 하지만 욕망의 유혹에 잘못 이끌려 악으로 향하는 것인가? 이런 경우라고 해도 그들은 무력한 것이다. 자신을 통제하고 악에 맞서 싸울 능력이 없는 것이기 때문이다. 또는 악인들은 자의에 의해 선을 저버리고 악을 추구한다는 것인가? 이런 경우라면, 그들은 무력한 것일 뿐 아니라 존재 자체를 멈추는 것이다. 존재하는 것들은 각기 좋은 것을 추구하는데, 그 공통적인 목표를 포기한다면 존재하기를 저버리는 것이기 때문이다.

이런 의미에서 선한 가치를 추구하는 사람들은 승리자들이자 성공적이고 완전한 인간 존재를 누리는 사람들이며, 악한 가치를 추구하는 사람들은 패배자들이자 실패한 사람들, 완전성의 반대로 향하는 사람들이다. 왜냐하면 악인들은 자신에게 도움이 되고 좋은 것이라고 생각해 악한 가치들을 추구하는 것이지만, 사실은 그게 진짜로 좋은 것이 아니며 자신에게 전혀 도움이 되지 않는 것이기 때문이다.

다른 사람들을 착취해서 큰돈을 벌고 남을 배신해서 좋은 자리에 오르는 사람은 그럼으로써 자신이 좋은 것들을 실현한다고 생각하지만, 사실은 전혀 좋은 것을 이뤄내지 못하는 것일 뿐 아니라 더 부족한 인간이 되어간다. 따라서 악인들은 무지하고 무력한 사람들이며, 이미 가장 큰 벌을 받는 사람들이다. 그들이 더 큰 악을 행할수록, 자신에게 더욱 좋은 것을 이뤄낸다고 생각할수록, 그들은 점점 더 좋은 것과 반대되는 나쁜 것의 수렁에 빠지는 셈이다.

보에티우스는 이렇게 얼핏 보이는 것과 달리 선하고 착실한 삶에는 그 자체로 큰 보상과 의미가 뒤따른다는 논리를 통해 후대의 많은 사람을 위로하고자 했다. 그리고 그 논리를 '철학'이라는 이름으로 칭했다.

21세기를 사는 우리의 시각에서 보에티우스가 제시했던 논리는 약간 조악해보일 수도 있다. 별로 설득력이 없다고 느껴질 수도 있으며, 정신승리에 불과한 것으로 보일 수도 있다. 하지만 어쩌면 그처럼 '눈에 보이는 것과는 다른 무언가'가 있다고 믿지 않는 이상 이 세상에서 제대로 된 위로를 얻는 건 불가능할지 모른다.

모든 인생은 항상 어떤 형태로든 쓰라린 운명을 맞닥뜨리기 마련이며, 그 불행의 힘은 때로 세상을 긍정적으로 봐야 할 모든 '눈에 보이는 이유'들을 빼앗아간다. 그럴 때 모든 것을 포기해버리거나 모든 것을 망각해버리지 않으면서도 제정신을 유지하며 세상을 똑바로 살아갈 수 있게 만들어주는 유일한 길은 '눈에 보이지 않는 이유'들로 구성된 논리를 만들어내는 것이다. 그 논리가 지나치게 비이성적인 쪽으로 흘러가면 사이비 종교가 된다. 그러지 않고 많은 사람을 설득시킬 만한 보편적이고 건전한 구조를 갖추게 되면 합리적인 위로가 될 것이다.

인류는 끊임없이 다양한 철학, 문학, 예술 등을 통해 눈에 보이지 않는 것을 통한 위로를 발전시켜 왔다. 지금 우리에게 필요한 건 지금의 이성과 감성으로 이해하고 납득할 수 있는 또 하나의 위로를 생산해내는 것이다.

6장

감정의 목소리를
무시하지 않는 것

✴✴✴

> "분명히 사태를 인식하기는 하는데 그저 멀리 떨어져 있고
> 텅 빈 것으로서 알기만 하는 것일 때도 있다."
>
> - 힐데브란트, 〈윤리적인 행위에 대한 생각〉

감정적인 것은 나쁜 것일까

'감정적'이라는 표현은 보통 악담으로 사용된다. '너는 너무 감정적이야' '감정적으로 판단하지 마' 등 감정에 휘둘려 제대로 된 판단이나 행동을 하지 못할 때 '감정적'이라는 표현을 쓴다. 우리는 감정적인 사람보다는 감정적이지 않은 사람을 더 훌륭한 사람으로 여기곤 하며, 감정을 잘 조절할 수 있는 것을 미덕으로 여긴다.

어떻게 살아야 하는가의 문제에서도 흔히 감정은 그렇게 긍정적으로 취급되지는 않는다. 인류 역사의 오랜 기간 사상가들은 좋은 삶을 살기 위해서 감정을 잘 통제해야 한다고 생각했다.

감정에 치우치는 것은 올바른 판단에 방해가 된다고 생각했으며, 이성의 힘을 통해 감정을 잘 극복할 수 있어야 한다고 여겼다. 이런 전통적인 생각에서는 감정을 주관적인 것으로, 이성을 객관적인 것으로 여기는 구별을 찾아볼 수 있다. 감정은 그저 그것을 느끼고 있는 한 사람에게만 유효한 주관적인 것에 불과한 반면, 이성은 보편적으로 모든 사람에게 유효한 객관적인 지식을 얻어낼 수 있는 힘이라는 것이다. 예를 들어서, 나의 사적인 감정을 통해 무언가가 나쁘다고 판단을 내리는 건 그저 나한테만 유효한 것일 뿐이다. 반면 이성적·논리적인 추론을 통해서 무언가가 나쁘다고 판단을 내리면 그 판단은 모든 사람들에게 설득력을 가진 보편적인 것이 된다.

따라서 이성적인 추론과 합리적인 판단 절차를 통해 얻어진 법칙을 잘 따르고 그것을 수호해나가는 것이 인간으로서 좋은 삶을 살고 세상을 더 좋은 곳으로 만들기 위해 따라야 할 길이라고 생각하는 것이 일반적인 일이었다. 예를 들어서 자유와 평등, 인권, 권력 분립의 원칙 같은 것들은 이성을 통해 모든 인간이 반드시 지키고 따라야 하는 것으로서 추론되었다고 생각했다.

조금 더 작은 스케일에서 개인의 삶에 적용되는 도덕적인 문제들도 모두 이성의 힘을 통해 판단이 내려져야 한다는 생각이 흔했다. 예를 들면 거짓말을 해도 되는지, 자살을 해도 되는지, 안락사를 허용해야 하는지 등의 문제들은 사적인 감정이 아니라 보편적인 이성의 논리를 통해 결정되어야 할 문제로 여겨졌

다. 역사적으로 많은 사상가, 철학자, 정치가는 왜 어떤 원칙이
나 가치를 지키고 따라야 하는지 논리적으로 모두가 납득할 만
한 설명을 제시하려고 했다.

하지만 어쩌면 이런 이성에 대한 과도한 의미 부여는 현실적
인 삶과는 잘 맞지 않는 것일지도 모른다. 현실적인 삶에서는 감
정이 이성보다 중요한 역할을 할 때가 많다. 정치적으로 어떤 정
당이 더 나은지를 판단할 때, 많은 경우 이성적인 논리를 통해
판단이 이뤄지기보다는 그 정당이 우리에게서 어떤 감정을 이
끌어내는지에 의해서 판단이 결정된다. 정말로 이성을 통해서
만 판단한다면 당의 정책과 권력구조 같은 것들을 분석해 그 당
에 대한 대부분의 평가가 이뤄져야 할 것이다. 하지만 실제로는
당의 색깔(정치적 색깔이 아니라 빨간색, 노란색, 파란색 등의 시각적
인 색깔), 로고 디자인, 당 대표의 관상, 소속 정치인들이 내비치
는 인격적인 느낌 같은 요소들이 그 당에 대한 우리의 판단에 지
대한 영향을 미친다. 이 요소들은 모두 우리의 이성이 아니라 감
정을 자극한다.

개인적 삶의 문제들에서도 많은 경우 감정이 이성보다 큰 힘
을 발휘한다. 예를 들어서 어떤 가치를 좇을 것이냐, 누구를 좋
은 사람이라고 생각하느냐, 하루의 계획을 어떻게 세울 것이냐
등의 문제에서 우리의 판단은 자주 별 이유 없이 이뤄진다. 그냥
그러고 싶어서, 왠지 그게 좋아 보여서, 이유는 모르겠지만 어쩐
지 끌려서 우리는 많은 선택과 판단을 내린다. 만약 이성의 힘을

통해 결정을 내린다면 그 결정에 합당한 이유를 논리적인 구조를 갖춰 제시할 수 있을 것이다.

하지만 대부분 우리는 그러지 못한다. 인생의 정말 많은 순간에서 우리는 설명할 수 없는 어떤 두루뭉술한 이유 때문에 사고와 판단의 방향성을 결정한다. 이런 상황을 표현하기 위해 우리말에는 '그냥'이라는 마법의 단어가 있다. 하지만 '그냥'에 의해 표현되는 상황을 좀 더 자세히 분석해보면 그 안에서 감정이 커다란 역할을 담당한다는 사실을 알 수 있다. 명확한 이유 없이 무언가를 따르기로 선택할 때는 그것에 대해 긍정적인 감정을 느끼고 있을 가능성이 높고, 별 이유 없이 뭔가를 거부하고 싶을 때는 그 대상에 대해 부정적인 감정을 갖고 있을 때가 대부분이다.

하지만 과연 이런 감정의 역할이 바람직하다고 말할 수 있을까? 감정은 신속한 의사결정을 도와주기도 하지만, 많은 경우에는 최선의 판단을 하지 못하도록 우리를 가로막는다. 연쇄살인범에 대해 일어나는 분노의 감정은 연쇄살인이라는 행위가 왜 악한지 이성적으로 굳이 따져보지 않고도 얼른 그 사람을 비판하고 처벌하도록 도와준다. 반면 범죄자의 범행 과정을 냉철하게 이성적으로 조사해보지 않고 그 사람을 무작정 비판하는 것은 때로 그 사람에 대한 과도하고 부당한 대우로 이어지기도 한다. 감정에 의해 내린 섣부른 판단 때문에 그 범죄자는 실제 받아야 마땅한 처벌보다 더 과한 처벌을 받게 될 수 있다. 이런 이유 때문에 감정은 반드시 이성에 의해 통제되어야 한다는 생각이 계속해서 이어져 왔다.

이런 전통적인 생각이 반드시 틀린 것은 아니다. 하지만 감정에 부정적인 프레임을 씌우고 이성에만 선한 가치를 부여하는 것은 감정이 가진 창조적이고 긍정적인 역할을 제대로 알아차리지 못하도록 만든다. 감정은 단순한 이성의 하수인이 아니다. 감정은 이성과는 또 다른 방식을 통해 세상을 이해하는 그 자체로 고유한 통로다. 분명히 감정은 때때로 이성의 통제를 받아야 한다. 하지만 감정의 도움 없이는 애초에 이해조차 할 수 없는 현상이 정말 많다.

감정은 언어의 한계를 뛰어넘는다

독일의 철학자 힐데브란트Hildebrand는 우리가 가치를 이해할 때 감정의 역할에 주목했다. 가치란 좋음, 나쁨, 순수함, 추악함, 옹졸함, 겸손함, 정의로움 등 우리 삶에서 긍정적인 의미 혹은 부정적인 의미를 갖는 요소들을 가리킨다. 전통적인 생각에 따르면 이런 가치에 대한 이해는 무엇보다도 이성에 의해 이뤄져야 한다. 이성의 보편적인 추론을 통해서만 무엇이 추한 건지, 무엇이 선한 건지에 대해 사적인 판단에 오염되지 않은 가장 신뢰성 있는 지식을 얻을 수 있기 때문이다. 하지만 힐데브란트는 이성적인 추론을 통해서 파악할 수 있는 가치의 모습은 그 가치 전체의 매우 제한된 부분에 불과하다고 주장했다. 예를 들어서 아무리 정의로움에 대해 복잡하고 수려한 이론을 발전시키고 논리적인 추론을 수행한다고 해도, 그렇게 해서 이해하게 되는 건 정의로움 전체의 아주 일부분일 뿐이다. 힐데브란트는 그 나머지 부분들, 즉 정의로움 전체에서 훨씬 더 중요하고 본질적인 부분들에 대한 이해는 감정적인 힘의 도움을 받아야만 얻어질 수 있다고 생각했다.

이성적인 추론은 말의 도움을 받아서 이뤄진다. 언어가 없다면 추론 또한 이뤄질 수 없다. 이성의 역할은 단어들을 잘 연결해서 적합한 문장들을 만들어내고 그 문장들을 논리적인 법칙에 따라 잘 배열하는 것이다. 예를 들어 마이클 센델의《정의란 무엇인가》는 정의에 대한 이성적인 설명을 시도하는 책인데, 그 전체가 언어로 이뤄져 있다. 단어와 문장의 배열을 통해 최대한 말이 되는 논리를 만들어낸 것이 책이라는 이성적인 결과물이다. 그런데 이렇게 이성의 활동이 언어를 통해서 이뤄진다는 것은 반대로 생각하면 이성의 한계가 언어의 한계에 의해 규정된다는 이야기다. 말로 표현될 수 없는 것은 이성적으로 이해될 수 없다. 단어와 문장으로 표현될 수 없는 것에 대해서는 추론이 이뤄질 수 없다.

감정의 역할이 중요한 점은 언어의 한계를 뛰어넘는다는 것이다. 감정은 기본적으로 말로 표현되지 않는다. 물론 우리는 감정을 말로 나타낼 수 있는 언어 표현들을 갖고 있다. 화남, 슬픔, 기쁨, 편안함, 안도감, 무서움 등 감정을 나타낼 수 있는 말들이 많다. 하지만 이런 감정 표현들이 우리가 느끼는 감정을 온전히 표현해주는 건 아니다. 예를 들어서 무서움에도 정말 다양한 무서움들이 있다. 그런데 우리는 그 디테일을 표현할 방법이 없어서 그냥 무서움이라고 통칭한다. 섬뜩함, 공포, 두려움, 오싹함 등의 후보가 더 있긴 하지만, 이런 표현들도 구체적인 상황 안에서 내가 느끼는 바로 그 무서움을 콕 집어서 나타내주지는 못한다. 우리가 실제로 느끼는 감정은 항상 말로 표현될 수 있는 것을 넘어선다.

이런 아이디어에서 힐데브란트는 감정이 **가치에 대한 언어적 추론을 뛰어넘는 이해**에 이를 수 있는 통로라고 생각했다. 그는 대표적인 예로 불이 난 집 안에서 살려달라고 소리치는 사람의 목소리를 들었을 때 느껴지는 그 급박한 감정에 대해 이야기한다. 소리를 들은 사람의 이름이 철수라고 해보자. 어쩌면 그 소리치는 목소리를 듣기 전 아침, 철수는 학교에서 생명의 가치에 대한 상세한 수업을 들었을지도 모른다. 그러고 나서 카페에서 커피를 마시며 생명의 가치에 대한 철학책을 읽었을지도 모른다. 그후 몇 시간 동안 아주 복잡하고 논리적인 추론을 통해 생명의 가치에 대해 아주 세련된 이해에 이르렀을지도 모른다. 그렇게 온갖 윤리학적인 깨달음과 지식을 얻고 나서 집으로 돌아가는 길, 불이 난 어떤 집 안에서 구조를 요청하는 목소리를 들었다고 해보자. 이때, 그 순간적인 급박한 감정을 통해 철수는 그 이전까지의 이뤄냈던 모든 이성적인 이해를 뛰어넘는 생명의 가치를 직접 피부로 느낄 수도 있다.

만약 철수가 그 절박한 외침을 듣고 무언가 강렬한 것을 느껴 깊이 생각할 겨를도 없이 위험에 처한 사람을 구하러 뛰어들어 갔다고 해보자. 힐데브란트는 이때 철수는 "타인의 생명을 보호하는 것이 갖는 의미 전체를 눈앞에서 직접 경험하게 되는 것이며, 이 충동적인 행위는 냉철한 고찰을 통해 이뤄지는 행위에 비해서 가치에 대한 훨씬 더 완전한 의식과 연관되는 것"이라고 주장한다.

위급한 상황이 종료된 후, 자신이 느꼈던 것을 되짚어보면서 철수는 이전까지 자신이 논리적으로 행하고 있었던 생명의 가치에 대한 추론들이 너무나 피상적이었다고 생각하게 될지도 모른다. 강의와 책, 이성적 사고를 통해 얻었던 지식은 단지 생명이라는 가치의 한 단면만을 알게 해줄 뿐이었다고 깨닫게 될지도 모른다. 그 가치의 가장 본질적이고 중요한 부분은 죽음의 위협 앞에서 절박하게 도움을 구하는 그 목소리를 들었을 때 비로소 감정적인 경로를 통해 피부에 와닿았을 수 있다.

감정의 역할은 이성으로 대체할 수 없다

우리 삶에서 중요한 수많은 다른 가치도 비슷한 모습을 띤다. 감정의 개입 없이 이성의 힘만으로 가치를 제대로 이해한다는 건 거의 불가능하다. 그렇기 때문에 우리는 때때로 이전까지는 어떤 가치를 머리로만 알고 있었다가 어떤 순간에 이르러서 그 가치를 가슴으로 느끼고 그것의 진정한 의미를 깨닫게 되는 체

310

험을 한다.

예를 들어서 가족의 소중함에 대해 별다른 감정을 느끼지 않는 사람도 가족의 소중함을 이성적으로 이해할 수는 있다. 가족이 (많은 경우) 오랜 시간 함께한 공동체라는 사실, 믿고 의지할 수 있는 존재라는 사실, 경제적으로 내게 많은 도움을 준 존재라는 사실 등 여러 합리적인 이유를 통해서 가족의 소중함을 논리적으로 추론해낼 수 있다. 하지만 우리가 진정으로 가족의 소중함을 이해하게 되는 순간은 주로 감정적인 체험의 순간이다. 오랜 기간 떨어져 있던 가족을 다시 만나게 되었을 때, 가족의 새로운 일원으로 아이가 태어났을 때, 오랫동안 함께 했던 가족이 세상을 떠났을 때 등, 특정한 감정이 우리를 압도하는 순간 우리는 이전까지 '알고' 있었던 것과는 전혀 다른 궤도에서 가족의 소중함을 새롭게 '느끼게' 된다. 그 감정적인 느낌은 가치에 대한 더욱 본질적인 이해에 이르는 새로운 통로를 열어준다.

이러한 감정의 역할은 이성으로 대체할 수 없다. 이성이 결코 이해하지 못하는 것을 감정은 이해한다. 물론 반대도 성립한다. 감정적으로는 이해할 수 없는 것을 이성을 통해 이해할 수 있을 때도 많다. 그러나 이성은 이미 역사적으로 좋은 대접을 받아 왔다. 이성이 인간의 최고의 능력이며 이성을 통해 인간으로서 최선의 삶을 살고 세상에 대한 가장 뛰어난 이해에 도달할 수 있다는 생각이 오랫동안 이어져 왔다. 하지만 힐데브란트 같은 철학자들의 노력으로 최근에는 이성과 감정 사이에서 균형을 찾으려는 움직임이 늘어나고 있다. 이성과 감정은 주종의 관계가 아니라 서로가 서로를 보완하는 협력 관계라는 것을 보이고자 하는 것이다.

따라서 '감정적'이라는 표현에 부여된 부정적인 뉘앙스에 대해서 우리는 다시 한번 생각해볼 필요가 있다. 감정에 완전히 지배당해 이성을 전혀 발휘할 수 없는 상태가 되면 그건 분명히 큰 문제다. 하지만 적절한 감정은 가치를 이해하는 데 필수적이며, 언어적으로 표현될 수 없는 현상들을 이해하도록 도와준다. 이런 의미에서 우리는 모두 감정적이 될 필요가 있다. 또한 우리는 이미 모두 감정적이다. 인간의 문명은 이성뿐 아니라 감정을 통한 이해 위에 세워질 수 있었다.

무엇이 정의인지, 무엇이 좋은 삶인지, 어떤 사람이 좋은 사람인지 등에 대해서 우리가 가진 이해가 과연 순전히 이성에 의해 얻어진 것일까? 그렇지 않다. 생명의 가치와 가족의 소중함을 감정을 통해 가장 깊은 지점까지 이해할 수 있듯이, 다른 모든 가치들에 대한 이해 역시 상당 부분 감정적인 이해에 기초하고 있다. 이 사실을 외면하고 감정을 억누르며 이성을 통해 최선을 실현할 수 있다고 믿는 전통으로부터 이제는 벗어날 때다.

한 시대를
지혜롭게 살아간다는 것

✦✦✦

"처음에는 그저 우연적이고 그럴듯한 정도로 보이던 것이
반복을 통해 현실적이고 확정적인 것이 된다."

- 헤겔, 《역사철학 강의》

당연해 보이는 것들도 언젠가는 사라지는 법

얼마 전 한 나이가 지긋하신 분에게서 충격적인 이야기를 들었다. 1980년대 초까지만 해도 좋은 대학을 나와 삼성전자에 취업하면 '아주 잘 풀리지는 않았구나' 하는 소리를 들었다고 한다. 삼성전자가 당시 지금처럼 잘나가는 회사가 아니었기 때문이다. 그 당시 삼성그룹의 주력 회사는 제일제당, 제일모직, 삼성물산 등으로, 삼성전자는 최고의 인재들이 선호하는 회사는 아니었다. 그런데 지금은 어떤가. 삼성전자는 삼성그룹 중에서는 물론 대한민국 전체에서 압도적인 퍼포먼스를 보이고 있다.

우리나라 대기업들의 옛날 모습을 보면 지금과는 너무나 달

라서 놀라울 정도다. 불과 70년 전 우리나라를 주름잡던 산업은 밀가루, 설탕, 면직물, 섬유, 시멘트, 사료, 생활용품 등 의식주와 직접적으로 관련된 물건들을 생산하는 산업이었다. 우리가 아는 현재의 대기업들이 대부분 이런 기초적인 산업에서 출발해 재벌로 성장했다. 삼성은 설탕을 생산하는 제일제당CJ을 설립하면서부터 큰 성장을 이뤘다. SK는 옷감을 생산하는 선경직물로부터 출발했다. 롯데는 비누공장으로 시작해 껌을 만들어 큰 돈을 벌었다. 모두 지금과는 너무나 다른 모습이다.

그로부터 30~40년이 흐르면서 정말 많은 변화가 있었다. 전자, 제철, 화학, 조선, 건설 산업 등이 빠르게 성장했으며, 금융업도 크게 성장했다. 이러한 새롭게 떠오르는 산업 분야에 잘 진출한 기업들은 계속해서 몸집을 키운 반면, 예전의 단순한 생필품 산업에만 머물러 있었던 많은 기업은 도태되었다.

그 후로 또 시간이 흐르면서 다시 많은 변화가 있었다. 컴퓨터의 보급과 인터넷의 등장으로 네이버 같은 검색엔진 기업이나 넷마블, 엔씨소프트 같은 게임 회사들이 크게 성장했다. 최근 10년 동안에는 모바일 혁명이 일어나면서 스마트폰과 관련된 카카오나 배달의민족 같은 기업들이 폭발적인 성장을 이뤄냈다.

이렇게 세상은 끊임없이 변화하고 있다. 10~20년 전에 인정받던 기업이 지금은 아예 세상에 존재하지도 않기도 하며, 그때는 대부분 사람들에게 주목받지 못했던 기업들이 지금은 시가총액 10위 안에 이름을 올리고 있기도 하다.

변화하는 것은 기업만이 아니다. 정치체제, 경제체제, 사회 구조, 사람들의 의식 등은 끊임없는 변화의 상태 안에 있다. 지금 당연해 보이는 많은 것이 불과 몇 십 년 전까지만 해도 사람들의 머릿속에 없었다. 70년 전 미국의 일부 지역에서는 버스를 탈 때 흑인과 백인이 같은 자리에 앉지 못하도록 금지했다. 비슷한 시기 한반도에서는 세계적 규모의 거대한 전쟁이 일어나 온 나라가 황폐화되었다. 1970년대 이전까지 우리가 아는 서울 강남 땅의 대부분은 허허벌판이었다. 모두 지금으로선 상상하기 어려운 모습들이다. 이런 급격한 변화의 예시들은 계속 이야기할 수 있을 만큼 많다. 지금을 살아가는 우리는 세상의 많은 것이 당연한 것이라 생각한다. 그러나 당연해 보이는 많은 것은 일련의 과정을 거쳐 생겨났으며, 아마 앞으로 그리 길지 않은 시간 안에 사라질 것이다.

인간의 삶은 끊임없이 변화한다

인간의 삶과 문명이 끊임없는 변화의 상태 안에 있다는 사실을 가장 깊이 있게 이해했던 사람 중 한 명은 독일의 철학자 게오르크 빌헬름 프리드리히 헤겔이었다. 솔직히 말해 인간 사회가 계속해서 변화한다는 사실은 조금만 주의 깊게 세상을 살펴보는 사람이라면 누구나 이해할 수 있다. 그런데 헤겔이 특별했던 점은 인간 사회가 랜덤하게 변화하는 게 아니라 일정한 내부적인 원리에 따라서 발전한다고 생각했다는 것이다. 헤겔은 인간의 사회를 식물에 비유했다. 식물은 성장하는 과정에서 내부에 미리 입력되어 있는 원리에 따라 변화를 거듭하며 자신을 발전시켜나간다. 씨앗에서 나무가 되고 꽃을 피우고 열매를 맺기까지 그 과정이 일정한 원리를 따르고 있는 것이다. 헤겔은 말하자면 인간 사회 안에도 유전정보와 같이 내부적으로 규정된 원리가 있다고 생각했다. 그래서 겉으로 보기에는 이쪽저쪽 들쑥날쑥하게 변화하는 것 같지만, 사실 그 변화들은 모두 일정한 원리에 의해 이끌림을 받고 있다고 생각했다.

헤겔은 인간 사회의 변화를 이끄는 그 원리를 이성이라고 불렀다. 그는 이성의 간지奸智라는 어려운 말을 사용했다. 간지는 간사한 지혜라는 뜻으로, 겉으로 보기에는 각각 사람들이 자기 마음대로 행동하고 불규칙하게 여러 일이 일어나는 것 같지만, 이성은 그 각각의 일들을 계기 또는 수단으로 삼아 거시적으로 보면 세상이 일정한 방향으로 흘러가게끔 인도하고 있다는 것이다. 예를 들어서 나는 내 의지에 따라 서점에 들렀다가 PC방에 가고 카페에서 말차프라푸치노를 마시고 유튜브를 봤지만, 그 일련의 일들이 사실은 모두 세상이 특정한 방향으로 이동하게끔 하는 원동력에 봉사하고 있다는 것이다. 이게 도대체 무슨 뜻일까?

헤겔은 **자유가 점점 확대**되는 방향으로 세상이 발전하고 있다고 주장했다.

316

세계사는 자유의식의 진보다. 우리는 그 진보의 필연성을 인식해야 한다.

헤겔은 세상에 여러 복잡다단한 일이 일어나지만, 그런 일들이 복합적으로 연결되어 결국에는 인간이 더욱 완전한 자유를 얻어내는 방향으로 세상이 흘러간다고 생각했다. 그가 아무런 근거 없이 이런 이야기를 한 건 아니다. 그는 역사를 살펴보면 그런 흐름을 파악할 수 있다고 생각했다. 헤겔에 따르면 가장 오래된 인류의 역사, 즉 고대 중국이나 이집트 같은 문명에서는 사람들이 자유가 무엇인지에 대해 잘 알지 못했다. 그런 상태에서 오로지 가장 강한 힘을 가진 황제만이 모든 자유를 독점했다.

고대 그리스에 와서는 사람들이 자유가 뭔지에 대해 이해하기 시작했고 스스로가 자유로운 존재가 될 수 있음을 알기 시작했다. 그래서 시민들 스스로가 자신들의 행방을 결정하는 민주주의가 탄생할 수 있었다. 그리고 로마시대에 이르러 자유에 대한 사람들의 의지가 본격적인 법과 사회제도로 발전하기 시작한다. 하지만 고대 그리스와 로마시대의 자유는 노예들의 노동에 의존하고 있었다. 그 당시 사람들이 이해한 자유는 특정 사람들의 자유를 빼앗음으로써 얻어지는 일부 사람들의 자유에 불과했다. 그러다가 서유럽 게르만족의 영향이 강해진 기독교 문명시대에 이르러 비로소 모든 인간이 그 자체로 자유로운 존재라는 인식이 생겼다. 이 시대에는 이제 모든 사람이 자유를 누리며 서로의 합의에 의해서 생겨난 보편적인 질서 안에서 균형 있게 살아갈 발판이 마련되었다.

헤겔은 이러한 역사 발전의 과정 안에서 각 개인은 자신의 **정열**에 따라서 행동할 뿐이라고 주장했다. 사람들은 자신이 이런 인류사회의 발전과정을 따라가고 있다는 사실을 잘 의식하지 못한다. 그저 자신 안에 일어나는 의지와 욕망, 야심 등에 따라서 각기 자신의 목적을 위해 행동할 뿐이다.

이런 각각의 정열에 따른 행동들은 작게 보면 항상 온갖 갈등과 무질서를 초래하는 것 같다. 하지만 크게 보면 각각의 작은 행동들은 인류가 더 완전한 자유로 나아가는 과정에서 자양분으로 활용된다. 대부분 사람들은 이 거대한 보편적 흐름에 크게 관심이 없다. 하지만 소수의 **역사적인 인물들**은 그 흐름에 민감하게 반응하고 그것에 자신의 삶을 바친다. 역사적인 인물이라고 해서 개인의 정열을 초월한 사람들인 것은 아니다.

역사적인 인물들, 세계사적인 개인들은 보편적인 것과 일치하는 목적을 가진 사람들이다.

한마디로, 그들도 역시 개인사적으로 보면 각자 원하는 바를 추구하며 살아간다. 다만 그들은 역사의 보편적 흐름과 딱 들어맞는 방향의 것을 욕망한다는 점에서 보통 사람들과 다르다. 그래서 그들은 자신의 욕망을 충족시키는 과정에서 세계의 엄청난 변화나 발전을 주도적으로 이끄는 역할을 맡게 된다.

헤겔의 이런 주장을 곧이곧대로 믿을 필요는 없다. 아마 많은 사람이 이런 주장을 허무맹랑하다고 생각할 것이다. 이성이라는 신비로운 원리가 있어서 세상을 일정한 방향으로 인도한다는 이야기는 전혀 과학적인 근거가 없어보이기 때문이다. 또한 헤겔이 속한 서유럽의 기독교 문명 안에서 보편적인 자유가 비로소 가능해졌다는 주장은 지극히 자문화 중심적이고 심지어 인종차별적으로 들리기까지 한다.

하지만 이런 문제점에도 헤겔의 주장에는 주목할 만한 면이 있다. 그는 한 시대 안에서 일어나는 일들이 그저 무작위적으로 펼쳐지는 게 아니라 어떤 원리에 따라 거대한 흐름을 형성한다고 생각했다. 또한 그는 대부분 사람들이 그런 거시적인 흐름에 관심이 없을 때, 몇몇의 탁월한 사람들은 보편적 흐름과 일치하는 것을 욕망하며 자신의 정열을 불태워 그 역사적인 흐름을 완성시킨다고 봤다.

한 시대를 살아가는 한 사람의 입장에서 과연 이 시대를 관통하는 흐름이라는 게 있을지 생각해보는 건 자신의 삶과 무관한 문제가 아니다. 만약 정말로 한 개인의 힘으로 거스를 수 없는 시대적 흐름이라는 게 있다면, 또한 그 흐름을 조금만 미리 알고 내 선택의 방향성을 결정하는 데 이용할 수 있다면, 삶 전체가 뒤바뀔 수도 있다.

의식의 거대한 흐름은 어떻게 변화할 것인가

헤겔과 관련된 말 중 '차이트가이스트_{Zeitgeist}'라는 잘 알려진 단어가 있는데, 우리말로는 시대정신이라고 번역된다. 물론 헤겔은 각 시대정신이 모두 자유의 확대라는 보편적인 목적을 향한다고 생각했다. 하지만 이런 주장에 우리가 꼭 동의할 필요는 없다. 이 시대의 정신은 거대한 역사적인 목적을 향하고 있지 않을지도 모른다. 어쩌면 헤겔이 말하는 그런 자유를 향한 방향성 같은 건 아예 존재하지 않는 건지도 모른다.

그러나 그것과 별개로 한 가지 확실한 건 어떤 시대 안에는 개인의 의지를 뛰어넘는 거대한 흐름이 존재한다는 사실이다. 그 흐름은 경제적·정치적·문화적인 것일 수도 있다. 산업혁명의 시기에는 근대적인 공장노동이 전근대적인 가내수공업을 대체하는 것이 거부할 수 없는 흐름이었다. 프랑스혁명과 미국독립혁명이 일어나던 시기에는 기존의 정치체제가 파괴되어 폭발적으로 밀려오는 거대한 흐름을 만들었다. 지난 몇 십 년간 한국에서는 제사나 차례를 지내는 유교적 풍습이 점점 사라져가는 게 어쩔 수 없는 명백한 흐름이었다.

대부분의 사람들은 일상에서 이런 거대한 흐름을 인지하지 못한다. 많은 사람이 여전히 의사가 최고의 직업이라 생각한다. 국제올림피아드에서 금메달을 따온 수재들이 거의 다 의대에 진학했다는 기사도 심심치 않게 접하게 된다. 물론 의사는 아주 소중하고 훌륭한 직업이며 여전히 매우 높은 소득을 올리는 직업인 것 또한 사실이다. 앞으로도 오랫동안 그럴 것이다. 하지만 그 지위가 영원하지는 않을 수도 있다. 이미 오래전부터 매우 효율이 높은 인공지능 진료가 가능해졌으며, 비대면 기술을 이용하면 진료비가 훨씬 더 저렴한 국가의 의사에게 다양한 분야의 진료를 받을 수 있다. 다만 아직 대부분 사람들의 의식이 변화하지 않았기에 이런 기술들을 적극 사용하도록 법적으로 허용되지 않았을 뿐이다. 앞으로 100년 후에도 과연 우리는 인간 의사에게 진료를 받을까? 전 세계의 수많은 저렴하고 실력 좋은 의사를 놔두고 굳이 집 앞의 의사에게만 약 처방을 받을까? 아마 그러지 않을 가능성이 높다.

스마트폰의 등장은 단 십 년 만에 일상의 상식을 엄청나게 바꿔놓았다. 처음 카카오톡이 등장했을 때 사람들은 '언제 유료화가 될까?'라고 생각했다. 그 이전까지 문자메시지는 당연히 돈을 주고 보내는 것이었기 때문이다. 몇 년 지나지 않아 공짜 메시지 전송 서비스는 상식이 되었다. 그런데 재미있는 사실은 스마트폰이 등장할 때 대부분 그게 세상을 완전히 뒤바꿀 거라고 예측하지 못했다는 것이다. 많은 전문가는 컴퓨터 기능을 휴대전화에 넣은 게 혁신이라고 생각하지 않았다. 컴퓨터는 그냥 집에서 하면 되고, 휴대용으로는 노트북이 있으며, 근본적으로 새롭게 탄생한 건 아무것도 없어 보였기 때문이다. 하지만 이런 다수의 인식을 깨고 스마트폰은 모바일 혁명이라는 엄청난 변화를 가져왔다.

하물며 인공지능, 우주기술, 생명공학 등은 어떨까? 아마 지금까지보다 더 급속한 변화를 가져올 것이다. 그런데도 대부분의 사람들은 이런 변화의 흐름에 적극적으로 반응하지 않는다. 사람을 움직이는 가장 강력한 힘은 거시적인 생각이 아니라 미시적인 욕망이기 때문이다.

만약 미시적인 욕망의 에너지를 아주 일부라도 거시적인 흐름에 대한 생각으로 옮겨 투자할 수 있다면 어떨까? 개인적인 열정의 단 5퍼센트만이라도 시대정신을 파악하는 데 투자한다면 어떨까? 아마 많은 변화를 좀 더 미리 알고 적극적으로 대처할 수 있을 것이다.

8장

죽지 않고 살아야 할
이유가 있을까

＊＊＊

"나는 더 높은 존재가 나에게 부여해주는 자유가
무엇인지 이해할 수가 없다.
나는 서열에 대한 감각을 잃어버렸다."

- 알베르 카뮈, 《시시포스 신화》

왜 살아야 하는가

어떻게 살아야 하는지에 관한 모든 문제는 과연 살아야 하는지의 문제에 종속된다. '사느냐 죽느냐, 그것이 문제로다'라고 생각하는 사람에게는 어떻게 살아야 하는지의 문제가 별로 중요하지 않다. 당장 죽어버리면 모든 게 끝나는 마당에 어떻게 살지 따지는 건 무의미하기 때문이다. 더 이상 살아갈 이유가 없는 사람에게 이렇게 살아야 한다, 저렇게 살아야 한다 가르치려 드는 것은 매우 공허한 훈수로밖에 들리지 않을 것이다. 살든 죽든 달라질 것이 없는 사람에게는 이렇게 살든 저렇게 살든 별로 다를 게 없기 때문이다.

따라서 과연 계속해서 살아갈 이유가 있는지에 대한 답변이 먼저 주어져야 비로소 어떻게 살아갈지에 대한 고민이 제대로 된 의미를 얻게 된다. 즉, '왜 살아야 하는가?'라는 질문은 '어떻게 살아야 하는가?'라는 질문보다 구조적으로 더 우위에 있다.

그런데 놀라울 만큼 '왜 살아야 하는가?'라는 질문은 역사적으로 별 관심을 받지 못했다. 그 이유로는 두 가지를 생각해볼 수 있다.

첫째는 생물학적 이유다. 인간은 다른 모든 생물들과 마찬가지로 생존하는 방향으로 설계되어 있다. 인간 안에는 배부르게 먹고 싶고, 편안하게 자고 싶고, 따뜻하고 좋은 환경에서 지내고 싶은 기본적인 욕망, 즉 생존의 조건을 채우려는 욕망이 강렬하게 자리 잡고 있다. 이런 원초적인 욕망이 잘 채워지면 보통 행복감을 느끼고, 그렇지 않으면 불행함을 느낀다. 그래서 우리는 자동적으로 끊임없이 행복감을 느끼려 노력한다. 반면 왜 계속해서 살아야 하는 건지 질문을 던지는 일은 그 자체로 별로 큰 즐거움을 주지 않는다. 머리만 아프고 힘들다. 그러다 보니, 생명체로서의 인간은 자연스럽게 이런 쓸데없이 에너지를 쏟는 질문은 접어두고 원초적인 욕망을 실현하는 데 압도적으로 많은 시간과 자원을 쓰게 된다.

둘째는 사회적인 이유다. 인간은 생명체이기도 하지만 사회적 존재이기도 하다. 생존 본능을 갖는 것은 생명체만이 아니다. 사회 역시 개별 생명체와 마찬가지로 자신을 계속해서 존속시키려는 기본적인 추동을 갖고 있다. 그래서 사회는 자신을 안정적으로 유지시켜주는 정치·경제·문화·교육 체계 등을 만들려 노력하게 된다. 그 과정에서 사회는 사람들에게 계속 사회에 봉사하면서 살아가고자 하는 의식을 불어넣으려 한다.

어려서부터 우리는 학교에서 애국가와 태극기에 대해서 배우고, 월드컵이나 올림픽 같은 행사 때 우리나라 팀을 응원하는 분위기에 익숙해지며, 엇나가지 않고 이 나라의 사회 질서에 잘 녹아들어 살아가게끔 만드는 여러 가지 제도적인 장치에 길들여지게 된다. 이런 관점에서 생각해보면, '왜 살아야 하는가?'라는 질문은 대부분의 사회에서 사람들의 의식에 심어줄 필요가 없는 질문이다. 딱히 사회의 존속에 도움이 되지 않기 때문이다. 사회의 입장에서는 사람들이 열심히 이 삶에 충실한 채 일도 하고 소비도 하면서 살아가는 게 좋지, 과연 살아갈 이유가 있나 의문을 품는 데 시간을 쏟는 건 낭비에 불과하다.

이렇게 위의 두 가지 이유가 '왜 살아야 하는가?'라는 질문에 사람들이 큰 관심을 쏟는 걸 항상 막고 있다. 따라서 이 질문이 진정 주목받기 위해서는 이 두 가지 이유에 균열이 생겨야 한다.

살아갈 이유를 찾지 못하는 부조리함

현대에 들어 인류 역사상 가장 큰 균열의 사건이 발생했다. 바로 제1차 세계대전(1914)과 제2차 세계대전(1939)이다. 두 거대전쟁은 각각 2000만 명, 7000만 명 이상의 목숨을 앗아갔으며, 그보다 더 많은 수의 사람이 부상을 입거나, 장애에 시달리게 되거나, 가족을 잃었다. 이 양차 세계대전은 많은 사람의 생물학적인 행복 추구 욕망을 마비시켰다. 너무나 많은 사람이 행복한 환경 안에서 살아갈 기반을 순식간에 빼앗겼다. 또한 직접적인 전쟁 피해를 입지 않은 경우라고 해도, 옆 도시가 불타고 사람들이 포탄에 찢겨나갔다는 소식을 생생하게 들은 사람들은 당장의 생물학적인 욕망 이상으로 무언가 생각하고 해결해야 할 문제들이 있다는 것을 자각하게 되었다.

또한 양차 세계대전은 사회의 존속을 위한 시스템을 새로운 각도에서 바라볼 수밖에 없는 조건을 만들었다. 세계대전은 여러 나라의 이해관계 때문에 벌어진 사건이었다. 각각의 사회들이 자신에게 더 많은 이득을 가져가기 위한 판단으로 다른 사회의 수백만 명을 죽이는 것을 선택했다. 심지어 그 과정에서 자국 사회 안의 수백만 명이 희생되는 것도 감수했다. 이런 무시무시한 일을 겪으면서, 사람들은 사회라는 존재가 얼마나 비합리적으로 인간존재를 파멸로 몰아갈 수 있는지 똑똑히 깨닫게 되었다. 그러면서 그동안 사회가 사람들에게 불어넣었던 여러 가치관에 심각한 의문을 품어보게 되었다.

이런 환경 속에서, 프랑스의 소설가이자 철학자인 알베르 카뮈는 제2차 세계대전이 한참이던 중 비로소 '왜 살아야 하는가?'라는 질문을 공식적으로 던졌다. 그는 단지 케케묵은 이야기를 하기 위해 이 질문을 던진 게 아니었다. 그는 정말로 '자살을 하지 말고 계속 살아가야 할 이유가 있는가?'라고 물었다. 그리고 이 질문에 대한 그의 답변은 매우 과감하고 충격적이게도 **살아갈 이유 같은 건 없다**였다. 한마디로, 자살을 해서 지금 삶을 끝내든 아니면 계속 살아가든 달라질 건 아무것도 없다고 그는 말했다.

물론 많은 사람이 자기 나름대로 삶의 이유와 의미를 갖고 있다. 그런데 카뮈의 아이디어는, 그런 주관적인 삶의 이유 말고 정말로 논리적으로 증명될 수 있는 삶의 이유 같은 건 아무것도 없으며, 따라서 지금 내가 삶을 끝낸다고 해서 그것을 진정으로 가로막을 수 있는 논리 같은 건 없다는 것이다. 이렇게 이성을 통해서 삶의 이유를 찾으려 하지만 그것을 결코 찾을 수 없는 수렁에 놓인 인간의 상태를 카뮈는 **부조리**라고 부른다.

카뮈의 아이디어에서 부조리는 일종의 전제에 가깝다. 만약 삶이 의미로 충만하다고 느끼고 살아갈 이유가 너무나 명백하게 있다고 믿는 사람이라면 카뮈의 생각에 별로 동조를 하지 않을 것이다. 서로 전혀 다른 전제를 품고 있기 때문이다. 예를 들어서, 가족과 함께 행복하게 생활하기 위해 계속 살아야 한다는 생각을 절대적인 전제로 갖고 있는 사람에게는 카뮈의 생각이 별 의미가 없다. 그 사람에게는 가족이야말로 삶의 진정한 이유이기 때문이다. 반면, 삶을 계속 살아가야 할 진정한 이유 같은 건 어디서도 발견될 수 없다고 생각하는 사람들에게는 카뮈의 생각이 커다란 영감을 불러일으킬 수 있다.

카뮈는 삶을 살아가다 보면 불현듯 모든 인간의 움직임이 **기계**처럼 보일 때가 있다고 주장했다. 지하철에서 저마다 스마트폰을 보면서 출퇴근을 하는 사람들, 가게에서 물건을 팔고 있는 사람들, 공원에서 운동을 하고 있는 사람들……. 이런 모습들이 갑자기 전부 기계적인 움직임처럼 보일 때가 있다는 것이다. 부조리가 부각되어 나타나는 순간이다. 생명은 정말 신비로운 현상이지만, 한편으로는 일종의 기계이기도 하다. A라는 신호가 주어지면 B라는 움직임을 산출하는 그런 기계 말이다. 그렇다면, 인간의 생명을 끝내는 것은 그저 기계의 전원을 끄는 것처럼 아무것도 이상할 게 없는 것이 아닐까? 기계가 계속 작동을 하든 전원이 꺼지든 그 기계의 입장에서 달라지는 것은 아무것도 없듯이, 나의 삶을 끝내는 것도 본질적으로는 아무런 차이도 만들어내지 않는 것이 아닐까?

이 생각을 받아들인다면, 한 가지 최종적인 질문이 떠오른다. '그럼 죽어야 하는가?'

그런데 매우 흥미로운 점은, 살아야 할 진정한 이유도 발견되지 않지만, 죽어야 할 진정한 이유 역시 발견되지 않는다는 것이다. 물론 죽고자 하는 개개의 사람은 나름대로 다들 죽어야 하는 이유를 갖고 있다. 그런데 그 사람의 주관적인 입장을 넘어서서 정말로 그 죽음을 보편적으로 정당화하는 논리적인 이유 같은 건 어디서도 발견되지 않는다.

여기서 우리는 삶과 죽음 사이에서 기묘한 **평형**을 발견하게 된다. 카뮈의 생각에 따르면 그 어떤 것도 우리를 살도록 강제하는 절대적인 논리로서 기능할 수 없다. 하지만 그렇다고 우리가 죽어야 할 절대적 논리가 발견될 수 있는 것 역시 아니다. 삶을 선택해야 하는지 죽음을 선택해야 하는지에 대한 답변은 영원히 미정으로 남아 있을 것이다.

하지만 이 문제가 미정으로 남아 있다고 해서 우리가 평생 이 문제에 끌려 다녀야 하는 것은 아니다. 우리는 꼭 이유가 있어야만 살아가는 게 아니다. 아무런 이유가 없지만 계속해서 살아가는 것도 가능하다. 살아야 할 이유가 없다고 해서 삶을 끝낸다면 거기서 모든 이야기가 끝난다. 삶이라는 무대가 사라지니, 더 이상 삶에 관한 어떤 이야기도 진행되지 않는다.

반면 살아야 할 이유가 없지만 계속해서 살아가는 사람은 자신의 의지로 계속해서 삶이라는 이야기를 진행시켜 나간다. 카뮈는 이런 사람을 **부조리한 인간**이라고 불렀다. 부조리한 인간은 어떤 의미에서는 그 누구보다 더 절대적인 자유를 얻는다. 왜냐하면 자신의 삶 자체를 자신의 의지로 선택했기 때문이다. 흔히 '자유'라는 개념은 나의 행동을 내가 스스로 선택할 수 있는 상태를 가리킨다. 오늘 한식을 먹을지 중식을 먹을지 스스로 선택할 수 있다는 점에서 나는 자유롭다. 이런 의미에서, 삶과 죽음의 갈림길에서 스스로 삶 쪽을 선택해 계속해서 삶이라는 이야기를 지속시키는 사람은 자신의 인생 전체를 자유의 무대로 만들 수 있다.

삶은 무언가를 할 수 있는 공간이다

인간은 보통 삶의 의미와 이유를 갖고 있기 **때문에** 자유를 잃어버린다. 이와 관련해 카뮈는 이렇게 말한다.

> 자신의 삶에 목적이 있다고 상상하는 만큼 자신의 자유의 노예가 되었다. 그러면서 나는 내가 되고자 준비하는 것들, 즉 아버지나 엔지니어, 국가의 수장, 혹은 우체국 직원으로서 행위를 할 수밖에 없었다.

가족이 삶의 이유라고 생각하는 사람은 가족에게서 큰 행복을 찾지만, 반대로 가족을 저버려야 하는 사안들에 대해서는 자유로울 수가 없다. 그의 모든 결정은 가족이라는 존재에 묶여 있게 된다. 커리어가 삶의 의미라고 생각하는 사람은 자신의 커리어가 무너질지도 모르는 상황이 되면 자유로울 수가 없다. 그의 선택은 어떻게든 커리어를 지키는 방향으로 제한된다. 돈이 삶의 이유가 된 사람은 돈에게 자유를 빼앗긴다. 돈은 그에게 많은 일을 할 수 있도록 만들어주지만, 돈을 잃는 것과 관련된 모든 일을 하지 못하게 만든다.

반면, 삶에 대한 어떤 의미와 이유도 절대적이지 않다고 생각하는 사람은 바로 그 이유 때문에 그 어떤 것에도 종속당하지 않는다. 이러한 진정한 자유에 대해 카뮈는 다음과 같이 말한다.

[부조리한 인간]은 희망하는 방법을 잊었다. 이 현재라는 지옥은 그의 최종적인 왕국이 되었다. (중략) 이 점과 관련해 부조리는 나를 계몽한다. 미래는 없다. 이것이야말로 나의 내적 자유의 이유다.

희망과 미래를 포기한 사람, 논리적으로 정당화될 수 있는 삶의 진정한 의미 같은 것은 발견될 수 없다는 사실을 강력하게 직시하고 철저하게 받아들이는 사람은 오히려 바로 그 이유 때문에 희망과 의미로부터의 자유라는 가장 강력한 자유를 얻게 된다.

하지만 이보다 더 중요한 것은 부조리한 인간은 자신의 의지로 무언가에 **자유롭게 종속될 수도** 있다는 사실이다. 얼핏 보기에 자유와 종속은 서로 상반되는 개념으로 보인다. 하지만 그것은 우리가 종속을 항상 외부의 힘에 의해 억지로 당하는 것이라고 생각하기 때문이다. 관점을 바꿔 생각해보면, 외부의 강압 없이 자신의 의지로 무언가에 종속되는 것도 얼마든지 가능하다. 가난한 사람을 도와야 할 절대적인 이유 같은 건 어디에도 없지만, 스스로의 의지로 평생 가난한 사람을 돕기로 선택할 수도 있다. 주변의 시선 때문에 어쩔 수 없이 가난한 사람을 도우며 살아가는 사람은 외부의 힘에 의해 종속되는 것이다. 그에게는 타인의 시선이 선행을 해야만 하는 절대적인 이유로 작용한다. 반면 어떤 절대적인 이유도 없이 스스로 신념을 부여해 선행을 하며 살아가는 사람은 본인의 자유 안에서 행동하는 것이라고 볼 수 있다. 그에게는 자유와 종속이 같은 이름으로 불리게 된다.

자유로부터의 자유라는 역설적인 상태. 이것이 부조리한 인간이 걷게 되는 길이다.

세상에는 어떻게 살아야 하는지에 대한 수많은 이야기가 있다. 많은 경우 우리는 주변 환경에 의해 어떻게 살아야 하는지에 대한 가치관을 주입받는다. 부조리한 인간은 자신이 주입받은 가치관들에 대해 근본적인 의문을 제기하는 사람이다. 그에게는 살아야 할 절대적인 이유가 없다. 그러므로 특정한 방향대로 살아야 할 절대적인 이유 또한 없다. 하지만 그렇다고 해서 주변 사람들이 소중히 여기는 가치들을 모두 거부해야 할 이유도 없다.

그는 스스로의 자유로운 선택을 통해 주변 사람들의 가치관을 존중하며 그들과 화합을 이루며 살아갈 수도 있다. 반대로 주변 사람들의 생각에 반대하며 자신이 낫다고 판단한 것을 추구하는 데 더 무게를 두고 살아갈 수도 있다. 단, 그는 이 모든 것들에 강압적으로 종속되지 않는다. 그에게 삶은 무언가 꼭 '해야 하는' 공간이 아니다. 무언가를 '할 수 있는' 공간이다.

나가는 말

일상의 카이로스를
발견할 수 있기를

　여기까지 이른 독자에게 정말 감사하다고 말씀드리고 싶다. 글을 읽고 분석하는 일을 직업적으로 하고 있는 사람으로서, 책 한 권을 끝까지 읽는다는 것이 얼마나 어려운 일인지 잘 알고 있다. 이 마지막 부분에서 우리가 만날 수 있었던 까닭은 지금까지의 글이 특별히 재미있어서라기보다는 여러분의 끈기가 대단하기 때문이라고 믿는다.

　이 책의 명시적인 주제는 삶이었다. 나는 일상의 작고 사소해 보이는 잡다한 요소들과 철학적 이론 사이의 연결성을 보이기 위해 노력했다. 그럼으로써 철학이 삶과 동떨어진 쓸모없는 것이라는 인식을 바꾸려 했다.

명시적인 주제 이외에 내가 글을 쓰며 마음에 품고 있었던 하나의 암묵적인 주제는 사고의 자유로움이다. 책을 날카롭게 분석한 독자라면 여기서 소개된 서른 가지의 견해 중 상당 부분이 서로 논리적으로 상충된다고 느꼈을 것이다.

예를 들어서, 김재권의 이유와 들뢰즈의 통제는 서로 합치되기 까다로운 개념들이다. 김재권은 우리가 스스로를 주체적인 행위자로 이해하기 위해서는 나름의 이유를 갖고 선택을 내린다는 생각을 할 수 있어야 한다고 주장했다. 반면 들뢰즈는 우리가 자유롭다고 여기는 선택들이 얼마나 외부적인 힘에 의해 알게 모르게 통제당하고 있는지를 보여주려 했다. 칸트와 니체의 도덕 관념 역시 서로 조화를 이루기 어렵다. 칸트는 도덕법칙에 자발적으로 따르는 것이 진정한 자유라고 주장한 반면, 니체는 도덕법칙이 추악한 욕망의 산물에 불과하다고 주장했다. 또한 스즈키 다이세쓰를 통해 알아본 선불교의 지혜는 이 책 전반에 걸친 철학의 언어적·논리적인 분석의 방향성과 배치된다.

이렇게 서로 상충되는 내용들을 인접하게 제시한 것은 어느 정도 의도적이었다. 나는 진리로 이르기 위한 하나의 방향성을 제시하기보다는 다양한 사고의 가능성을 전달하고자 했다. 이곳에서 소개된 어떤 사상도 완전하지 않다. 모든 사상은 장단점을 가지며, 지지와 비판을 동시에 받는다. 우리가 해야 할 것은 각 사상이 가진 문제점을 비판하고 배울 점은 수용하면서 나름의 시각을 형성해나가는 것이다. 하나의 사상만이 옳다고 여기기보다는 여러 사상을 넘나들며 유연하고 자유롭게 사고하도록 이끄는 것이 이 책의 중요한 목표 중 하나였다.

이 책의 또 다른 암묵적인 주제는 카이로스였다. 고대 그리스에서는 시간을 가리키는 말로 '크로노스'와 '카이로스' 두 가지가 있었다. 크로노스는 일정하게 흘러가는 객관적인 시간을 뜻한다. 반면 카이로스는 기회를 잡거나 결단을 내리는 주관적인 시간을 뜻한다. 수식에서 't'로 표현되는 객관적 시간, 또한 우리가 평소에 시계를 보며 무언가가 흘러간다고 생각하는 그 양적인 시간은 크로노스다. 반면 "이제 비로소 어떤 시간이 도래했다" "이제 갈 때가 되었다"라고 말할 때 생각하는 질적인 시간은 카이로스다.

나는 이 책을 통해 우리의 삶과 이 세상을 크로노스의 관점에서만 바라보는 것에 반대하고 카이로스를 자각하는 경험을 다양한 관점에서 표현하고자 했다. 카이로스를 출현시키는 힘은 우리의 주의력과 관심이다. 양적인 시간은 끊임없이 미래로부터 흘러와 과거로 흘러가고, 일상의 수많은 순간은 아무런 의미를 갖지 않은 채 지나가버린다. 그 시간을 기회의 순간으로, 결단의 순간으로, 의미를 가진 시간으로 바꿀 수 있는 것은 우리의 의식이다. 주의와 관심을 기울여 시간을 응시하고, 말을 걸고, 손짓하면 시간은 우리에게 의미를 되돌려줄 것이다. 시간을 단순히 흘러가는 것이 아닌 무언가 할 수 있는 기회의 장으로 인식하는 것. 그러한 경험을 전달하는 게 이 책의 또 다른 중요한 목표였다.

　나에게는 이 책을 쓰는 경험 자체가 하나의 중요한 카이로스였다. 누군가에게 이 책을 읽는 경험이 카이로스일 수 있다면 저자로서는 더 이상 바랄 게 없다.

참고문헌

✳ **본문에서 인용한 책과 글**

1부

1장 지그문트 프로이트, 《문명 속의 불만Das Unbehagen in der Kultur》, Internationaler Psychonanalytischer Verlag, 1930.

2장 이마누엘 칸트, 《윤리형이상학 정초Grundlegung zur Metaphysik der Sitten》, Felix Meiner Verlag, 2016.

3장 김재권, 〈이유들과 일인칭Reasons and the First Person〉, *Human Action, Deliberation and Causation*, Kluwer Academic Publishers, 1998.

4장 발터 벤야민, 《기술복제시대의 예술작품das kunstwerk im zeitalter seiner technischen reproduzierbarkeit》, Walter Benjamin Gesammelte Schriften, Suhrkamp, 1991.

5장 존 듀이, 《경험으로서의 예술Art as Experience》, Capricorn Books, 1980.

6장 한스게오르크 가다머, 《진리와 방법Wahrheit und Methode》, Akademie Verlag, 2007.

7장 스즈키 다이세쓰, 《선불교 입문An Introduction to Zen Buddhism》, Grove Press, 1964.

8장 섹스투스 엠피리쿠스, 《피론주의 개요Outlines of Pyrronism》, Oxford University Press, 1996.

2부

1장 에리히 프롬, 《사랑의 기술The Art of Loving》, Harper&Brothers, 1956.

3장 마르틴 부버, 《나와 너*Ich und Du*》, Reclam, 1983.

4장 도널드 데이비슨, 〈진리와 지식에 관한 정합성 이론A Coherence Theory of Truth and Knwoledge〉, *Subjective, Intersubjective*, Objective, 2001.

5장 루트비히 비트겐슈타인, 《철학적 탐구*Philosophical Investigations*》, Blackwell Publishing, 2009.

6장 아우렐 콜나이, 《혐오, 오만, 증오*Ekel, Hochmut, Haß*》, Suhrkamp, 2007.

7장 단 자하비, 〈기본적 공감과 복합적 공감Basic Empathy and Complex Empathy〉, *Emotion Review*, 2012.

3부

1장 르네 데카르트, 《제일철학에 관한 성찰*Meditation on First Philosophy*》, Oxford University Press, 2008.

2장 붓다, 〈무아상경無我相經〉(인터넷 자료: http://www.buddhadipa.tw/經/無我相經.htm)

3장 윌러드 밴 오먼 콰인, 《인식론: 믿음의 거미줄*The Web of Belief*》, Mcgraw-Hill, 1978.

4장 모리스 메를로퐁티, 《지각의 현상학*Phenomenology of Perception*》, Routledge, 1978.

5장 미셸 푸코, 《광기의 역사*History of Madness*》, Routledge, 2006.

6장 프리드리히 니체, 《도덕의 계보학*Zur Genealogie der Moral*》(인터넷 자료: https://www.projekt-gutenberg.org/nietzsch/genealog/geneal01.html.)

7장 질 들뢰즈, 〈통제 사회들에 관한 후기Postcript on the Soceities of Control〉, *October*, 1992.

4부

1장 플라톤, 〈메논Meno〉, 《메논과 파이돈*Meno and Phaedo*》, Cambridge University Press, 2011.

_____, 박문재 옮김, 〈소크라테스의 변명Apology〉, 《소크라테스의 변명·크리톤·파이돈·향연: 플라톤의 대화편》, 현대지성, 2019.

_____, 〈에우티프론Euthyphron〉, 같은 책.

2장 존 스튜어트 밀, 이종인 옮김, 《공리주의Utilitarianism》, 현대지성, 2020.

3장 아리스토텔레스, 《니코마코스 윤리학Nicomachean Ethics》, Hacket Publishing Company, 1999.

4장 마르틴 하이데거, 《존재와 시간Sein und Zeit》, Max Niemeyer Verlag, 1967.

5장 보에티우스, 《철학의 위안The Consolation of Philosophy》, Harvard University Press, 2008.

6장 디히트리히 폰 힐데브란트, 〈윤리적인 행위에 대한 생각Die Idee der sittlichen Handlung〉, Jahrbuch für Philosophie und phänomenologische Forschung, 1916.

7장 게오르크 빌헬름 프리드리히 헤겔, 《역사철학 강의Vorlesungen über die Philosophie der Geschichte》, Reclam, 1924.

8장 알베르 카뮈, 《시시포스 신화The Myth of Sisyphus and Other Essays》, Alfred A. Knopf, 1955.

✳ 더 읽어보면 좋은 책

- 르네 데카르트, 《방법서설A Discourse on the Method》, Oxford University Press, 2006.
- 알베르 카뮈, 《이방인The Stranger》, Alfred A. Knopf, 1988.
- 에리히 프롬, 《소유냐 존재냐?To Have or to Be?》, Continuum, 2011.
- 질 들뢰즈, 펠릭스 가타리, 《천 개의 고원A Thousand Plateaus》, Bloomsbury Academic, 2021.
- 프리드리히 니체, 《선악의 저편Jenseits von Gut und Böse》, C. G. Naumann, 2013.

어떤 생각들은 나의 세계가 된다

초판 1쇄 발행 2022년 11월 11일 **초판 4쇄 발행** 2024년 4월 9일

지은이 이충녕
펴낸이 최순영

출판2 본부장 박태근
지적인 독자 팀장 송두나

펴낸곳 ㈜위즈덤하우스 **출판등록** 2000년 5월 23일 제13-1071호
주소 서울특별시 마포구 양화로 19 합정오피스빌딩 17층
전화 02) 2179-5600 **홈페이지** www.wisdomhouse.co.kr

ISBN 979-11-6812-503-2 03100